Pierre-Joseph Proudhon

Théorie
de la propriété

ISBN : 978-1507608906

10 9 8 7 6 5 4 3 2 1

Pierre-Joseph Proudhon

Théorie
de la propriété

Table de Matières

Préface

La lettre qu'on va lire servait de préface à la première édition de ce mémoire.

À Messieurs les Membres de l'Académie de Besançon.

Paris, ce 30 juin 1840.

MESSIEURS,

Dans votre délibération du 9 mai 1833, concernant la pension triennale fondée par madame Suard, vous exprimâtes le désir suivant :

« L'Académie invite le titulaire à lui adresser tous les ans, dans la première quinzaine de juillet, un exposé succinct et raisonné des études diverses qu'il a faites pendant l'année qui vient de s'écouler. »

Je viens, messieurs, m'acquitter de ce devoir.

Lorsque je sollicitai vos suffrages, j'exprimai hautement l'intention où j'étais de diriger mes études vers les moyens *d'améliorer la condition physique, morale et intellectuelle de la classe la plus nombreuse et la plus pauvre.* Cette pensée, tout étrangère qu'elle pût paraître à l'objet de ma candidature, vous l'accueillîtes favorablement ; et, par la distinction précieuse dont il vous plut de m'honorer, vous me fîtes de cet engagement solennel une obligation inviolable et sacrée. je connus dès lors à quelle digne et honorable compagnie j'avais affaire : mon estime pour ses lumières, ma reconnaissance pour ses bienfaits, mon zèle pour sa gloire, furent sans bornes.

Convaincu d'abord que, pour sortir de la route battue des opinions et des systèmes, il fallait porter dans l'étude de l'homme et de la société des habitudes scientifiques et une méthode rigoureuse, je consacrai une année à la philologie et à la grammaire ; la linguistique, ou l'histoire naturelle de la parole, étant de toutes les sciences celle qui répondait le mieux au caractère de mon esprit, me semblait le plus en rapport avec les recherches que je voulais entreprendre. Un mémoire, composé dans ce temps sur l'une des plus intéressantes questions de la grammaire comparée [1], vint, sinon révéler un succès éclatant, du moins attester la solidité de mes travaux.

Depuis ce moment, la métaphysique et la morale ont été mon unique occupation ; l'expérience que j'ai faite que ces sciences, encore mal déterminées dans leur objet et mal circonscrites, sont, comme les sciences naturelles, susceptibles de démonstration et de certitude, a déjà récompensé mes efforts.

Mais, messieurs, de tous les maîtres que j'ai suivis, c'est à vous que je dois le plus. Vos concours, vos programmes, vos indications, d'accord avec mes vœux secrets et mes espérances les plus chères, n'ont cessé de m'éclairer et de me montrer le chemin ; ce mémoire sur la propriété est l'enfant de vos pensées.

En 1838, l'Académie de Besançon proposa la question suivante : *À quelles causes faut-il attribuer le nombre toujours croissant des suicides, et quels sont les moyens propres à arrêter les effets de cette contagion morale ?*

C'était, en termes moins généraux, demander quelle est la cause du mal social, et quel en est le remède. Vous-mêmes le reconnûtes, messieurs, lorsque votre commission déclara que les concurrents avaient parfaitement énuméré les causes immédiates et particulières du suicide, ainsi que les moyens de prévenir chacune d'elles ; mais que de cette énumération, faite avec plus ou moins de talent, aucun enseignement positif n'était résulté, ni sur la cause première du mal, ni sur le remède.

En 1839, votre programme, toujours piquant et varié dans son expression académique, devint plus précis. Le concours de 1838 avait signalé comme causes, ou pour mieux dire comme signes diagnostiques du malaise social, l'oubli des principes religieux et moraux, l'ambition des richesses, la fureur des jouissances, les agitations politiques ; toutes ces données furent par vous réunies en une seule proposition : *De l'utilité de la célébration du dimanche, sous les rapports de l'hygiène, de la*

---

1 Recherches sur les catégories grammaticales, par P.-J. Proudhon : mémoire mentionné honorablement par l'Académie des inscriptions, le 4 mai 1839. inédit.

morale, des relations de famille et de cité.

Sous un langage chrétien vous demandiez, messieurs, quel est le vrai système de la société. Un concurrent [1] osa soutenir et crut avoir prouvé que l'institution d'un repos hebdomadaire est nécessairement liée à un système politique dont l'égalité des conditions fait la base ; que, sans l'égalité, cette institution est une anomalie, une impossibilité ; que l'égalité seule peut faire refleurir cette antique et mystérieuse fériation du septième jour. Ce discours n'obtint pas votre approbation, parce que, sans nier la connexité remarquée par le concurrent, vous jugeâtes, et avec raison, messieurs, que le principe de l'égalité des conditions n'étant pas lui-même démontré, les idées de l'auteur ne sortaient pas de la sphère des hypothèses.

Enfin, messieurs, ce principe fondamental de l'égalité, vous venez de le mettre au concours dans les termes suivants : *Des conséquences économiques et morales qu'a eues jusqu'à présent en France, et que semble devoir y produire dans l'avenir, la loi sur le partage égal des biens entre les enfants.*

A moins de se renfermer dans des lieux communs sans grandeur et sans portée, voici, ce me semble, comment votre question doit être entendue :

Si la loi a pu rendre le droit d'hérédité commun à tous les enfants d'un même père, ne peut-elle pas le rendre égal pour tous ses petits-enfants et arrière petits-enfants ?

Si la loi ne reconnaît plus de cadets dans la famille, ne peut-elle pas, par le droit d'hérédité, faire qu'il n'y en ait plus dans la race, dans la tribu, dans la nation ?

L'égalité peut-elle, par le droit de succession, être conservée entre des citoyens, aussi bien qu'entre des cousins et des frères ? En un mot, le principe de succession -peut-il devenir un principe d'égalité ?

---

1 De l'utilité de la célébration du dimanche, etc., par P.-J. Proudhon. Besançon, 1839, in-12 ; 2e édition, Paris, 1841, in-18.

Pierre-Joseph Proudhon

En résumant toutes ces données sous une expression générale : Qu'est-ce que le principe de l'hérédité ? quels sont les fondements de l'inégalité? qu'est-ce que la propriété ?

Tel est, messieurs, l'objet du mémoire que je vous adresse aujourd'hui.

Si j'ai bien saisi l'objet de votre pensée, si je mets en lumière une vérité incontestable, mais, par des causes que j'ose dire avoir expliquées, longtemps méconnue ; si, par une méthode d'investigation infaillible, j'établis le dogme de l'égalité des conditions ; si je détermine le principe du droit civil, l'essence du juste et la forme de la société ; si j'anéantis pour jamais la propriété, c'est à vous, messieurs, qu'en revient toute la gloire, c'est à votre secours et à vos inspirations que je le dois.

La pensée de ce travail est l'application de la méthode aux problèmes de la philosophie ; toute autre intention m'est étrangère et même injurieuse.

J'ai parlé avec une médiocre estime de la jurisprudence j'en avais le droit, mais je serais injuste si je ne séparais pas de cette prétendue science les hommes qui la cultivent. Voués à des études pénibles et austères, dignes à tous égards de l'estime de leurs concitoyens par le savoir et l'éloquence, nos jurisconsultes ne méritent qu'un reproche, celui d'une excessive déférence à des lois arbitraires.

J'ai poursuivi d'une critique impitoyable les économistes ; pour ceux-ci, je confesse qu'en général je ne les aime pas. La morgue, et l'inanité de leurs écrits, leur impertinent orgueil et leurs inqualifiables bévues m'ont révolté. Quiconque les connaissant leur pardonne, les lise.

J'ai exprimé sur l'Église chrétienne enseignante un blâme sévère ; je le devais. Ce blâme résulte des faits que je démontre : pourquoi l'Église a-t-elle statué sur ce qu'elle n'entendait pas ? L'Église a erré dans le dogme et dans la morale; l'évidence physique et mathématique dépose contre elle. Ce peut être une faute à moi de le dire ; mais à coup sûr c'est un malheur pour la chrétienté que cela soit vrai. Pour restaurer la religion, messieurs, il faut condamner l'Église.

Peut-être regretterez-vous, messieurs, qu'en donnant tous mes soins à la méthode et à l'évidence, j'aie trop négligé la forme et le style ; j'eusse inutilement essayé de faire mieux. L'espérance et la foi littéraires me manquent. Le dix-neuvième siècle est à mes yeux une ère génésiaque, dans laquelle des principes nouveaux s'élaborent, mais où rien de ce qui s'écrit ne durera. Telle est même, selon moi, la raison pour laquelle, avec tant d'hommes de talent, la France actuelle ne compte pas un grand écrivain. Dans une société comme la nôtre, rechercher la gloire littéraire me semble un anachronisme. A quoi bon faire parler une vieille sibylle, quand une muse est à la veille de naître ? Déplorables acteurs d'une tragédie qui touche à sa fin, ce que nous avons de mieux à faire est d'en précipiter la catastrophe. Le plus méritant parmi nous est celui qui s'acquitte le mieux de ce rôle ; eh bien ! je n'aspire plus à ce triste succès.

Pourquoi ne l'avouerais-je pas, messieurs ? J'ai ambitionné vos suffrages et recherché le titre de votre pensionnaire, en haine de tout ce qui existe et avec des projets de destruction ; j'achèverai ce cours d'études dans un esprit de philosophie calme et résignée. L'intelligence de la vérité m'a rendu plus de sang froid que le sentiment de l'oppression ne m'avait donné de colère; et le fruit le plus précieux que je voulusse recueillir de ce mémoire serait d'inspirer à mes lecteurs cette tranquillité d'âme qui donne la claire perception du mal et de sa cause, et qui est bien plus près de la force que la passion et l'enthousiasme. Ma haine du privilège et de l,autorité de l'homme fut sans mesure; peut-être eus-je quelquefois le tort de confondre dans mon indignation les personnes et les choses; à présent, je ne sais plus que mépriser et plaindre; pour cesser de haïr, il m'a suffi de connaître.

À vous maintenant, messieurs, qui avec pour cela mission et caractère de proclamer la vérité, à vous d'instruire le peuple et de lui apprendre ce qu'il doit espérer et craindre. Le peuple, incapable encore de juger sainement ce qui lui convient, applaudit également aux idées les plus opposées, dès qu'il entrevoit qu'on le flatte : il en est pour lui des lois de la pensée comme des bornes du possible ; il ne distingue pas mieux aujourd'hui un savant d'un sophiste, qu'il ne séparait autrefois un physicien d'un sorcier. « Léger à croire, recueillir et ramasser toutes nouvelles, tenant tous rapports pour véritables et asseurez, avec un sifflet ou sonnette de nouveauté, l'on l'assemble comme les mouches au son du bassin. »

Puissiez-vous, messieurs, vouloir l'égalité comme je la veux moi-même ; puissiez-vous, pour l'éternel bonheur de notre patrie, en devenir les propagateurs et les hérauts ; puisse-je être le dernier de vos pensionnaires! C'est de tous les vœux que je puis former le plus digne de vous, messieurs, et le plus honorable pour moi.

Je suis avec le plus profond respect et la reconnaissance la plus vive,

Votre Pensionnaire,
P.-J. PROUDHON.

Deux mois après la réception de cette lettre, l'Académie, dans sa délibération du 24 août, répondit à l'adresse de son pensionnaire par une note dont je vais rapporter le texte :

« Un membre appelle l'attention de l'Académie sur une brochure publiée au mois de juin dernier par le titulaire de la pension Suard, sous ce titre : *Qu'est-ce que la propriété ?* et dédiée par l'auteur à l'Académie. Il est d'avis que la compagnie doit à la justice, à l'exemple et à sa propre dignité, de repousser par un désaveu public la responsabilité des doctrines antisociales que renferme cette production. En conséquence il demande :

« 1° Que l'Académie désavoue et condamne de la manière la plus formelle l'ouvrage du pensionnaire Suard, comme ayant été publié sans son aveu, et comme lui attribuant des opinions entièrement opposées aux principes de chacun de ses membres ;

« 2° Qu'il soit enjoint au pensionnaire, dans le cas où il serait fait une seconde édition de son livre, d'en faire disparaître la dédicace ;

« 3° Que ce jugement de l'Académie soit consigné dans ses recueils imprimés.

« Ces trois propositions, mises aux voix, sont adoptées. »

Après cet arrêt burlesque, que ses auteurs ont cru rendre énergique en lui donnant la forme d'un démenti, je n'ai plus qu'à prier le lecteur de ne pas mesurer l'intelligence de mes compatriotes à celle de notre Académie.

Tandis que mes patrons ès-sciences sociales et politiques fulminaient l'anathème contre ma brochure, un homme étranger à la Franche-Comté, qui ne me connaissait pas, qui même pouvait se croire personnellement atteint par la critique trop vive que j'avais faite des économistes, un publiciste aussi savant que modeste, aimé du peuple dont il ressent toutes les douleurs, honoré du pouvoir qu'il s'efforce d'éclairer sans le flatter ni l'avilir, M. Blanqui, membre de l'Institut, professeur d'économie politique, partisan de la propriété, prenait ma défense devant ses confrères et devant le ministre, et me sauvait des coups d'une justice toujours aveugle, parce qu'elle est toujours ignorante.

J'ai cru que le lecteur verrait avec plaisir la lettre que M. Blanqui m'a fait l'honneur de m'écrire lors de la publication de mon second mémoire, lettre aussi honorable pour son auteur que flatteuse pour celui qui en est l'objet.

« MONSIEUR,

« Je m'empresse de vous remercier de l'envoi que vous avez bien voulu me faire de votre second mémoire sur la propriété. je l'ai lu avec tout l'intérêt que m'inspirait naturellement la connaissance du premier. je suis bien aise que vous ayez un peu modifié la rudesse de forme qui donnait à un travail de cette gravité les allures et l'apparence d'un pamphlet ; car vous m'avez bien fait peur, monsieur, et il n'a fallu rien moins que votre talent pour me rassurer sur vos intentions. On ne dépense pas tant de véritable savoir pour mettre le feu à son pays. Cette proposition si crue, *la propriété, c'est le vol !* était de nature à dégoûter de votre livre même les esprits sérieux qui ne jugent pas d'un sac par l'étiquette, si vous aviez persisté à la maintenir dans sa sauvage naïveté. Mais si vous avez adouci la forme, vous ne demeurez pas moins fidèle au fond de vos doctrines, et quoique vous m'ayez fait l'honneur de me mettre de moitié dans cette prédication périlleuse, je ne puis accepter une solidarité qui m'honorerait assurément pour le talent, mais qui me compromettrait pour tout le reste.

« Je ne suis d'accord avec vous qu'en une seule chose, c'est qu'il y a trop souvent abus dans ce monde de tous les genres de propriété. Mais je ne conclus pas de l'abus à l'abolition, expédient héroïque trop semblable à la mort, qui guérit tous les maux. J'irai plus loin : je vous avouerai que de tous les abus, les plus odieux selon moi sont ceux de la propriété ; mais encore une fois, il y a remède à ce mal sans la violer, surtout sans la détruire. Si les lois actuelles en règlent mal l'usage, nous pouvons les refaire. Notre code civil n'est pas le Koran ; nous ne nous sommes pas fait faute de le prouver. Remaniez donc les lois qui règlent l'usage de la propriété, mais soyez sobre d'anathèmes ; car avec la logique, quel est l'honnête homme qui aurait les mains tout à fait pures ? Croyez-vous qu'on puisse être voleur sans le savoir, sans le vouloir, sans s'en douter ? N'admettez-vous pas que la société actuelle ait dans sa constitution, comme tout homme, toutes sortes de vertus et de vices dérivés de nos aïeux ? La propriété est-elle donc à vos yeux une chose si simple et si abstraite, que vous puissiez la repétrir et l'égaliser, si j'ose ainsi dire, au laminoir de la métaphysique? Vous avez dit, monsieur, dans ces deux belles et paradoxales improvisations, trop d'excellentes choses pratiques pour être un utopiste pur et inflexible. Vous connaissez trop bien la langue économique et la langue académique pour jouer avec des mots gros de tempêtes. Donc je crois que vous avez fait avec la *propriété* ce que Rousseau a fait, il y a quatre-vingts ans, avec les lettres : une magnifique et poétique débauche d'esprit et de science. Telle est du moins mon opinion.

« C'est ce que j'ai dit à l'Institut le jour où j'ai rendu compte de votre livre. J'ai su qu'on voulait le poursuivre juridiquement ; vous ne saurez peut-être jamais par quel hasard j'ai été assez heureux pour l'empêcher [1]. Quel éternel chagrin pour moi, si le procureur du roi, c'est-à-dire l'exécuteur des hautes oeuvres en matière intellectuelle, fût venu après moi, et comme sur mes brisées, attaquer votre livre et tourmenter votre personne! J'en ai passé deux terribles nuits, je vous le jure, et je ne suis parvenu à retenir le bras séculier qu'en faisant sentir que votre livre était une dissertation d'académie, et non point un manifeste d'incendiaire. Votre style est trop haut pour jamais servir aux insensés qui discutent à coups de pierre dans la rue les plus grandes questions de notre ordre social. Mais prenez garde, monsieur, qu'ils ne viennent bientôt malgré

---

1 M. Vivien, ministre de la justice, avant d'ordonner aucune poursuite contre le Mémoire sur la propriété, voulut avoir l'opinion de M. Blanqui, et ce fut sur les observations de cet honorable académicien qu'il épargna un écrit contre lequel les fureurs du Parquet étaient déjà soulevées. M. Vivien n'est pas le seul homme du pouvoir auquel, depuis ma première publication, j'aie dû assistance et protection : mais une telle générosité dans les régions politiques est assez rare pour qu'on la reconnaisse gracieusement et sans restriction. J'ai toujours pensé, quant à moi, que les mauvaises institutions faisaient les mauvais magistrats, de même que la lâcheté et l'hypocrisie de certains corps viennent uniquement de l'esprit qui les gouverne. Pourquoi, par exemple, malgré les vertus et les talents qui brillent dans leur sein, les académies sont-elles en général des centres de répression intellectuelle, de sottise et de basse intrigue ? Cette question mériterait d'être proposée par une académie : il y aurait des concurrents.

Pierre-Joseph Proudhon

vous chercher des matériaux dans ce formidable arsenal, et que votre métaphysique vigoureuse ne tombe aux mains de quelque sophiste de carrefour qui la commenterait devant un auditoire famélique : nous aurions le pillage pour conclusion et pour péroraison.

« Je suis, monsieur, autant ému que vous des abus que vous signalez ; mais j'ai un attachement si profond pour l'ordre, non cet ordre banal et tracassier à qui suffisent les agents de police, mais pour l'ordre majestueux et imposant des sociétés humaines, que je m'en trouve quelquefois gêné pour attaquer certains abus. Je voudrais raffermir d'une main toutes les fois que je suis forcé d'ébranler de l'autre. Il faut tant craindre de détruire des boutons à fruit, quand on taille un vieil arbre! Vous savez cela mieux que personne. Vous êtes un homme grave, instruit, un esprit méditatif; vous parlez en termes assez vifs des énergumènes de notre temps pour rassurer sur vos intentions les imaginations les plus ombrageuses ; mais enfin vous concluez à l'abolition de la propriété! Vous voulez abolir le plus énergique levier qui fasse mouvoir l'intelligence humaine, vous attaquez le sentiment paternel dans ses plus douces illusions, vous arrêtez d'un mot la formation des capitaux, et nous bâtissons désormais sur le sable, au lieu de fonder en granit. Voilà ce que je ne puis admettre, et c'est pour cela que j'ai critiqué votre livre, si plein de belles pages, si étincelant de verve et de savoir!

« Je voudrais, monsieur, que ma santé presque altérée me permît d'étudier avec vous, page par page, le mémoire que vous m'avez fait l'honneur de m'adresser publiquement et personnellement; j'aurais, je crois, de bien fortes observations à vous soumettre. Pour le moment, je dois me borner à vous remercier des termes obligeants dans lesquels vous avez bien voulu parler de moi. Nous avons l'un et l'autre le mérite de la sincérité ; il me faut de plus le mérite de la prudence. Vous savez de quel malaise profond la classe ouvrière est travaillée ; je sais combien de nobles cœurs battent sous ces habits grossiers, et j'ai une sympathie fraternelle irrésistible pour ces milliers de braves gens qui se lèvent de si bonne heure pour travailler, pour payer les impôts, pour faire la force de notre pays. Je cherche à les servir, à les éclairer, tandis qu'on essaye de les égarer. Vous n'avez point écrit directement pour eux. Vous avez fait deux magnifiques manifestes, le second plus mesuré que le premier

; faites-en un troisième plus mesuré que le second, et vous prenez rang dans la science, dont le premier devoir est le calme et l'impartialité.

« Adieu, monsieur! Il n'est pas possible d'avoir plus d'estime pour un homme que j'en ai pour vous.

«Paris, ce 1er mai 1841.

« BLANQUI. »

Certes, j'aurais bien quelques réserves à faire sur cette noble et éloquente épître; mais, je l'avoue, j'ai plus à cœur de réaliser l'espèce de prédiction qui la termine que d'augmenter gratuitement le nombre de mes antagonistes. Tant de controverse me fatigue et m'ennuie. L'intelligence que l'on dépense aux combats de parole est comme celle qu'on emploie à la guerre : c'est de l'intelligence perdue. M. Blanqui reconnaît qu'il y a dans la propriété une foule d'abus, et d'odieux abus ; de mon côté j'appelle exclusivement propriété la somme de ces abus. Pour l'un comme pour l'autre, la propriété est un polygone dont il faut abattre les angles ; mais, l'opération faite, M. Blanqui soutient que la figure sera toujours un polygone (hypothèse admise en mathématique, bien qu'elle ne soit pas prouvée), tandis que je prétends, moi, que cette figure sera un cercle. D'honnêtes gens pourraient encore s'entendre à moins.

Au reste, je conviens que, dans l'état actuel de la question, l'esprit peut hésiter légitimement sur l'abolition de la propriété. Il ne suffit pas, en effet, pour obtenir gain de cause, de ruiner un principe reconnu, et qui a le mérite incontestable de résumer le système de nos croyances politiques ; il faut encore établir le principe contraire, et formuler le système qui en découle. De plus, il faut montrer comment ce nouveau système satisfera à tous les besoins moraux et politiques qui ont amené l'établissement du premier. Voici donc à quelles conditions d'évidence ultérieure je subordonne moi-même la certitude de mes démonstrations précédentes :

Trouver un système d'égalité absolue, dans lequel toutes les institutions actuelles, moins la propriété ou la somme des abus de la propriété, non seulement puissent trouver place, mais soient elles-mêmes des moyens d'égalité : liberté individuelle, division des pouvoirs, ministère public, jury, organisation administrative et judiciaire, unité et intégralité dans l'enseignement, mariage, famille, hérédité en ligne directe et collatérale, droit de vente et d'échange, droit de tester et même droit d'aînesse ; - un système qui, mieux que la propriété, assure la formation des capitaux et entretienne l'ardeur de tous ; qui d'une vue supérieure explique, corrige et complète les théories d'association proposées jusqu'à ce jour, depuis Platon et Pythagore jusqu'à Babeuf, Saint-Simon et Fourier ; - un système enfin qui, se servant à lui-même de moyen de transition, soit immédiatement applicable.

Une oeuvre aussi vaste exigerait, je le sais, les efforts réunis de vingt Montesquieu : toutefois, s'il n'est donné à un seul homme de la mener à fin, un seul peut commencer l'entreprise. La route qu'il aura parcourue suffira pour découvrir le but, et assurer le résultat.

Pierre-Joseph Proudhon

QU'EST-CE QUE LA PROPRIÉTÉ ?

ou

RECHERCHES SUR LE PRINCIPE DU DROIT ET DU GOUVERNEMENT

Adversus hostem aeterna auctoritas esto.
Contre l'ennemi, la revendication est éternelle.
LOI DES DOUZE TABLES.

Chapitre I

Méthode suivie dans cet ouvrage.
- Idée d'une révolution

Si j'avais à répondre à la question suivante : *Qu'est-ce que l'esclavage ?* et que d'un seul mot je répondisse : *C'est l'assassinat*, ma pensée serait d'abord comprise. je n'aurais pas besoin d'un long discours pour montrer que le pouvoir d'ôter à l'homme la pensée, la volonté, la personnalité, est un pouvoir de vie et de mort, et que faire un homme esclave, c'est l'assassiner. Pourquoi donc à cette autre demande : *Qu'est-ce que la propriété ?* ne puis-je répondre de même : *C'est le vol*, sans avoir la certitude de n'être pas entendu, bien que cette seconde proposition ne soit que la première transformée ?

J'entreprends de discuter le principe même de notre gouvernement et de nos institutions, la propriété ; je suis dans mon droit : je puis me tromper dans la conclusion qui ressortira de mes recherches ; je suis dans mon droit : il me plaît de mettre la dernière pensée de mon livre au commencement; je suis toujours dans mon droit.

Tel auteur enseigne que la propriété est un droit civil, né de l'occupation et sanctionné par la loi ; tel autre soutient qu'elle est un droit naturel, ayant sa source dans le travail: et ces doctrines, tout opposées qu'elles semblent sont encouragées, applaudies. je prétends que ni le travail: ni l'occupation, ni la loi ne peuvent créer la propriété; qu'elle est un effet sans cause : suis-je répréhensible ?

Que de murmures s'élèvent!

- *La propriété, c'est le vol !* Voici le tocsin de 93! voici le branle-bas des révolutions!...

- Lecteur, rassurez-vous : je ne suis point un agent de discorde, un boute-feu de sédition. J'anticipe de quelques jours sur l'histoire ; j'expose une vérité dont nous tâchons en vain d'arrêter le dégagement ; j'écris le préambule de notre future constitution. Ce serait le fer conjurateur de la foudre que cette définition qui vous paraît blasphématoire,

Pierre-Joseph Proudhon

la propriété, c'est le vol, si nos préoccupations nous permettaient de l'entendre; mais que d'intérêts, que de préjugés s'y opposent!... La philosophie ne changera point, hélas! le cours des événements : les destinées s'accompliront indépendamment de la prophétie: d'ailleurs, ne faut-il pas que justice se fasse, et que notre éducation s'achève ?

- *La propriété, c'est le vol !...* Quel renversement des idées humaines! *Propriétaire* et *voleur* furent de tout temps expressions contradictoires autant que les êtres qu'elles désignent sont antipathiques ; toutes les langues ont consacré cette antilogie. Sur quelle autorité pourriez-vous donc attaquer le consentement universel et donner le démenti au genre humain ? qui êtes-vous, pour nier la raison des peuples et des âges ?

- Que vous importe, lecteur, ma chétive individualité ? je suis, comme vous, d'un siècle où la raison ne se soumet qu'au fait et à la preuve ; mon nom, aussi bien que le vôtre, est CHERCHEUR DE VÉRITÉ [1] ; ma mission est écrite dans ces paroles de la loi; *Parle sans haine et sans crainte : dis ce que tu sais.* L'œuvre de notre espèce est de bâtir le temple de la science, et cette science embrasse l'homme et la nature. Or, la vérité se révèle à tous, aujourd'hui à Newton et à Pascal, demain au pâtre dans la vallée, au compagnon dans l'atelier. Chacun apporte sa pierre à l'édifice, et, sa tâche faite, il disparaît. L'éternité nous précède, l'éternité nous suit : entre deux infinis, qu'est-ce que la place d'un mortel, pour que le siècle s'en informe ?

Laissez donc, lecteur, mon titre et mon caractère, et ne vous occupez que de mes raisons. C'est d'après le consentement universel que je prétends redresser l'erreur universelle ; c'est à la foi du genre humain que j'appelle de l'opinion du genre humain. Ayez le courage de me suivre, et, si votre volonté est franche, si votre conscience est libre, si votre esprit sait unir deux propositions pour en extraire une troisième, mes idées deviendront infailliblement les vôtres. En débutant par vous jeter mon dernier mot, j'ai voulu vous avertir, non vous braver : car, j'en ai la certitude, si vous me lisez, je forcerai votre assentiment. Les choses dont j'ai à vous parler sont si simples, si palpables, que vous serez étonné de ne les avoir point aperçues, et que vous vous direz : « je n'y avais point réfléchi. » D'autres vous offriront le spectacle du génie

---

1 En grec sheptikos, examinateur, philosophe qui fait profession de chercher le vrai.

Chapitre I

forçant les secrets de la nature, et répandant de sublimes oracles ; vous ne trouverez ici qu'une série d'expériences sur le juste et sur le *droit*, une sorte de vérification des poids et mesures de votre conscience. Les opérations se feront sous vos yeux ; et c'est vous-même qui apprécierez le résultat.

Du reste, je ne fais pas de système : je demande la fin du privilège, l'abolition de l'esclavage, l'égalité des droits, le règne de la loi. Justice, rien que justice ; tel est le résumé de mon discours ; je laisse à d'autres le soin de discipliner le monde.

Je me suis dit un jour : Pourquoi, dans la société, tant de douleur et de misère ? L'homme doit-il être éternellement malheureux ? Et, sans m'arrêter aux explications à toute fin des entrepreneurs de réformes, accusant de la détresse générale, ceux-ci la lâcheté et l'impéritie du pouvoir, ceux-là les conspirateurs et les émeutes, d'autres l'ignorance et la corruption générale ; fatigué des interminables combats de la tribune et de la presse, j'ai voulu moi-même approfondir la chose. J'ai consulté les maîtres de la science, j'ai lu cent volumes de philosophie, de droit, d'économie politique et d'histoire : et plût à Dieu que j'eusse vécu dans un siècle où tant de lecture m'eût été inutile! J'ai fait tous mes efforts pour obtenir des informations exactes, comparant les doctrines, opposant aux objections les réponses, faisant sans cesse des équations et des réductions d'arguments, pesant des milliers de syllogismes au trébuchet de la logique la plus scrupuleuse. Dans cette pénible route, j'ai recueilli plusieurs faits intéressants, dont je ferai part à mes amis et au public aussitôt que je serai de loisir. Mais, il faut que je le dise, je crus d'abord reconnaître que nous n'avions jamais compris le sens de ces mots si vulgaires et si sacrés : *Justice, équité, liberté;* que sur chacune de ces choses nos idées étaient profondément obscures ; et qu'enfin cette ignorance était la cause unique et du paupérisme qui nous dévore, et de toutes les calamités qui ont affligé l'espèce humaine.

À cet étrange résultat mon esprit fut épouvanté : je doutai de ma raison. Quoi! disais-je, ce que l'œil n'a point vu, ni l'oreille entendu, ni l'intelligence pénétré, tu l'aurais découvert! Tremble, malheureux, de prendre les visions de ton cerveau malade pour les clartés de la science! Ne sais-tu pas, de grands philosophes l'ont dit, qu'en fait de morale pratique l'erreur universelle est contradiction ? je résolus donc de faire une contre-épreuve de mes jugements, et voici quelles furent les conditions que je posai moi-même à ce nouveau travail : Est-il possible que sur l'application des principes de la morale, l'humanité se soit si longtemps et si universellement trompée ? Comment et pourquoi se serait-elle trompée ? Comment son erreur, étant universelle, ne serait-elle pas invincible ?

Ces questions, de la solution desquelles je faisais dépendre la certitude de mes observations, ne résistèrent pas longtemps à l'analyse. On verra au chapitre V de ce mémoire, qu'en morale, de même qu'en tout autre objet de la connaissance, les plus graves erreurs sont pour nous les degrés de la science, que jusque dans les oeuvres de justice, se tromper est un privilège qui ennoblit l'homme ; et quant au mérite philosophique qui peut me revenir, que ce mérite est un infiniment petit. Ce n'est rien de nommer les choses ; le merveilleux serait de les connaître avant leur apparition. En exprimant une idée parvenue à son terme, une idée qui possède toutes les intelligences, qui demain sera proclamée par un autre si je ne l'annonce aujourd'hui, je n'ai pour moi que la priorité de la formule. Donne-t-on des éloges à celui qui le premier voit poindre le jour ?

Oui, tous les hommes croient et répètent que l'égalité des conditions est identique à l'égalité des droits ; que *propriété* et *vol* sont termes synonymes ; que toute prééminence sociale, accordée ou pour mieux dire usurpée sous prétexte de supériorité de talent et de service, est iniquité et brigandage : tous les hommes, dis-je, attestent ces vérités sur leur âme; il ne s'agit que de le leur faire apercevoir.

Avant d'entrer en matière, il est nécessaire que je dise un mot de la route que je vais suivre. Quand Pascal abordait un problème de géométrie, il se créait une méthode de solution; pour résoudre un problème de philosophie, il faut aussi une méthode. Eh! combien les problèmes que la philosophie agite ne l'emportent-ils pas, par la gravité de leurs conséquences, sur ceux de la géométrie! Combien, par conséquent, pour être résolus, n'appellent-ils pas plus impérieusement une analyse profonde et sévère?

C'est un fait désormais placé hors de doute, disent les modernes psychologues, que toute perception reçue dans l'esprit s'y détermine d'après certaines lois générales de ce même esprit; s'y moule, pour ainsi dire, sur certains types Préexistants dans notre entendement, et qui en sont comme la condition formelle. En sorte, disent-ils, que si l'esprit n'a point d'*idées* innées, il a du moins des *formes* innées. Ainsi, par exemple, tout phénomène est nécessairement conçu par nous dans le *temps* et dans *l'espace* ; tout ce qui nous fait supposer une cause par laquelle il arrive, tout ce qui existe implique les idées de *substance*, de *mode*, de *nombre*, de *relation*, etc. ; en un mot, nous ne formons aucune pensée qui ne se rapporte à quelqu'un des principes généraux de la raison, au-delà desquels il n'y a rien.

Ces axiomes de l'entendement, ajoutent les psychologues, ces types fondamentaux, auxquels se ramènent fatalement

tous nos jugements et toutes nos idées, et que nos sensations ne font que mettre en lumière, sont connus dans l'école sous le nom de *catégories*. Leur existence primordiale dans l'esprit est aujourd'hui démontrée ; il ne s'agit plus que d'en donner le système et d'en faire le dénombrement. Aristote en comptait dix; Kant en porta le nombre à quinze; M. Cousin les a réduites à trois, à deux, à une; et l'incontestable gloire de ce professeur sera d'avoir, sinon découvert la théorie vraie des catégories, du moins compris mieux que personne la haute importance de cette question, la plus grande et peut-être la seule de toute la métaphysique.

Je ne crois pas, je l'avoue, à l'innéité non seulement des *idées*, mais même des formes ou lois de notre entendement, et je tiens la métaphysique de Reid et de Kant encore plus éloignée de la vérité que celle d'Aristote. Cependant, comme je ne veux point ici faire une critique de la raison, chose qui demanderait un long travail et dont le public ne se soucie guère, je regarderai, par hypothèse, nos idées les plus générales et les plus nécessaires, telles que celles de temps, d'espace, de substance et de cause, comme existant primordialement dans l'esprit, ou du moins, comme dérivant immédiatement de sa constitution.

Mais un fait psychologique non moins vrai, et que les philosophes ont peut-être trop négligé d'étudier, c'est que l'habitude, comme une seconde nature, a le pouvoir d'imprimer à l'entendement de nouvelles formes catégoriques, prises sur les apparences qui nous frappent, et par là même dénuées le plus souvent de réalité objective, mais dont l'influence sur nos jugements n'est pas moins prédéterminante que celle des premières catégories. En sorte que nous raisonnons tout à la fois, et d'après les lois *éternelles et absolues* de notre raison, et d'après les règles secondaires, ordinairement fautives, que l'observation incomplète des choses nous suggère. Telle est la source la plus féconde des faux préjugés, et la cause permanente et souvent invincible d'une multitude d'erreurs. La préoccupation qui résulte pour nous de ces préjugés est si forte que souvent, alors même que nous combattons un principe que notre esprit juge faux, que notre raison repousse, que notre conscience réprouve, nous le défendons sans nous en apercevoir, nous raisonnons d'après lui, nous lui obéissons en l'attaquant. Enfermé comme dans un cercle, notre esprit tourbillonne sur lui-même, jusqu'à ce qu'une observation nouvelle, suscitant en nous de nouvelles idées, nous fasse découvrir un principe extérieur qui nous délivre du fantôme dont notre imagination est obsédée.

Ainsi, nous savons aujourd'hui que par les lois d'un magnétisme universel dont la cause reste inconnue, deux corps, que nul obstacle n'arrête, tendent à se réunir par une force d'impulsion accélérée que l'on appelle gravitation. C'est la gravitation qui fait tomber vers la terre les corps qui manquent d'appui, qui les fait peser dans la balance, et qui nous attache nous-mêmes au sol que nous habitons. L'ignorance de cette cause fut l'unique raison qui empêcha les anciens de croire aux antipodes. « Comment ne voyez-vous pas, disait après Lactance saint Augustin, que, s'il y avait des hommes sous nos pieds, ils auraient la tête en bas et tomberaient dans le ciel ? » L'évêque d'Hippone, qui croyait la terre plate, parce qu'il lui semblait la voir telle, supposait en conséquence que, si du zénith au nadir de différents lieux on conduisait autant de lignes droites, ces lignes seraient parallèles entre elles ; et c'était dans la direction de ces lignes qu'il plaçait tout mouvement de haut en bas. De là il devait naturellement conclure que les étoiles sont attachées comme des flambeaux roulants à la voûte du ciel ; que, si elles étaient abandonnées à elles-mêmes, elles tomberaient sur la terre comme une pluie de feu ; que la terre est une table immense, formant la partie inférieure du monde, etc. Si on lui avait demandé sur quoi la terre elle-même est soutenue, il aurait répondu qu'il ne le savait pas, mais qu'à Dieu rien n'est impossible. Telles étaient, relativement à l'espace et au mouvement, les idées de saint Augustin, idées que lui imposait un préjugé donné par l'apparence, et devenu pour lui une règle générale et catégorique du jugement. Quant à la cause même de la chute des corps, son esprit était vide ; il n'en pouvait dire autre chose, sinon qu'un corps tombe parce qu'il tombe. Pour nous, l'idée de chute est plus complexe : aux idées générales d'espace et de mouvement qu'elle implique, nous joignons celle d'attraction ou de direction vers un centre, laquelle relève de l'idée supérieure de cause. Mais si la physique a pleinement redressé notre jugement à cet égard, nous n'en conservons pas moins dans l'usage le préjugé de saint Augustin ; et quand nous disons qu'une chose est tombée, nous n'entendons pas simplement et en général qu'un effet de gravitation a eu lieu, mais spécialement et en particulier que c'est vers la terre, et *de haut en bas*, que ce mouvement s'est opéré. Notre raison a beau être éclairée, l'imagination l'emporte, et notre langage reste à jamais incorrigible. *Descendre du ciel*, n'est pas une expression plus vraie que monter au ciel ; et cependant cette expression se conservera aussi longtemps que les hommes se serviront de langage.

Toutes ces façons de parler, *de haut en bas, descendre du ciel, tomber des nues*, etc., sont désormais sans danger, parce que nous savons les rectifier dans la pratique ; mais que l'on daigne considérer un moment combien elles ont dû retarder les progrès de la science. S'il importe assez peu, en effet, à la statistique, à la mécanique, à l'hydrodynamique, à la balistique, que la véritable cause de la chute des corps soit connue, et que les idées soient exactes sur la direction générale de l'espace, il en va tout autrement dès qu'il s'agit d'expliquer le système du monde, la cause des marées, la figure de la terre et sa position dans les cieux : pour toutes ces choses il faut sortir du cercle des apparences. Dès la plus haute antiquité l'on a vu d'ingénieux mécaniciens, d'excellents architectes, d'habiles artilleurs ; l'erreur dans laquelle ils pouvaient être relativement à la rondeur de la terre et à la gravitation, ne nuisait point au développement de leur art ; la solidité des édifices et la justesse du tir n'y perdaient rien. Mais tôt ou tard il devait se présenter des phénomènes que le parallélisme supposé de toutes les perpendiculaires élevées de la surface terrestre rendrait inexplicables : alors aussi devait commencer une lutte entre des préjugés qui depuis des siècles suffisaient à la pratique journalière, et des opinions inouïes que le témoignage des yeux semblait contredire.

Ainsi, d'une part, les jugements les plus faux, quand ils ont pour base des faits isolés ou seulement des apparences, embrassent toujours une somme de réalités dont la sphère plus ou moins large suffit à un certain nombre d'inductions, au-delà desquelles nous tombons dans l'absurde : il y avait, par exemple, cela de vrai dans les idées de saint Augustin, que les corps tombent vers la terre, que leur chute se fait en ligne droite, que le soleil ou la terre se meut, que le ciel ou la terre tourne, etc. Ces faits généraux ont toujours été vrais ; notre science n'y a rien ajouté. Mais, d'autre part, la nécessité de nous rendre compte de tout nous oblige à chercher des principes de plus en plus compréhensifs : c'est pourquoi il a fallu abandonner successivement, d'abord l'opinion que la terre est plate, puis la théorie qui la fait immobile au centre du monde, etc.

Si nous passons maintenant de la nature physique au monde moral, ici encore nous nous trouvons assujettis aux mêmes déceptions de l'apparence, aux mêmes influences de la spontanéité et de l'habitude. Mais ce qui distingue cette seconde partie du système de nos connaissances, c'est, d'un côté, le bien ou le mal qui résulte pour nous de nos opinions ; de l'autre, l'obstination avec laquelle nous défendons le préjugé qui nous tourmente et nous tue.

Quelque système que nous embrassions sur la cause de la pesanteur et sur la figure de la terre, la physique du globe n'en souffre pas ; et quant à nous, notre économie sociale n'en peut retirer ni profit ni dommage. Mais c'est en nous et par nous que s'accomplissent les lois de notre nature morale : or, ces lois ne peuvent s'exécuter sans notre participation réfléchie, partant, sans que nous les connaissions. Si donc notre science des lois morales est fausse, il est évident que tout en voulant notre bien nous ferons notre mal ; si elle n'est qu'incomplète, elle pourra suffire quelque temps à notre progrès social, mais à la longue elle nous fera faire fausse route, et enfin nous précipitera dans un abîme de calamités.

C'est alors que de plus hautes connaissances nous deviennent indispensables, et, il faut le dire à notre gloire, il est sans exemple qu'elles aient jamais fait défaut ; mais c'est alors aussi que commence une lutte acharnée entre les vieux préjugés et les idées nouvelles. Jours de conflagration et d'angoisse! On se reporte aux temps où, avec les mêmes croyances, avec les mêmes institutions, tout le monde semblait heureux : comment accuser ces croyances, comment proscrire ces institutions ? On ne veut pas comprendre que cette période fortunée servit précisément à développer le principe de mal que la société recelait ; on accuse les hommes et les dieux, les puissants de la terre et les forces de la nature. Au lieu de chercher la cause du mal dans sa raison et dans son cœur, l'homme s'en prend à ses maîtres, à ses rivaux, à ses voisins, à lui-même ; les nations s'arment, s'égorgent, s'exterminent, jusqu'à ce que, par une large dépopulation, l'équilibre se rétablisse, et que la paix renaisse des cendres des combattants. Tant il répugne à l'humanité de toucher aux coutumes des ancêtres, de changer les lois données par les fondateurs des cités, et confirmées par la fidélité des siècles.

Nihil motum ex antiquo probabile est : Défiez-vous de toute innovation, s'écriait Tite-Live. Sans doute il vaudrait mieux pour l'homme n'avoir jamais à changer: mais quoi! s'il est né ignorant, si sa condition est de s'instruire par degrés, faut-il pour cela qu'il renie la lumière, qu'il abdique sa raison et s'abandonne à la fortune ? Santé parfaite est meilleure que convalescence : est-ce un motif pour que le malade refuse de guérir ? Réforme! réforme! crièrent autrefois Jean-Baptiste et Jésus-Christ ; réforme, réforme! criaient nos pères il y a cinquante ans, et nous crierons longtemps encore : réforme! réforme!

Témoin des douleurs de mon siècle, je me suis dit : Parmi les principes sur lesquels la société repose, il y en a un qu'elle ne comprend pas, que son ignorance a vicié, et qui cause tout le mal. Ce principe est le plus ancien de tous, car il est de l'essence des révolutions d'emporter les principes les plus modernes et de respecter les anciens ; or le mal qui nous tourmente est antérieur à toutes les révolutions. Ce principe, tel que notre ignorance l'a fait, est honoré et voulu ; car s'il n'était pas voulu il n'abuserait personne, il serait sans influence.

Mais ce principe, vrai dans son objet, faux quant à notre manière de l'entendre, ce principe, aussi vieux que l'humanité, quel est-il ? serait-ce la religion ?

Tous les hommes croient en Dieu: ce dogme appartient tout à la fois à leur conscience et à leur raison. Dieu est pour l'humanité un fait aussi primitif, une idée aussi fatale, un principe aussi nécessaire que le sont pour notre entendement les idées catégoriques de cause, de substance, de temps et d'espace. Dieu nous est attesté par la conscience antérieurement à toute induction de l'esprit, comme le soleil nous est prouvé par le témoignage des sens avant tous les raisonnements de la physique. L'observation et l'expérience nous découvrent les phénomènes et les lois, le sens intime seul nous révèle les existences. L'humanité croit que Dieu est ; mais que croit-elle en croyant à Dieu ? En un mot, qu'est-ce que Dieu ?

Cette notion de la Divinité, notion primitive, unanime, innée dans notre espèce, la raison humaine n'est pas encore parvenue à la déterminer. A chaque pas que nous faisons dans la connaissance de la nature et des causes, l'idée de Dieu s'étend et s'élève : plus notre science avance, plus Dieu semble grandir et reculer. L'anthropomorphisme et l'idolâtrie furent une conséquence nécessaire de la jeunesse des esprits, une théologie d'enfants et de poètes. Erreur innocente, si l'on n'eût pas voulu en faire un principe de conduite, et si l'on avait su respecter la liberté des opinions. Mais, après avoir fait Dieu à son image, l'homme voulut encore se l'approprier ; non content de défigurer le grand Être, il le traita comme son patrimoine, son bien, sa chose : Dieu, représenté sous des formes monstrueuses, devint partout propriété de l'homme et de l'État. Telle fut l'origine de la corruption des mœurs par la religion, et la source des haines pieuses et des guerres sacrées. Grâce au ciel, nous avons appris à laisser chacun dans sa croyance nous cherchons la règle des mœurs en dehors du culte nous attendons sagement, pour statuer sur la nature et les attributs de Dieu, sur les dogmes de la théologie, sur la destinée de nos âmes, que la science nous apprenne ce que nous devons rejeter et ce que nous devons croire. Dieu, âme, religion, objets éternels de nos méditations infatigables et de nos plus funestes égarements, problèmes terribles, dont la solution, toujours essayée, reste toujours incomplète : sur toutes ces choses nous pouvons encore nous tromper, mais du moins notre erreur est sans influence.

Avec la liberté des cultes et la séparation du spirituel et du temporel, l'influence des idées religieuses sur la marche de la société est purement négative, aucune loi, aucune institution politique et civile ne relevant de la religion. L'oubli des devoirs que la religion impose peut favoriser la corruption générale, mais il n'en est pas la cause nécessitante, il n'en est que l'auxiliaire ou la suite. Surtout, et dans la question qui nous occupe cette observation est décisive, la cause de l'inégalité des conditions parmi les hommes, du paupérisme, de la souffrance universelle, des embarras des gouvernements, ne peut plus être rapportée à la religion : il faut remonter plus haut, et creuser plus avant.

Mais qu'y a-t-il dans l'homme de plus ancien et de plus profond que le sentiment religieux ?

Il y a l'homme même, c'est-à-dire la volonté et la conscience, le libre arbitre et la loi, opposés dans un antagonisme perpétuel. L'homme est en guerre avec lui-même Pourquoi ?

« L'homme, disent les théologiens, a péché au commencement ; notre espèce est coupable d'une antique prévarication. Pour ce péché, l'humanité est déchue : l'erreur et l'ignorance sont devenues son apanage. Lisez les histoires, vous trouverez partout la preuve de cette nécessité du mal, dans la permanente misère des nations. L'homme souffre et toujours souffrira : sa maladie est héréditaire et constitutionnelle. Usez de palliatifs, employez les émollients : il n'y a point de remède. »

Ce discours n'est pas propre aux seuls théologiens on le retrouve en termes équivalents dans les écrits des philosophes matérialistes, partisans d'une indéfinie perfectibilité. Destutt de Tracy enseigne formellement que le paupérisme, les crimes, la guerre, sont la condition inévitable de notre état social, un mal nécessaire, contre lequel ce serait folie de se révolter. Ainsi, *nécessité du mal* ou *perversité originelle*, c'est au fond la même philosophie.

« Le premier homme a péché. » Si les sectateurs de la Bible interprétaient fidèlement, ils diraient : *L'homme premièrement pèche,* c'est-à-dire, se trompe ; car *pécher, faillir, se tromper,* c'est même chose.

« Les suites du péché d'Adam sont héréditaires dans sa race ; c'est, en premier lieu, l'ignorance. » En effet, l'ignorance est originelle dans l'espèce comme dans l'individu ; mais, sur une foule de questions, même de l'ordre moral et politique, cette ignorance de l'espèce a été guérie : qui nous dit qu'elle ne cessera pas tout à fait ? Il y a progrès continuel du genre humain vers la vérité, et triomphe incessant de la lumière sur les ténèbres. Notre mal n'est donc pas absolument incurable, et l'explication des théologiens est plus qu'insuffisante elle est ridicule, puisqu'elle se réduit à cette tautologie « L'homme se trompe, parce qu'il se trompe. » Tandis qu'il faut dire : «L'homme se trompe parce qu'il apprend.» Or, si l'homme parvient à savoir tout ce qu'il a besoin de connaître, il y a lieu de croire que, ne se trompant plus, il cessera de souffrir.

Que si nous interrogeons les docteurs de cette loi que l'on nous dit gravée au cœur de l'homme, nous reconnaîtrons bientôt qu'ils en disputent sans savoir ce qu'elle est : que sur les questions les plus capitales, il y a presque autant d'opinions que d'auteurs ; qu'on n'en trouve pas deux qui soient d'accord sur la meilleure forme de gouvernement, sur le principe de l'autorité, sur la nature du droit ; que tous voguent au hasard sur une mer sans fond ni rive, abandonnés à l'inspiration de leur sens privé, que modestement ils prennent pour la droite raison. Et, à la vue de ce pêle-mêle d'opinions qui se contredisent, nous dirons : « L'objet de nos recherches est la loi, la détermination du principe social ; or, les politiques, c'est-à-dire les hommes de la science sociale, ne s'entendent pas ; donc c'est en eux qu'est l'erreur ; et comme toute erreur a une réalité pour objet, c'est dans leurs livres que doit se trouver la vérité, qu'à leur insu ils y auront mise. »

Or, de quoi s'entretiennent les jurisconsultes et les publicistes ? De *justice*, *d'équité*, de *liberté*, de *loi naturelle*, de *lois civiles*, etc. Mais qu'est-ce que la justice ? Quel en est le principe, le caractère, la formule ? A cette question, il est évident que nos docteurs n'ont rien à répondre : car autrement leur science, partant d'un principe clair et certain, sortirait de son éternel probabilisme, et toutes les disputes finiraient.

Qu'est-ce que la justice ? Les théologiens répondent : Toute justice vient de Dieu. Cela est vrai, mais n'apprend rien.

Les philosophes devraient être mieux instruits : ils ont tant disputé sur le juste et l'injuste! Malheureusement l'examen prouve que leur savoir se réduit à rien, et qu'il en est d'eux comme de ces Sauvages qui disaient au soleil pour toute prière : O ! - O ! est un cri d'admiration, d'amour, d'enthousiasme : mais qui voudrait savoir ce que c'est que le soleil tirerait peu de lumière de l'interjection O ! C'est précisément le cas où nous sommes avec les philosophes, par rapport à la justice. La justice, disent-ils, est *une fille du ciel, une lumière qui éclaire tout homme venant au monde, la plus belle prérogative de notre nature, ce qui nous distingue des bêtes et nous rend semblables à Dieu, et mille autres choses semblables.* A quoi se réduit, je le demande, cette pieuse litanie ? À la prière des sauvages: O !

Tout ce que la sagesse humaine a enseigné de plus raisonnable concernant la justice, est renfermé dans cet adage fameux : *Fais aux autres ce que tu veux qu'on te fasse; Ne fais pas aux autres ce que tu ne veux pas qui te soit fait.* Mais cette règle de morale pratique est nulle pour la science : qu'ai-je droit de vouloir qu'on me fasse ou qu'on ne me fasse pas ? Ce n'est rien de dire que mon devoir est égal à mon droit, si l'on n'explique en même temps quel est ce droit.

Essayons d'arriver à quelque chose de plus précis et de plus positif.

La justice est l'astre central qui gouverne les société,, le pôle sur lequel tourne le monde politique, le principe et la règle de toutes les transactions. Rien ne se fait entre les hommes qu'en vertu du *droit*; rien sans l'invocation de la justice. La justice n'est point l'œuvre de la loi: au contraire, la loi n'est jamais qu'une déclaration et une application du *juste*, dans toutes les circonstances où les hommes peuvent se trouver en rapport d'intérêts. Si donc l'idée que nous nous faisons du juste et du droit était mal déterminée, si elle était incomplète ou même fausse, il est évident que toutes nos applications législatives seraient mauvaises, nos institutions vicieuses, notre politique erronée : partant, qu'il y aurait désordre et mal social.

Cette hypothèse de la perversion de la justice dans notre entendement, et par une conséquence nécessaire dans nos actes, serait un fait démontré, si les opinions des hommes, relativement au concept de justice et à ses applications, n'avaient point été constantes ; si, à diverses époques, elles avaient éprouvé des modifications ; en un mot, s'il y avait eu progrès dans les idées. Or, c'est ce que l'histoire nous atteste par les plus éclatants témoignages.

Il y a dix-huit cents ans, le monde, sous la protection des Césars, se consumait dans l'esclavage, la superstition et la volupté. Le peuple, enivré et comme étourdi par de longues bacchanales, avait perdu jusqu'à la notion du droit et du devoir : la guerre et l'orgie le décimaient tour à tour ; l'usure et le travail des machines, c'est-à-dire des esclaves, en lui ôtant les moyens de subsister, J'empêchaient de se reproduire. La barbarie renaissait, hideuse, de cette immense corruption, et s'étendait comme une lèpre dévorante sur les provinces dépeuplées. Les sages prévoyaient la fin de l'empire, mais n'y savaient point de remède. Que pouvaient-ils imaginer, en effet ? Pour sauver cette société vieillie, il eût fallu changer les objets de l'estime et de la vénération publique, abolir des droits consacrés par une justice dix fois séculaire. On disait : « Rome a vaincu par sa politique et ses dieux ; toute réforme dans le culte et l'esprit public serait folie et sacrilège. Rome, clémente envers les nations vaincues, en leur donnant des chaînes, leur fait grâce de la vie ; les esclaves sont la source la plus féconde de ses richesses ; l'affranchissement des peuples serait la négation de ses droits et la ruine de ses finances. Rome enfin, plongée dans les délices et gorgée des dépouilles de l'univers, use de la victoire et du gouvernement son luxe et ses voluptés sont le prix de ses conquêtes elle ne peut abdiquer ni se dessaisir. » Ainsi Rome avait pour elle le fait et le droit. Ses prétentions étaient justifiées par toutes les coutumes et par le droit des gens. L'idolâtrie dans la religion, l'esclavage dans l'État, l'épicurisme dans la vie privée, formaient la base des institutions ; y toucher, ç'aurait été ébranler la société jusqu'en ses fondements, et, selon notre expression moderne, ouvrir l'abîme des révolutions. Aussi l'idée n'en venait-elle à personne ; et cependant l'humanité se mourait dans le sang et la luxure.

Tout à coup un homme parut, se disant *Parole de Dieu*: on ne sait pas encore aujourd'hui ce qu'il était, ni d'où il venait, ni qui avait pu lui suggérer ses idées. Il allait annoncer partout que la société avait fait son temps, que le monde allait être renouvelé ; que les prêtres étaient des vipères, les avocats des ignorants, les philosophes des hypocrites et des menteurs ; que le maître et l'esclave sont égaux, que l'usure et tout ce qui lui ressemble est un vol, que les propriétaires et les hommes de plaisir brûleront un jour, tandis que les pauvres de cœur et les purs habiteront un lieu de repos. Il ajoutait beaucoup d'autres choses non moins extraordinaires.

Cet homme, *Parole de Dieu*, fut dénoncé et arrêté comme ennemi public par les prêtres et les gens de loi, qui eurent même le secret de faire demander sa mort par le peuple. Mais cet assassinat juridique, en comblant la mesure de leurs crimes, n'étouffa pas la doctrine que *Parole de Dieu* avait semée. Après lui, ses premiers prosélytes se répandirent de tous côtés, prêchant ce qu'ils nommaient la *bonne nouvelle*, formant à leur tour des millions de missionnaires, et, quand il semblait que leur tâche fût accomplie, mourant par le glaive de la justice romaine. Cette propagande obstinée, guerre de bourreaux et de martyrs, dura près de trois cents ans, au bout desquels le monde se trouva converti. L'idolâtrie fut détruite, l'esclavage aboli, la dissolution fit place à des mœurs plus austères, le mépris des richesses fut poussé quelquefois jusqu'au dépouillement. La société fut sauvée par la négation de ses principes, par le renversement de la religion, et la violation des droits les plus sacrés. L'idée du juste acquit dans cette révolution une étendue que jusqu'alors on n'avait pas soupçonnée, et sur laquelle les esprits ne sont jamais revenus. La justice n'avait existé que pour les maîtres; elle commença dès lors à exister pour les serviteurs.

Cependant la nouvelle religion fut loin de porter tous ses fruits. Il y eut bien quelque amélioration dans les mœurs publiques, quelque relâche dans l'oppression ; mais, du reste, la *semence du Fils de l'homme*, tombée en des cœurs idolâtres, ne produisit qu'une mythologie quasi poétique et d'innombrables discordes. Au lieu de s'attacher aux conséquences pratiques des principes de morale et de gouvernement que *Parole de Dieu* avait posés, on se livra à des spéculations sur sa naissance, son origine, sa personne et ses actions ; on épilogua sur ses paraboles, et du conflit des opinions les plus extravagantes sur des questions insolubles, sur des textes que l'on n'entendait pas, naquit la *théologie*, qu'on peut définir *science de l'infiniment absurde*.

Pierre-Joseph Proudhon

La vérité *chrétienne* ne passa guère l'âge des apôtres; l'Évangile commenté et symbolisé par les Grecs et les Latins, chargé de fables païennes, devint à la lettre un signe de contradiction ; et jusqu'à ce jour le règne de *l'Église infaillible* n'a présenté qu'un long obscurcissement. On dit que les portes d'enfer ne prévaudront pas toujours, que la *Parole de Dieu* reviendra, et qu'enfin les hommes connaîtront la vérité et la justice ; mais alors ce sera fait du catholicisme grec et romain, de même qu'à la clarté de la science disparaissent les fantômes de l'opinion.

Les monstres que les successeurs des apôtres avaient eu pour mission de détruire, un instant effrayés, reparurent peu à peu, grâce au fanatisme imbécile, et quelquefois aussi à la connivence réfléchie des prêtres et des théologiens. L'histoire de l'affranchissement des communes, en France, présente constamment la justice et la liberté se déterminant dans le peuple, malgré les efforts conjurés des rois, de la noblesse et du clergé. En l'année 1789, depuis la naissance du Christ, la nation française, divisée par castes, pauvre et opprimée, se débattait sous le triple réseau de l'absolutisme royal, de la tyrannie des seigneurs et des parlements, et de l'intolérance sacerdotale. Il y avait le droit du roi et le droit du prêtre, le droit du noble et le droit du roturier ; il y avait des privilèges de naissance, de province, de communes, de corporations et de métiers : au fond de tout cela, la violence, l'immoralité, la misère. Depuis quelque temps on parlait de réforme ; ceux qui la souhaitaient le plus en apparence ne l'appelant que pour en profiter, et le peuple qui devait tout y gagner, n'en attendant pas grand-chose, et ne disant mot. Longtemps ce pauvre peuple, soit défiance, soit incrédulité, soit désespoir, hésita sur ses droits : on eût dit que l'habitude de servir avait ôté le courage à ces vieilles communes, si fières au moyen âge.

Un livre parut enfin, se résumant tout entier dans ces deux propositions : *Qu'est-ce que le tiers état ?* rien. - *Que doit-il être ?* tout. Quelqu'un ajouta, par forme de commentaire : *Qu'est-ce que le roi ? c'est le mandataire du peuple.*

Ce fut comme une révélation subite : un voile immense se déchira, un épais bandeau tomba de tous les yeux. Le peuple se mit à raisonner :

Si le roi est notre mandataire, il doit rendre des comptes
S'il doit rendre des comptes, il est sujet à contrôle
S'il peut être contrôlé, il est responsable
S'il est responsable, il est punissable ;
S'il est punissable, il l'est selon ses mérites
S'il doit être puni selon ses mérites, il peut être puni de mort.

Cinq ans après la publication de la brochure de Sieyès, le tiers état était tout ; le roi, la noblesse, le clergé, n'étaient plus. En 1793, le peuple, sans s'arrêter à la fiction constitutionnelle de l'inviolabilité du souverain, conduisit Louis XVI à l'échafaud; en 1830 il accompagna Charles X à Cherbourg. Que dans l'un et l'autre cas il ait pu se tromper sur l'appréciation du délit, ce serait une erreur de fait ; mais en droit la logique qui le fit agir est irréprochable. Le peuple, en punissant le souverain, fait précisément ce que l'on a tant reproché au gouvernement de Juillet de n'avoir point exécuté, après l'échauffourée de Strasbourg, sur la personne de Louis Bonaparte : il atteint le vrai coupable. C'est une application du droit commun, une détermination solennelle de la justice en matière de pénalité [1].

L'esprit qui produisit le mouvement de 89 fut un esprit de contradiction ; cela suffit pour démontrer que l'ordre de choses qui fut substitué à l'ancien n'eut rien en soi de méthodique et de réfléchi ; que, né de la colère et de la haine, il ne pouvait avoir l'effet d'une science fondée sur l'observation et l'étude ; que les bases, en un mot, n'en furent pas déduites de la connaissance approfondie des lois de la nature et de la société. Aussi trouve-t-on dans les institutions soi-disant nouvelles que la république se donna les principes mêmes contre lesquels on avait combattu, et l'influence de tous les préjugés qu'on avait eu dessein de proscrire. On s'entretient, avec un enthousiasme peu réfléchi, de la glorieuse révolution française, de la régénération de 1789, des grandes réformes qui furent opérées, du changement des institutions: mensonge! mensonge!

---

1 Si le chef du pouvoir exécutif est responsable, les députés doivent l'être aussi. il est étonnant que cette idée ne soit jamais venue à personne ; ce serait le sujet d'une thèse intéressante, Mais je déclare que, pour rien au monde, je ne voudrais la soutenir; le peuple est encore trop fort logicien pour que je lui fournisse matière à tirer certaines conséquences.

Pierre-Joseph Proudhon

Lorsque sur un fait physique, intellectuel ou social, nos idées, par suite des observations que nous avons faites, changent du tout au tout, j'appelle ce mouvement de l'esprit *révolution*. S'il y a seulement extension ou modification dans nos idées, c'est *progrès*. Ainsi le système de Ptolémée fut un progrès en astronomie, celui de Copernic fit révolution. De même, en 1789, il y eut bataille et progrès ; de révolution il n'y en eut pas. L'examen des réformes qui furent essayées le démontre.

Le peuple, si longtemps victime de l'égoïsme monarchique, crut s'en délivrer à jamais en déclarant que lui seul était souverain. Mais qu'était-ce que la monarchie? la souveraineté d'un homme. Qu'est-ce que la démocratie ? la souveraineté du peuple, ou, pour mieux dire, de la majorité nationale. Mais c'est toujours la souveraineté de l'homme mise à la place de la souveraineté de la loi, la souveraineté de la volonté mise à la place de la souveraineté de la raison, en un mot, les passions à la place du droit. Sans doute, lorsqu'un peuple passe de l'état monarchique au démocratique il y a progrès, parce qu'en multipliant le souverain on offre plus de chances à la raison de se substituer à la volonté ; mais enfin il n'y a pas révolution dans le gouvernement, puisque le principe est resté le même. Or nous avons la preuve aujourd'hui qu'avec la démocratie la plus parfaite on peut n'être pas libre.

Ce n'est pas tout - le peuple-roi ne peut exercer la souveraineté par lui-même ; il est obligé de la déléguer à des fondés de pouvoir : c'est ce qu'ont soin de lui répéter assidûment ceux qui cherchent à capter ses bonnes grâces. Que ces fondés de pouvoir soient cinq, dix, cent, mille, qu'importe le nombre et que fait le nom ? c'est toujours le gouvernement de l'homme, le règne de la volonté et du bon plaisir. je demande ce que la prétendue révolution a révolutionné ?

On sait, au reste, comment cette souveraineté fut exercée, d'abord par la Convention, puis par le Directoire, plus tard confisquée par le consul. Pour l'empereur, l'homme fort, tant adoré et tant regretté du peuple, il ne voulut jamais relever de lui : mais comme s'il eût eu dessein de le narguer sur sa souveraineté, il osa lui demander son suffrage, c'est-à-dire son abdication, l'abdication de cette inaliénable souveraineté, et il l'obtint.

Mais enfin, qu'est-ce que la souveraineté? C'est, dit-on, *le pouvoir de faire des lois* [1]. Autre absurdité, renouvelée du despotisme. Le peuple avait vu les rois motiver leurs ordonnances par la formule : *car tel est notre plaisir* ; il voulut à son tour goûter le plaisir de faire des lois. Depuis cinquante ans il en a enfanté des myriades, toujours, bien entendu, par l'opération des représentants. Le divertissement n'est pas près de finir.

Au reste, la définition de la souveraineté dérivait elle-même de la définition de la loi. La loi, disait-on, est *l'expression de la volonté du souverain* : donc, sous une monarchie, la loi est l'expression de la volonté du roi ; dans une république, la loi est l'expression de la volonté du peuple. A part la différence dans le nombre des volontés, les deux systèmes sont parfaitement identiques : de part et d'autre l'erreur est égale, savoir que la loi est l'expression d'une volonté, tandis qu'elle doit être l'expression d'un fait. Pourtant on suivait de bons guides : on avait pris le citoyen de Genève pour prophète, et le *Contrat social* pour Alcoran.

La préoccupation et le préjugé se montrent à chaque pas sous la rhétorique des nouveaux législateurs. Le peuple avait souffert d'une multitude d'exclusions et de privilèges ses représentants firent pour lui la déclaration suivante *Tous les hommes sont égaux par la nature et devant la loi*; déclaration ambiguë et redondante. Les hommes sont égaux par la nature : est-ce à dire qu'ils ont tous même taille, même beauté, même génie, même vertu ? Non: c'est donc l'égalité politique et civile qu'on a voulu désigner. Alors il suffisait de dire : *Tous les hommes sont égaux devant la loi.*

Mais qu'est-ce que l'égalité devant la loi ? Ni la constitution de 1790, ni celle de 93, ni la charte octroyée, ni la charte acceptée, n'ont su la définir. Toutes supposent une inégalité de fortunes et de rangs à côté de laquelle il est impossible de trouver l'ombre d'une égalité de droits. A cet égard on peut dire que toutes nos constitutions ont été l'expression fidèle de la volonté populaire : je vais en donner la preuve.

---

1 « La souveraineté, selon Toullier, est la toute-puissance humaine. » Définition matérialiste : si la souveraineté est quelque chose, elle est un droit, non une force ou faculté. Et qu'est-ce que la toute puissance humaine ?

Pierre-Joseph Proudhon

Autrefois le peuple était exclu des emplois civils et militaires : on crut faire merveille en insérant dans la Déclaration des droits cet article ronflant : « Tous les citoyens sont également admissibles aux emplois ; les peuples libres ne connaissent d'autre motif de préférence dans leurs élections que les vertus et les talents. »

Certes on dut admirer une si belle chose ; on admira une sottise. Quoi 1 le peuple souverain, législateur et réformateur, ne voit dans les emplois publics que des gratifications, tranchons le mot, des aubaines! Et c'est parce qu'il les regarde comme une source de profit, qu'il statue sur l'admissibilité des citoyens 1 Car à quoi bon cette précaution, s'il n'y avait rien à gagner ? on ne s'avise guère d'ordonner que nul ne sera pilote, s'il n'est astronome et géographe, ni de défendre à un bègue de jouer la tragédie et l'opéra. Le peuple fut encore ici le singe des rois : comme eux il voulut disposer des places lucratives en faveur de ses amis et de ses flatteurs ; malheureusement, et ce dernier trait complète la ressemblance, le peuple ne tient pas la feuille des bénéfices, ce sont ses mandataires et représentants. Aussi n'eurent-ils garde de contrarier la volonté de leur débonnaire souverain.

Cet édifiant article de la Déclaration des droits, conservé par les Chartes de 1814 et de 1830, suppose plusieurs sortes d'inégalités civiles, ce qui revient à dire d'inégalités devant la loi : inégalité de rangs, puisque les fonctions publiques ne sont recherchées que pour la considération et les émoluments qu'elles confèrent ; inégalité de fortunes, puisque si l'on avait voulu que les fortunes fussent égales, les emplois publics eussent été des devoirs, non des récompenses ; inégalité de faveur, la loi ne définissant pas ce qu'elle entend par *talents et vertus*. Sous l'Empire, la vertu et le talent n'étaient guère autre chose que le courage militaire et le dévouement à l'empereur : il y parut, quand Napoléon créa sa noblesse et qu'il essaya de l'accoupler avec l'ancienne. Aujourd'hui l'homme qui paye deux cents francs d'impositions est vertueux : l'homme habile est un honnête coupeur de bourses ; ce sont désormais des vérités triviales.

Le peuple enfin consacra la propriété... Dieu lui pardonne, car il n'a su ce qu'il faisait. Voilà cinquante ans qu'il expie une misérable équivoque. Mais comment le peuple, dont la voix, dit-on, est la voix de Dieu, et dont la conscience ne saurait faillir, comment le peuple s'est-il trompé ? comment, cherchant la liberté et l'égalité, est-il retombé dans le privilège et la servitude ? Toujours par imitation de l'ancien régime.

Autrefois la noblesse et le clergé ne contribuaient aux charges de l'État qu'à titre de secours volontaires et de dons gratuits ; leurs biens étaient insaisissables même pour dettes : tandis que le roturier, accablé de tailles et de corvées, était harcelé sans relâche tantôt par les percepteurs du roi, tantôt par ceux des seigneurs et du clergé. Le mainmortable, placé au rang des choses, ne pouvait ni tester ni devenir héritier; il en était de lui comme des animaux, dont les services et le croît appartiennent au maître par droit d'accession. Le peuple voulut que la condition de *propriétaire* fût la même pour tous ; que chacun pût *jouir et disposer librement de ses biens, de ses revenus, du fruit de son travail et de son industrie.* Le peuple n'inventa pas la propriété ; mais comme elle n'existait pas pour lui au même titre que pour les nobles et les tonsurés, il décréta l'uniformité de ce droit. Les formes acerbes de la propriété, la corvée, la main-morte, la maîtrise, l'exclusion des emplois ont disparu ; le mode de jouissance a été modifié : le fond de la chose est demeuré le même. Il y a eu progrès dans l'attribution du droit; il n'y a pas eu de révolution.

Voilà donc trois principes fondamentaux de la société moderne, que le mouvement de 1789 et celui de 1830 ont tour à tour consacrés : 1° *Souveraineté dans la volonté de l'homme*, et, en réduisant l'expression, *despotisme* ; 2° *Inégalité des fortunes et des rangs* ; 3° *Propriété*: au-dessus la JUSTICE, toujours et par tous invoquée comme le génie tutélaire des souverains, des nobles et des propriétaires ; la JUSTICE, loi générale, primitive, catégorique, de toute société.

Il s'agit de savoir si les concepts de *despotisme, d'inégalité civile* et de *propriété*, sont ou ne sont pas conformes à la notion primitive du juste, s'ils en sont une déduction nécessaire, manifestée diversement selon le cas, le lieu et le rapport des personnes ; ou bien s'ils ne seraient pas plutôt le produit illégitime d'une confusion de choses différentes, d'une fatale association d'idées. Et puisque la justice se détermine surtout dans le gouvernement, dans l'état des personnes et dans la possession des choses, il faut chercher, d'après le consentement de tous les hommes et les progrès de l'esprit humain, à quelles conditions le gouvernement est juste, la condition des citoyens, juste ; la possession des choses, juste ; puis, élimination faite de tout ce qui ne remplira pas ces conditions, le résultat indiquera tout à la fois, et quel est le gouvernement légitime, et quelle est la condition légitime des citoyens, et quelle est la possession légitime des choses ; enfin, et comme dernière expression de 1 1 analyse, quelle est la justice.

L'autorité de l'homme sur l'homme est-elle juste ?

Tout le monde répond : Non ; l'autorité de l'homme n'est que l'autorité de la loi, laquelle doit être justice et vérité. La volonté privée ne compte pour rien dans le gouvernement, qui se réduit, d'une part, à découvrir ce qui est vrai et juste, pour en faire la loi ; d'autre part, à surveiller l'exécution de cette loi. - Je n'examine pas en ce moment si notre forme de gouvernement constitutionnel remplit ces conditions : si, par exemple, la volonté des ministres ne se mêle jamais à la déclaration et à l'interprétation de la loi ; si nos députés, dans leurs débats, sont plus occupés à vaincre par la raison que par le nombre : il me suffit que l'idée avouée d'un bon gouvernement soit telle que je la définis. Cette idée est exacte : cependant nous voyons que rien ne semble plus juste aux peuples orientaux que le despotisme de leurs souverains ; que chez les anciens, et dans l'opinion des philosophes eux-mêmes, l'esclavage était juste ; qu'au moyen âge, les nobles, les abbés et les évêques trouvaient juste d'avoir des serfs ; que Louis XIV pensait être dans le vrai lorsqu'il tenait ce propos : *l'État, c'est moi* ; que Napoléon regardait comme un crime d'État de désobéir à ses volontés. L'idée de juste, appliquée au souverain et au gouvernement, n'a donc pas toujours été ce qu'elle est aujourd'hui ; elle est allée se développant sans cesse et se précisant de plus en plus, tant qu'enfin elle s'est arrêtée au point où nous la voyons. Mais est-elle arrivée à sa phase dernière ? je ne le pense pas : seulement comme le dernier obstacle qui lui reste à vaincre vient uniquement de l'institution du domaine de propriété que nous avons conservée, pour achever la réforme dans le gouvernement et consommer la révolution, c'est cette institution même que nous devons attaquer.

L'inégalité politique et civile est-elle juste ?

Les uns répondent : oui ; les autres : non. Aux premiers je rappellerai que, lorsque le peuple abolit tous les privilèges de naissance et de caste, cela leur parut bon, probablement parce qu'ils en profitaient ; pourquoi donc ne veulent-ils pas que les privilèges de la fortune disparaissent comme les privilèges de rang et de race ? c'est, disent-ils, que l'inégalité politiqué est inhérente à la propriété, et que sans la propriété il n'y a pas de société possible. Ainsi la question que nous venons d'élever se résout dans celle de la propriété. - Aux seconds, je me contente de faire cette observation : Si vous voulez jouir de l'égalité politique, abolissez la propriété, sinon de quoi vous plaignez-vous ?

La propriété est-elle juste ?

Tout le monde répond sans hésiter : oui, la propriété est juste. Je dis tout le monde, car personne jusqu'à présent ne me paraît avoir répondu avec pleine connaissance : non. Aussi une réponse motivée n'était-elle point chose facile ; le temps seul et l'expérience pouvaient amener une solution. Actuellement cette solution est donnée ; c'est à nous de l'entendre. J'essaie de la démontrer.

Voici de quelle manière nous allons procéder à cette démonstration.

I- Nous ne disputons pas, nous ne réfutons personne, nous ne contestons rien ; nous acceptons comme bonnes toutes les raisons alléguées en faveur de la propriété, et nous nous bornons à en chercher le principe, afin de vérifier ensuite si ce principe est fidèlement exprimé par la propriété. En effet, la propriété ne pouvant être défendue que comme juste, l'idée, ou du moins l'intention de justice doit nécessairement se retrouver au fond de tous les arguments qu'on a faits pour la propriété : et comme d'un autre côté la propriété ne s'exerce que sur des choses matériellement appréciables, la justice s'objectivant elle-même, pour ainsi dire, secrètement, doit paraître sous une formule tout algébrique. Par cette méthode d'examen, nous arrivons bientôt à reconnaître que tous les raisonnements que l'on a imaginé« pour défendre la propriété, *quels qu'ils soient*, concluent toujours et nécessairement à l'égalité, c'est-à-dire à la négation de la propriété.

Pierre-Joseph Proudhon

Cette première partie comprend deux chapitres : l'un, relatif à l'occupation, fondement de notre droit ; l'autre, relatif au travail et au talent, considérés comme causes de propriété et d'inégalité sociale.

La conclusion de ces deux chapitres sera, d'une part, que le droit d'occupation *empêche* la propriété ; de l'autre, que le droit du travail la *détruit*.

II- La propriété étant donc conçue nécessairement sous la raison catégorique d'égalité, nous avons à chercher pourquoi, malgré cette nécessité de logique, l'égalité n'existe pas. Cette nouvelle recherche comprend aussi deux chapitres : dans le premier, considérant le fait de la propriété en lui-même, nous cherchons si ce fait est réel, s'il existe, s'il est possible ; car il impliquerait contradiction que deux formes socialistes opposées, l'égalité et l'inégalité, fussent l'une et l'autre possibles. C'est alors que nous découvrons, chose singulière, qu'à la vérité la propriété peut se manifester comme accident, mais que, comme institution et principe, elle est impossible mathématiquement. En sorte que l'axiome de l'école, *ab actu ad posse valet consecutio*, du fait à la possibilité la conséquence est bonne, se trouve démenti en ce qui concerne la propriété.

Enfin, dans le dernier chapitre, appelant à notre aide la psychologie, et pénétrant à fond dans la nature de l'homme, nous exposerons le principe du juste, sa formule, son caractère ; nous préciserons la loi organique de la société ; nous expliquerons l'origine de la propriété, les causes de son établissement, de sa longue durée, et de sa prochaine disparition ; nous établirons définitivement son identité avec le vol ; et, après avoir montré que ces trois préjugés, *souveraineté de l'homme, inégalité des conditions, propriété*, n'en font qu'un, qu'ils se peuvent prendre l'un pour l'autre et sont réciproquement convertibles, nous n'aurons pas de peine à en déduire, par le principe de contradiction, la base du gouvernement et du droit. Là s'arrêteront nos recherches, nous réservant d'y donner suite dans de nouveaux mémoires.

L'importance du sujet qui nous occupe saisit tous les esprits.

Chapitre I

« La propriété, dit M. Hennequin, est le principe créateur et conservateur de la société civile... La propriété est l'une de ces thèses fondamentales sur lesquelles les explications qui se prétendent nouvelles ne sauraient trop tôt se produire ; car il ne faut jamais l'oublier, et il importe que le publiciste, que l'homme d'État en soient bien convaincus : c'est de la question de savoir si la propriété est le principe ou le résultat de l'ordre social, s'il faut la considérer comme cause ou comme effet, que dépend toute la moralité, et par cela même toute l'autorité des institutions humaines. »

Ces paroles sont un défi porté à tous les hommes d'espérance et de foi : mais, quoique la cause de l'égalité soit belle, personne n'a encore relevé le gant jeté par les avocats de la propriété, personne ne s'est senti le cœur assez ferme pour accepter le combat. Le faux savoir d'une orgueilleuse jurisprudence, et les absurdes aphorismes de l'économie politique telle que la propriété l'a faite, ont porté le trouble dans les intelligences les plus généreuses ; c'est une sorte de mot d'ordre convenu entre les amis les plus influents de la liberté et des intérêts du peuple, que *l'égalité est une chimère!* tant les théories les plus fausses et les analogies les plus vaines exercent d'empire sur des esprits d'ailleurs excellents, mais subjugués à leur insu par le préjugé populaire. L'égalité vient tous les jours, *fit aequalitas;* soldats de la liberté, déserterons-nous notre drapeau la veille du triomphe ?

Défenseur de l'égalité, je parlerai sans haine et sans colère, avec l'indépendance qui sied au Philosophe, avec le calme et la fermeté de l'homme libre. puisse-je, dans cette lutte solennelle, porter dans tous les cœurs la lumière dont je suis pénétré, et montrer, par le succès de mon discours, que si l'égalité n'a pu vaincre par l'épée, c'est qu'elle devait vaincre par la parole!

Chapitre II

De la propriété considérée comme droit naturel. - De l'occupation et de la loi civile, comme causes efficientes du domaine de propriété

DÉFINITIONS

Le droit romain définit la propriété, *jus utendi el abutendi re sua, quatenus juris ratio patitur,* le droit d'user et d'abuser de la chose, autant que le comporte la raison du droit. On a essayé de justifier le mot *abuser*, en disant qu'il exprime non l'abus insensé et immoral, mais seulement le domaine absolu. Distinction vaine, imaginée pour la sanctification de la propriété, et sans efficace contre les délires de la jouissance, qu'elle ne prévient ni ne réprime. Le propriétaire est maître de laisser pourrir ses fruits sur pied, de semer du sel dans son champ, de traire ses vaches sur le sable, de changer une vigne en désert, et de faire un parc d'un potager : tout cela est-il, oui ou non, de l'abus ? En matière de propriété, l'usage et l'abus nécessairement se confondent.

D'après la Déclaration des droits, publiée en tête de la constitution de 93, la propriété est « le droit de jouir et de disposer à son gré de ses biens, de ses revenus, du fruit de son travail et de son industrie. »

Code Napoléon, art. 544 : « La propriété est le droit de jouir et de disposer des choses de la manière la plus absolue, *pourvu qu'on n'en fasse pas un usage prohibé par les lois et les règlements* ».

Ces deux définitions reviennent à celle du droit romain toutes reconnaissent au propriétaire un droit absolu sur la chose ; et, quant à la restriction apportée par le Code, *pourvu qu'on n'en fasse Pas un usage prohibé par les lois et les règlements,* elle a pour objet, non de limiter la propriété, mais d'empêcher que le domaine d'un propriétaire ne fasse obstacle au domaine d'un autre propriétaire : c'est une confirmation du principe, ce n'est pas une limitation.

On distingue dans la propriété : 1° la propriété pure et simple, le droit dominal, seigneurial sur la chose, ou, comme l'on dit, la *nue propriété*; 2° la possession. « La *possession*, dit Duranton, est une chose de fait, et non de droit. » Toullier : « La propriété est un droit, une faculté légale ; la possession est un fait. » Le locataire, le fermier, le commandité, l'usufruitier, sont possesseurs ; le maître qui loue, qui prête à usage ; l'héritier qui n'attend pour jouir que le décès d'un usufruitier, sont propriétaires. Si j'ose me servir de cette comparaison, un amant est possesseur, un mari est propriétaire.

Cette double définition de la propriété, en tant que domaine et en tant que possession, est de la plus haute importance ; et il est nécessaire de s'en bien pénétrer, si l'on veut entendre ce que nous aurons à dire.

De la distinction de la possession et de la propriété sont nées deux espèces de droits : le *jus in re*, droit dans la chose, droit par lequel je puis réclamer la propriété qui m'est acquise, en quelques mains que je la trouve ; et le *jus ad rem*, droit à la chose, par lequel je demande à devenir propriétaire. Ainsi le droit des époux sur la personne l'un de l'autre est jus in re ; celui de deux fiancés n'est encore que *jus ad rem*. Dans le premier, la possession et la propriété sont réunies ; le second ne renferme que la nue propriété. Moi qui, en ma qualité de travailleur, ai droit à la possession des biens de la nature et de l'industrie, et qui, par ma condition de prolétaire, ne jouis de rien, c'est en vertu du *jus ad rem* que je demande à rentrer dans le *jus in re*.

Cette distinction du *jus in re* et du *jus ad rem* est le fondement de la division fameuse du possessoire et du pétitoire, véritables catégories de la jurisprudence, qu'elles embrassent tout entière dans leur immense circonscription. Pétitoire se dit de tout ce qui a rapport à la propriété ; possessoire de ce qui est relatif à la possession. En écrivant ce factum contre la propriété, j'intente à la société tout entière une action pétitoire ; je prouve que ceux qui ne possèdent pas aujourd'hui sont propriétaires au même titre que ceux qui possèdent ; mais au lieu de conclure à ce que la propriété soit partagée entre tous, je demande que, par mesure de sûreté générale, elle soit abolie pour tous. Si je succombe dans ma revendication, il ne nous reste plus, à vous tous prolétaires, et à moi, qu'à nous couper la gorge : nous n'avons plus rien à réclamer de la justice des nations ; car, ainsi que l'enseigne dans son style énergique le Code de procédure, article 26, le demandeur débouté de ses fins *au pétitoire, n'est plus recevable à agir au possessoire.* Si, au contraire, je gagne mon procès : alors il nous faudra recommencer une action possessoire, à cette fin d'obtenir notre réintégration dans la jouissance des biens que le domaine de propriété nous ôte. J'espère que nous ne serons pas forcés d'en venir là ; mais ces deux actions ne pouvaient être menées de front parce que, selon le même Code de procédure, *le possessoire et le pétitoire ne seront jamais cumulés.*

Avant d'entrer dans le fond de la cause, il ne sera pas inutile de présenter ici quelques observations préjudicielles.

§ 1er. - *De la propriété comme droit naturel*

La Déclaration des droits a placé la propriété parmi les droits naturels et imprescriptibles de l'homme, qui se trouvent ainsi au nombre de quatre : la *liberté*, *l'égalité*, la *propriété*, la *sûreté.* Quelle méthode ont suivie les législateurs de 93 pour faire cette énumération ? Aucune: ils ont posé des principes comme ils dissertaient de la souveraineté et des lois, d'une vue générale et selon leur opinion. Tout s'est fait par eux à tâtons ou d'emblée.

Si nous en croyons Toullier : « Les droits absolus peuvent se réduire à trois : *Sûreté, liberté, propriété.* » L'égalité est éliminée par le professeur de Rennes ; pourquoi ? Est-ce parce que la liberté l'implique, ou que la propriété ne la souffre pas ? L'auteur du *Droit civil expliqué* se tait : il n'a pas même soupçonné qu'il y eût là matière à discussion.

Cependant, si l'on compare entre eux ces trois ou ces quatre droits, on trouve que la propriété ne ressemble point du tout aux autres ; que pour la majeure partie des citoyens, elle n'existe qu'en puissance, et comme une faculté dormante et sans exercice ; que pour les autres qui en jouissent, elle est susceptible de certaines transactions et modifications qui répugnent à l'idée d'un droit naturel ; que, dans la pratique, les gouvernements, les tribunaux et les lois ne la respectent pas ; enfin que tout le monde, spontanément et d'une voix unanime, la regarde comme chimérique.

La liberté est inviolable. Je ne puis ni vendre ni aliéner ma liberté ; tout contrat, toute condition contractuelle qui aurait l'aliénation ou la suspension de la liberté pour objet, est nulle ; l'esclave qui met le pied sur un sol de liberté, à l'instant même est libre. Lorsque la société saisit un malfaiteur et le prive de sa liberté, elle est dans le cas de légitime défense : quiconque rompt le pacte social par un crime se déclare ennemi public ; en attaquant la liberté des autres, il les force de lui ôter la sienne. La liberté est la condition première de l'état de l'homme renoncer à la liberté serait renoncer à la qualité d'homme comment pourrait-on après cela faire acte d'homme ?

Pareillement, l'égalité devant la loi ne souffre ni restriction ni exception. Tous les Français sont également admissibles aux emplois : voilà pourquoi, en présence de cette égalité, le sort ou l'ancienneté tranche, dans tant de cas, la question de préférence. Le plus pauvre citoyen peut appeler en justice le plus haut personnage et en obtenir raison. Qu'un Achab millionnaire bâtisse un château sur la vigne de Naboth, le tribunal pourra, selon le cas, ordonner la démolition de ce château, eût-il coûté des millions ; faire remettre la vigne en son premier état ; condamner en outre l'usurpateur à des dommages-intérêts. La loi veut que toute propriété légitimement acquise soit respectée sans distinction de valeurs, et sans acception de personnes.

La Charte exige, il est vrai, pour l'exercice de certains droits politiques, certaines conditions de fortune et de capacité ; mais tous les publicistes savent que l'intention du législateur a été, non d'établir un privilège, mais de prendre des garanties. Dès que les conditions fixées par la loi sont remplies, tout citoyen peut être électeur, et tout électeur éligible : le droit une fois acquis est égal dans tous ; la loi ne compare ni les personnes ni les suffrages. je n'examine pas en ce moment si ce système est le meilleur ; il me suffit que dans l'esprit de la Charte et aux yeux de tout le monde l'égalité devant la loi soit absolue, et, comme la liberté, ne puisse être la matière d'aucune transaction.

Il en est de même du droit de sûreté. La société ne promet pas à ses membres une demi-protection, une quasi-défense ; elle s'engage tout entière pour eux comme ils sont engagés pour elle. Elle ne leur dit pas : je vous garantirai, s'il ne m'en coûte rien ; je vous protégerai, si je ne cours pas de risques. Elle dit : je vous défendrai envers et contre tous ; je vous sauverai et vous vengerai ou je périrai moi-même. L'État met toutes ses forces au service de chaque citoyen ; l'obligation qui les lie l'un à l'autre est absolue.

Quelle différence dans la propriété! Adorée de tous, elle n'est reconnue par aucun: lois, mœurs, coutumes, conscience publique et privée, tout conspire sa mort et sa ruine.

Pour subvenir aux charges du gouvernement, qui a des armées à entretenir, des travaux à exécuter, des fonctionnaires à payer, il faut des impôts. Que tout le monde contribue à ces dépenses, rien de mieux : mais pourquoi le riche payerait-il plus que le pauvre ? - Cela est juste, dit-on, puisqu'il possède davantage. - J'avoue que je ne comprends pas cette justice.

Pourquoi paye-t-on des impôts ? Pour assurer à chacun l'exercice de ses droits naturels, liberté, égalité, sûreté, propriété ; pour maintenir l'ordre dans l'État ; pour créer des objets publics d'utilité et d'agrément.

Or, est-ce que la vie et la liberté du riche coûtent plus à défendre que celles du pauvre? Qui, dans les invasions, les famines et les pestes, cause plus d'embarras, du grand propriétaire qui fuit le danger sans attendre le secours de l'État, ou du laboureur qui reste dans sa chaumière ouverte à tous les fléaux ?

Est-ce que l'ordre est plus menacé par le bon bourgeois que par l'artisan et le compagnon ? Mais la police a plus à faire de quelques centaines d'ouvriers sans travail que de deux cent mille électeurs.

Est-ce enfin que le gros rentier jouit plus que le pauvre des fêtes nationales, de la propreté des rues, de la beauté des monuments ?... Mais il préfère sa campagne à toutes les splendeurs populaires ; et quand il veut se réjouir, il n'attend pas les mâts de cocagne.

De deux choses l'une : ou l'impôt proportionnel garantit et consacre un privilège en faveur des forts contribuables, ou bien il est lui-même une iniquité. Car, si la propriété est de droit naturel, comme

Chapitre II

le veut la déclaration de 93, tout ce qui m'appartient en vertu de ce droit est aussi sacré que ma personne ; c'est mon sang, c'est ma vie, c'est moi-même : quiconque y touche offense la prunelle de mon oeil. Mes 100 000 francs de revenu sont aussi inviolables que la journée de 75 centimes de la grisette, mes appartements que sa mansarde. La taxe n'est pas répartie en raison de la force, de la taille, ni du talent : elle ne peut l'être davantage en raison de la propriété.

Si donc l'État me prend plus, qu'il me rende plus, ou qu'il cesse de me parler d'égalité des droits ; car autrement la société n'est plus instituée pour défendre la propriété, mais pour en organiser la destruction. L'État, par l'impôt proportionnel, se fait chef de bande ; c'est lui qui donne l'exemple du pillage en coupes réglées ; c'est lui qu'il faut traîner sur le banc des cours d'assises, en tête de ces hideux brigands, de cette canaille exécrée qu'il fait assassiner par jalousie de métier.

Mais, dit-on, c'est précisément pour contenir cette canaille qu'il faut des tribunaux et des soldats : le gouvernement est une compagnie, non pas précisément d'assurance, car il n'assure pas, mais de vengeance et de répression. Le droit que cette compagnie fait payer, l'impôt, est réparti au prorata des propriétés, c'est-à-dire en proportion des peines que chaque propriété donne aux vengeurs et répresseurs salariés par le gouvernement.

Nous voici loin du droit de propriété absolu et inaliénable. Ainsi le pauvre et le riche sont dans un état respectif de méfiance et de guerre! Mais pourquoi se font-ils la guerre? pour la propriété ; en sorte que la propriété a pour corrélatif nécessaire la guerre à la propriété!... La liberté et la sûreté du riche ne souffrent pas de la liberté et de la sûreté du pauvre : loin de là, elles peuvent se fortifier et se soutenir mutuellement : au contraire, le droit de propriété du premier a besoin d'être sans cesse défendu contre l'instinct de propriété du second. Quelle contradiction!

En Angleterre, il y a une taxe des pauvres : on veut que je paye cette taxe. Mais quel rapport y a-t-il entre mon droit naturel et imprescriptible de propriété et la faim qui tourmente dix millions de misérables ? Quand la religion nous commande d'aider nos frères, elle pose un prétexte de charité et non un principe de législation. L'obligation de bienfaisance, qui m'est imposée par la morale chrétienne, ne peut fonder contre moi un droit politique au bénéfice de personne, encore moins une institution de mendicité. Je veux faire l'aumône si c'est mon plaisir, si j'éprouve pour les douleurs d'autrui cette sympathie dont les philosophes parlent et à laquelle je ne crois guère : je ne veux pas qu'on me force. Nul n'est obligé d'être juste au delà de cette maxime : *Jouir de son droit autant que cela ne nuit pas au droit d'autrui*, maxime qui est la propre définition de la liberté. Or, mon bien est à moi, il ne doit rien à personne : je m'oppose à ce que la troisième vertu théologale soit à l'ordre du jour.

Tout le monde, en France, demande la conversion de la rente cinq pour cent ; c'est le sacrifice de tout un ordre de propriétés qu'on exige. On est en droit de le faire, s'il y a nécessité publique ; mais où est la juste et *préalable indemnité* promise par la Charte ? Non seulement il n'y en a pas ; cette indemnité n'est pas même possible : car si l'indemnité est égale à la propriété sacrifiée, la conversion est inutile.

L'État se trouve aujourd'hui, au regard des rentiers, dans la même position où la ville de Calais, assiégée par Édouard III, était avec ses notables. L'Anglais vainqueur consentait à épargner les habitants, moyennant qu'on lui livrât les plus considérables de la bourgeoisie pour en faire à son plaisir. Eustache et quelques autres se dévouèrent ; ce fut beau de leur part, et nos ministres devraient proposer aux rentiers cet exemple. Mais la ville aurait-elle eu le droit de les livrer ? non assurément. Le droit à la sûreté est absolu ; la patrie ne peut en exiger le sacrifice de qui que ce soit. Le soldat mis en sentinelle à portée de l'ennemi ne fait point exception à ce principe ; là où un citoyen fait faction, la patrie est exposée avec lui : aujourd'hui le tour de l'un, demain le tour de l'autre ; quand le péril et le dévouement sont communs, la fuite, c'est le parricide. Nul n'a droit de se soustraire au danger, nul ne peut servir de bouc émissaire : la maxime de Caïphe, *il est bon qu'un homme meure pour tout le peuple*, est celle de la populace et des tyrans, les deux extrêmes de la dégradation sociale.

On dit que toute rente perpétuelle est essentiellement rachetable. Cette maxime de droit civil, appliquée à l'État, est bonne pour des gens qui veulent revenir à l'égalité naturelle des travaux et des biens ; mais du point de vue propriétaire, et dans la bouche des conversionnistes, c'est le langage des banqueroutiers. L'État n'est pas seulement emprunteur, il est assureur et gardien des propriétés ; comme il offre la plus haute sécurité possible, il donne lieu de compter sur la plus solide et la plus inviolable jouissance. Comment donc pourrait-il forcer la main à ses prêteurs, qui se sont fiés à lui, et leur parler ensuite d'ordre public et de garantie des propriétés ? L'État, dans une semblable opération, n'est pas un débiteur qui se libère ; c'est un entrepreneur par actions qui attire des actionnaires dans un guet-apens, et là, contre sa promesse authentique, les contraint de perdre 20, 30 ou 40 pour 100 des intérêts de leurs capitaux.

Ce n'est pas tout. L'État, c'est aussi l'universalité des citoyens, réunis sous une loi commune par un acte de société : cet acte garantit à tous leurs propriétés, à l'un son champ, à l'autre sa vigne, à un troisième ses fermages, au rentier qui pouvait lui aussi acheter des immeubles, et qui a mieux aimé venir au secours du trésor, ses rentes. L'État ne peut exiger, sans une juste indemnité, le sacrifice d'un acre de champ, d'un coin de vigne, moins encore a-t-il pouvoir de faire baisser le taux des fermages ; comment aurait-il le droit de diminuer l'intérêt des rentes ? Il faudrait, pour que ce droit fût sans injustice, que le rentier pût trouver ailleurs un placement aussi avantageux de ses fonds ; mais où trouvera-t-il ce placement, puisqu'il ne peut sortir de l'État, et que la cause de la conversion, c'est-à-dire la faculté d'emprunter à meilleur marché, est dans l'État? Voilà pourquoi un gouvernement fondé sur le principe de la propriété ne peut jamais racheter de rentes sans la volonté des rentiers : les fonds placés sur la république sont des propriétés auxquelles on n'a pas droit de toucher pendant que les autres sont respectées ; forcer le remboursement, c'est, par rapport aux rentiers, déchirer le pacte social, c'est les mettre hors la loi.

Toute la controverse sur la conversion des rentes se réduit à ceci :

Demande. Est-il juste de réduire à la misère quarante-cinq mille familles qui ont des inscriptions de rente de 100 f et au-dessous ?

Réponse. Est-il juste de faire payer 5 francs de contributions à sept ou huit millions de contribuables, tandis qu'ils pourraient n'en payer que trois ?

Il est évident, d'abord, que la réponse ne répond pas à la question ; mais pour en faire mieux encore paraître le vice, transformez-la : Est-il juste d'exposer la vie de cent mille hommes, tandis qu'on peut les sauver en livrant cent têtes à l'ennemi ? Lecteur, décidez.

Tout cela est parfaitement senti des défenseurs du statu quo, et cependant tôt ou tard la conversion s'opérera, et la propriété sera violée, parce qu'il est impossible qu'il en soit autrement ; parce que la propriété, considérée comme un droit et n'étant pas un droit, doit périr par le droit ; parce que la force des choses, les lois de la conscience, la nécessité physique et mathématique, doivent détruire à la fin cette illusion de notre faculté judiciaire.

Je me résume. La liberté est un droit absolu, parce qu'elle est à l'homme, comme l'impénétrabilité est à la matière, une condition *sine qua non* d'existence ; l'égalité est un droit absolu, parce que sans égalité il n'y a pas de société ; la sûreté est un droit absolu, parce qu'aux yeux de tout homme sa liberté et sa vie sont aussi précieuses que celles d'un autre : ces trois droits sont absolus, c'est-à-dire, non susceptibles d'augmentation ni de diminution, parce que dans la société chaque associé reçoit autant qu'il donne, liberté pour liberté, égalité pour égalité, sûreté pour sûreté, corps pour corps, âme pour âme, à la vie et à la mort.

Mais la propriété, d'après sa raison étymologique et les définitions de la jurisprudence, est un droit en dehors de la société ; car il est évident que si les biens de chacun étaient biens sociaux, les conditions seraient égales pour tous, et il impliquerait contradiction de dire : *La propriété est le droit qu'a un homme de disposer de la manière la plus absolue d'une propriété sociale.* Donc si nous sommes associés pour la liberté, l'égalité, la sûreté, nous ne le sommes pas pour la propriété ; donc si la propriété est un droit *naturel*, ce droit naturel n'est point *social*, mais *antisocial*. Propriété et société sont choses qui répugnent invinciblement l'une à l'autre : il est aussi impossible d'associer deux propriétaires que de faire joindre deux aimants par leurs pôles semblables. Il faut ou que la société périsse, ou qu'elle tue la propriété.

Si la propriété est un droit naturel, absolu, imprescriptible et inaliénable, pourquoi, dans tous les temps, s'est-on si fort occupé de son origine ? car c'est encore là un des caractères qui la distinguent. L'origine d'un droit naturel, bon Dieu! et qui jamais s'est enquis de l'origine des droits de liberté, de sûreté ou d'égalité ? ils sont par cela que nous sommes : ils naissent, vivent et meurent avec nous. C'est bien autre chose, vraiment, pour la propriété : de par la loi, la propriété existe même sans le propriétaire, comme une faculté sans sujet ; elle existe pour l'être humain qui n'est pas encore conçu, pour l'octogénaire qui n'est plus. Et pourtant, malgré ces merveilleuses prérogatives qui semblent tenir de l'éternel et de l'infini, on n'a jamais pu dire d'où vient la propriété ; les docteurs en sont encore à se contredire. Sur un seul point ils semblent d'accord : c'est que la certitude du droit de propriété dépend de l'authenticité de son origine. Mais cet accord est ce qui fait leur condamnation à tous : pourquoi ont-ils accueilli le droit avant d'avoir vidé la question d'origine ?

Certaines gens n'aiment point qu'on soulève la poussière des prétendus titres du droit de propriété, et qu'on en recherche la fabuleuse, et peut-être scandaleuse histoire ; ils voudraient qu'on s'en tînt à ceci : que la propriété est un fait, qu'elle a toujours été et qu'elle sera toujours. C'est par là que débute le savant Proudhon dans son *Traité des droits d'usufruit*, mettant la question d'origine de la propriété au rang des inutilités scolastiques. Peut-être souscrirais-je à ce désir, que je veux croire inspiré par un louable amour de la paix, si je voyais tous mes pareils jouir d'une propriété suffisante, mais... non... je n'y souscrirais pas.

Les titres sur lesquels on prétend fonder le droit de propriété se réduisent à deux : *l'occupation* et le *travail*. je les examinerai successivement, sous toutes leurs faces et dans tous leurs détails, et je rappelle au lecteur que, quel que soit celui qu'on invoque, j'en ferai sortir la preuve irréfragable que la propriété, quand elle serait juste et possible, aurait pour condition nécessaire l'égalité.

Pierre-Joseph Proudhon

§ 2. - De l'occupation, comme fondement de la propriété

Il est remarquable que dans les conférences tenues au conseil d'État pour la discussion du Code, aucune controverse ne s'établit sur l'origine et le principe de la propriété. Tous les articles du titre II, livre 2, concernant la propriété et le droit d'accession, passèrent sans opposition et sans amendement. Bonaparte, qui sur d'autres questions donna tant de peine à ses légistes, n'avisa rien à dire sur la propriété. N'en soyons point surpris : aux yeux de cet homme, le plus personnel et le plus volontaire qui fut jamais, la propriété devait être le premier des droits, comme la soumission à l'autorité était le plus saint des devoirs.

Le droit *d'occupation* ou de *premier occupant* est celui qui résulte de la possession actuelle, physique, effective de la chose. J'occupe un terrain, j'en suis présumé le propriétaire, tant que le contraire n'est pas prouvé. On sent qu'originairement un pareil droit ne peut être légitime qu'autant qu'il est réciproque ; c'est ce dont les jurisconsultes conviennent.

Cicéron compare la terre à un vaste théâtre : *Quemadmodum theatrum cum commune sit, recte tamen dici potest ejus esse eum locum quem quisque occuparit.*

Ce passage est tout ce que l'antiquité nous a laissé de plus philosophique sur l'origine de la propriété.

Le théâtre, dit Cicéron, est commun à tous ; et cependant la place que chacun y occupe est dite *sienne* : c'est-à-dire évidemment qu'elle est une place *possédée*, non une place *appropriée*. Cette comparaison anéantit la propriété ; de plus, elle implique égalité. Puis-je, dans un théâtre, occuper simultanément une place au parterre, une autre dans les loges, une troisième vers les combles ? Non, à moins d'avoir trois corps, comme Géryon, ou d'exister au même moment en différents lieux, comme on le raconte du magicien Apollonius.

Nul n'a droit qu'à ce qui lui suffit, d'après Cicéron telle est l'interprétation fidèle de son fameux axiome, *suum quidque cuiusque sit*, à chacun ce qui lui appartient, axiome que l'on a si étrangement appliqué. Ce qui appartient à chacun n'est pas ce que chacun peut posséder, mais ce que chacun a droit de posséder. Or, qu'avons-nous droit de posséder ? ce qui suffit à notre travail et à notre consommation; la comparaison que Cicéron fait de la terre à un théâtre le prouve. Après cela, que chacun s'arrange dans sa place à son gré, qu'il l'embellisse et l'améliore, s'il peut, il lui est permis : mais que son activité ne dépasse jamais la limite qui le sépare d'autrui. La doctrine de Cicéron conclut droit à l'égalité ; car l'occupation étant une pure tolérance, si la tolérance est mutuelle, et elle ne peut pas ne pas l'être, les possessions sont égales.

Grotius se lance dans l'histoire ; mais d'abord, quelle façon de raisonner que de chercher l'origine d'un droit qu'on dit naturel ailleurs que dans la nature ? C'est assez la méthode des anciens : le fait existe, donc il est nécessaire, donc il est juste, donc ses antécédents sont justes aussi. Toutefois, voyons.

« Dans l'origine, toutes choses étaient communes et indivises ; elles étaient le patrimoine de tous... » N'allons pas plus loin : Grotius nous racontait comment cette communauté primitive finit par l'ambition et la cupidité, comment à l'âge d'or succéda l'âge de fer, etc. En sorte que la propriété aurait sa source d'abord dans la guerre et la conquête, puis dans des traités et des contrats. Mais, ou ces traités et ces contrats ont fait les parts égales, conformément à la communauté originelle, seule règle de distribution que les premiers hommes pussent connaître, seule forme de justice qu'ils pussent concevoir ; et alors la question d'origine se représente, comment, un peu plus tard, l'égalité a-t-elle disparu ? Ou bien ces traités et ces contrats furent imposés par la force et reçus par la faiblesse, et dans ce cas ils sont nuls, le consentement tacite de la postérité ne les valide point, et nous vivons dans un état permanent d'iniquité et de fraude.

On ne concevra jamais pourquoi l'égalité des conditions ayant été d'abord dans la nature, elle serait devenue par la suite un état hors nature. Comment se serait effectuée une telle dépravation ? Les instincts dans les animaux sont inaltérables aussi bien que les distinctions des espèces; supposer dans la société humaine une égalité naturelle primitive, c'est admettre implicitement que l'inégalité actuelle est une dérogation faite à la nature de cette société, ce qui est inexplicable aux défenseurs de la propriété. Mais j'en conclus, moi, que si la Providence a placé les premiers humains dans une condition égale, c'était une indication qu'elle leur donnait elle-même, un modèle qu'elle voulait qu'ils réalisassent sur d'autres dimensions, comme on voit qu'ils ont développé et exprimé sous toutes les formes le sentiment religieux qu'elle avait mis dans leur âme. L'homme n'a qu'une nature, constante et inaltérable : il la suit d'instinct, il s'en écarte par réflexion, il y revient par raison ; qui oserait dire que nous ne sommes pas sur ce retour ? Selon Grotius, l'homme est sorti de l'égalité ; selon moi, l'homme rentrera dans l'égalité. Comment en est-il sorti ? comment y rentrera-t-il ? nous le chercherons plus tard.

Reid, traduction de M. Jouffroy, tome VI, p. 363 :

« Le droit de propriété n'est point naturel, mais acquis il ne dérive point de la constitution de l'homme, mais de ses actes. Les jurisconsultes en ont expliqué l'origine d'une manière satisfaisante pour tout homme de bon sens. - La terre est un bien commun que la bonté du ciel a donné aux hommes pour les usages de la vie ; mais le partage de ce bien et de ses productions est le fait de ceux-ci : chacun d'eux a reçu du ciel toute la puissance et toute l'intelligence nécessaires pour s'en approprier *une partie sans nuire à personne.*

« Les anciens moralistes ont comparé avec justesse le droit commun de tout homme aux productions de la terre, avant qu'elle ne soit occupée et devenue la propriété d'un autre, à celui dont on jouit dans un théâtre ; chacun en arrivant peut s'emparer d'une place vide, et acquérir par là le droit de la garder pendant toute la durée du spectacle, mais personne n'a le droit de déposséder les spectateurs déjà placés. - La terre est un vaste théâtre que le Tout-Puissant a disposé avec une sagesse et une bonté infinie pour les plaisirs et les travaux de l'humanité tout entière. Chacun a droit de s'y placer comme spectateur, et d'y remplir son rôle comme acteur, mais sans troubler les autres. »

Conséquences de la doctrine de Reid.

1° Pour que la partie que chacun peut s'approprier ne fasse tort à personne, il faut qu'elle soit égale au quotient de la somme des biens à partager, divisée par le nombre des copartageants ;

2° Le nombre des places devant être toujours égal à celui des spectateurs, il ne se peut qu'un seul spectateur occupe deux places, qu'un même acteur joue plusieurs rôles ;

3° A mesure qu'un spectateur entre ou sort, les places se resserrent ou s'étendent pour tout le monde dans la même proportion : car, dit Reid, *le droit de propriété n'est point naturel, mais acquis* ; par conséquent il n'y a rien d'absolu, par conséquent la prise de possession qui le constitue étant un fait contingent, elle ne peut communiquer à ce droit l'invariabilité qu'elle n'a pas. C'est ce que le professeur d'Edimbourg semble avoir compris lorsqu'il ajoute :

« Le droit de vivre implique le droit de s'en procurer les moyens, et la même règle de justice qui veut que la vie de l'innocent soit respectée, veut aussi qu'on ne lui ravisse pas les moyens de la conserver : ces deux choses sont également sacrées... Mettre obstacle au travail d'autrui, c'est commente envers lui une injustice de la même nature que de le charger de fers ou de le jeter dans une prison, le résultat est de la même espèce et provoque le même ressentiment. »

Ainsi, le chef de l'école écossaise, sans aucune considération pour les inégalités de talent ou d'industrie, pose *a priori* l'égalité des moyens de travail, abandonnant ensuite aux mains de chaque travailleur le soin de son bien-être individuel, d'après l'éternel axiome : *Qui bien fera, bien trouvera.*

Ce qui a manqué au philosophe Reid, ce n'est pas la connaissance du principe, c'est le courage d'en suivre les conséquences. Si le droit de vivre est égal, le droit de travailler est égal, et le droit d'occuper encore égal. Des insulaires pourraient-ils, sans crime, sous prétexte de propriété, repousser avec des crocs de malheureux naufragés qui tenteraient d'aborder sur leur côte ? L'idée seule d'une pareille barbarie révolte l'imagination. Le propriétaire, comme un Robinson dans son île, écarte à coups de pique et de fusil le prolétaire que la vague de la civilisation submerge, et qui cherche à se prendre aux rochers de la propriété. Donnez-moi du travail, crie celui-ci de toute sa force au propriétaire ; ne me repoussez pas, je travaillerai pour le prix que vous voudrez. - je n'ai que faire de tes services, répond le propriétaire en présentant le bout de sa pique ou le canon de son fusil. - Diminuez au moins mon loyer. - J'ai besoin de mes revenus pour vivre, - Comment pourrai-je vous payer, si je ne travaille pas ? - C'est ton affaire. Alors l'infortuné prolétaire se laisse emporter au torrent, ou, s'il essaie de pénétrer dans la propriété, le propriétaire le couche en joue et le tue.

Nous venons d'entendre un spiritualiste, nous interrogerons maintenant un matérialiste, puis un éclectique ; et, le cercle de la philosophie parcouru, nous nous adresserons à la jurisprudence.

Selon Destutt de Tracy, la propriété est une nécessité de notre nature. Que cette nécessité entraîne de fâcheuses conséquences, il faudrait être aveugle pour le nier; mais ces conséquences sont un mal inévitable qui ne prouve rien contre le principe : en sorte qu'il est aussi peu raisonnable de se révolter contre la propriété à cause des abus qui en dérivent, que de se plaindre de la vie, parce que son résultat le plus certain est la mort. Cette brutale et impitoyable philosophie promet du moins une logique franche et rigoureuse : voyons si cette promesse sera remplie.

« On a instruit solennellement le procès de la propriété..., comme s'il dépendait de nous de faire qu'il y eût ou qu'il n'y eût pas de propriétés en ce monde... il semble, à entendre certains philosophes et législateurs, qu'à un instant précis on a imaginé spontanément et sans cause de dire tien et mien, et que l'on aurait pu et même dû s'en dispenser. Mais *le tien* et *le mien* n'ont jamais été inventés. »

Philosophe toi-même, tu es par trop réaliste. *Tien* et *mien* ne marquent pas nécessairement l'identification, comme quand je dis ta philosophie, et mon égalité : car ta philosophie, c'est toi philosophant : et mon égalité, c'est moi professant l'égalité. *Tien* et *mien* indiquent plus souvent le rapport : *ton* pays, *ta* paroisse, *ton* tailleur, *ta* laitière ; *ma* chambre à l'hôtel, *ma* place au spectacle, *ma* compagnie et *mon* bataillon dans la garde nationale. Dans le premier sens, on peut dire mon travail, *mon* talent, *ma* vertu, quelquefois, jamais *ma* grandeur ni ma majesté : et dans le second sens seulement, *mon* champ, *ma* maison, *ma* vigne, *mes* capitaux, absolument comme un commis de banquier dit: *ma* caisse. En un mot, *tien* et *mien* sont signes et expressions de droits personnels, mais égaux ; appliqués aux choses hors de nous, ils indiquent possession, fonction, usage et non pas propriété.

On ne croirait jamais, si je ne le prouvais par les textes les plus formels, que toute la théorie de notre auteur est fondée sur cette pitoyable équivoque.

« Antérieurement à toute convention, les hommes sont, non pas précisément, comme le dit Hobbes, dans un état *d'hostilité*, mais *d'étrangeté*. Dans cet état, il n'y a pas proprement de juste et d'injuste ; les droits de l'un ne font rien aux droits de l'autre. Tous ont chacun autant de droits que de besoins, et le devoir général de satisfaire ces besoins sans aucune considération étrangère. »

Acceptons ce système, vrai ou faux, il n'importe : Destutt de Tracy n'échappera pas à l'égalité. D'après cette hypothèse, les hommes, tant qu'ils sont dans l'état *d'étrangeté*, ne se doivent rien; ils ont tous le droit de satisfaire leurs besoins sans s'inquiéter de ceux des autres, par conséquent le droit d'exercer leur puissance sur la nature, chacun selon l'étendue de ses forces et de ses facultés. De là, par une conséquence nécessaire, la plus grande inégalité de biens entre les personnes. L'inégalité des conditions est donc ici le caractère propre de l'étrangeté ou de la sauvagerie : c'est précisément l'inverse du système de Rousseau. Poursuivons :

« Il ne commence à y avoir de restrictions à ces droits et à ce devoir, qu'au moment où il s'établit des conventions tacites ou formelles. Là seulement est la naissance de la justice et de l'injustice, c'est-à-dire de la balance entre les droits de l'un et les droits de l'autre, qui nécessairement étaient égaux jusqu'à cet instant. »

Entendons-nous : *les droits étaient égaux*, cela signifie que chacun avait *le droit de satisfaire ses besoins sans aucune considération pour les besoins d'autrui* ; en d'autres termes, que tous avaient également le droit de se nuire, qu'il n'y avait d'autre droit que la ruse ou la force. On se nuit, du reste, non seulement par la guerre et le pillage, mais encore par l'anticipation et l'appropriation. Or, ce fut pour abolir ce droit égal d'employer la force et la ruse, ce droit égal de se faire du mal, source unique de l'inégalité des biens et des maux, que l'on commença à faire des *conventions tacites ou formelles*, et que l'on établit une balance : donc ces conventions et cette balance avaient pour objet d'assurer à tous égalité de bien-être ; donc, par la loi des contraires, si l'étrangeté est le principe de l'inégalité, la société a pour résultat nécessaire l'égalité. La balance sociale est l'égalisation du fort et du faible car, tant qu'ils ne sont pas égaux, ils sont étrangers ils ne forment point une alliance, ils demeurent ennemis. Donc, si l'inégalité des conditions est un mal nécessaire, c'est dans l'étrangeté, puisque société et inégalité impliquent contradiction ; donc, si l'homme est fait pour la société, il est fait pour l'égalité : la rigueur de cette conséquence est invincible.

Cela étant, comment se fait-il que, depuis l'établissement de la balance, l'inégalité augmente sans cesse ? Comment le règne de la justice est-il toujours celui de l'étrangeté ? Que répond Destutt de Tracy ?

« *Besoins* et *moyens*, *droits* et *devoirs*, dérivent de la faculté de vouloir. Si l'homme ne voulait rien, il n'aurait rien de tout cela. Mais avoir des besoins et des moyens, des droits et des devoirs, c'est *avoir*, c'est *posséder* quelque chose. Ce sont là autant d'espèces de propriétés, à prendre le mot dans sa plus grande généralité : ce sont des choses qui nous appartiennent. »

Équivoque indigne, que le besoin de généraliser ne justifie pas. Le mot de *propriété* a deux sens : 1° il désigne la qualité par laquelle une chose est ce qu'elle est, la vertu qui lui est propre, qui la distingue spécialement : c'est en ce sens que l'on dit, *les propriétés du triangle ou des nombres, la propriété de l'aimant*, etc. 2° il exprime le droit dominal d'un être intelligent et libre sur une chose ; c'est en ce sens que le prennent les jurisconsultes. Ainsi, dans cette phrase : *Le fer acquiert la propriété de l'aimant*, le mot *propriété* ne réveille pas la même idée que dans cette autre phrase : *J'ai acquis la propriété de cet aimant.* Dire à un malheureux qu'il A des propriétés parce qu'il A des bras et des jambes ; que la faim qui le presse et la faculté de coucher en plein air sont des propriétés, c'est jouer sur les mots et joindre la dérision à l'inhumanité.

« L'idée de propriété ne peut être fondée que sur l'idée de personnalité. Dès que naît l'idée de propriété, elle naît dans toute sa plénitude nécessairement et inévitablement. Dès qu'un individu connaît son moi, sa personne morale, sa capacité de jouir, souffrir, agir, nécessairement il voit aussi que ce mai est propriétaire exclusif du corps qu'il anime, des organes, de leurs forces et facultés, etc. Il fallait bien qu'il y eût une propriété naturelle et nécessaire, puisqu'il en existe d'artificielles et conventionnelles : car il ne peut y avoir rien dans l'art qui n'ait son principe dans la nature. »

Admirons la bonne foi et la raison des philosophes. L'homme a des propriétés, c'est-à-dire, dans la première acception du terme, des facultés ; il en a la propriété, c'est-à-dire, dans la seconde acception, le domaine : il a donc la propriété de la propriété d'être propriétaire. Combien je rougirais de relever de telles niaiseries, si je ne considérais ici que l'autorité de Destutt de Tracy! Mais cette puérile confusion a été le fait du genre humain tout entier, à l'origine des sociétés et des langues, lorsque, avec les premières idées et les premiers mots, naquirent la métaphysique et la dialectique. Tout ce que l'homme put appeler mien fut dans son esprit identifié à sa personne ; il le considéra comme sa propriété, son bien, une partie de lui-même, un membre de son corps, une faculté de son âme. La possession des choses fut assimilée à la propriété des avantages du corps et de l'esprit ; et sur cette fausse analogie l'on fonda le droit de propriété, *imitation de la nature par l'art*, comme dit si élégamment Destutt de Tracy.

Mais comment cet idéologue si subtil n'a-t-il pas remarqué que l'homme n'est pas même propriétaire de ses facultés ? L'homme a des puissances, des vertus, des capacités ; elles lui ont été confiées par la nature pour vivre, connaître, aimer; il n'en a pas le domaine absolu, il n'en est que l'usufruitier ; et cet usufruit, il ne peut l'exercer qu'en se conformant aux prescriptions de la nature. S'il était maître souverain de ses facultés, il s'empêcherait d'avoir faim et froid ; il mangerait sans mesure et marcherait dans les flammes ; il soulèverait des montagnes, ferait cent lieues en une minute, guérirait sans remède et par la seule force de sa volonté, et se ferait immortel. Il dirait : je veux produire, et ses ouvrages, égaux à son idéal, seraient parfaits ; il dirait: je veux savoir, et il saurait; j'aime, et il jouirait. Quoi donc! l'homme n'est point maître de lui-même, et il le serait de ce qui n'est pas à lui! Qu'il use des choses de la nature, puisqu'il ne vit qu'à la condition d'en user : mais qu'il perde ses prétentions de propriétaire, et qu'il se souvienne que ce nom ne lui est donné que par métaphore.

En résumé : Destutt de Tracy confond, sous une expression commune, les *biens* extérieurs de la nature et de l'art, et les *puissances* ou *facultés* de l'homme, appelant les uns et les autres propriétés ; et c'est à la faveur de cette équivoque qu'il espère établir d'une manière inébranlable le droit de propriété. Mais parmi toutes ces propriétés les unes sont *innées*, comme la mémoire, l'imagination, la force, la beauté, les autres acquises, comme les champs, les eaux, les forêts. Dans l'état de nature ou d'étrangeté, les hommes les plus adroits et les plus forts, c'est-à-dire les mieux avantagés du côté des propriétés innées, ont le plus de chances d'obtenir exclusivement les propriétés acquises : or, c'est pour prévenir cet envahissement et la guerre qui en est la suite, que l'on a inventé une balance, une justice; que l'on a fait des conventions tacites ou formelles : c'est donc pour corriger, autant que possible, l'inégalité des propriétés innées par l'égalité des propriétés acquises. Tant que le partage n'est pas égal, les copartageants restent ennemis, et les conventions sont à recommencer.

Ainsi, d'une part, étrangeté, inégalité, antagonisme, guerre, pillage, massacre, de l'autre, société, égalité, fraternité, paix et amour : choisissons.

M. Joseph Dutens, physicien, ingénieur, géomètre, mais très peu légiste et point du tout philosophe, est auteur d'une *Philosophie de l'économie politique*, dans laquelle il a cru devoir rompre des lances en l'honneur de la propriété. Sa métaphysique paraît empruntée de Destutt de Tracy. Il commence par cette définition de la propriété, digne de Sganarelle : « La propriété est le droit par lequel une chose appartient en propre à quelqu'un. » Traduction littérale : La propriété, c'est le droit de propriété.

Après quelques entortillages sur la volonté, la liberté, la personnalité ; après avoir distingué des propriétés *immatérielles naturelles* et des propriétés *matérielles naturelles*, ce qui revient aux propriétés innées et acquises de Destutt de Tracy, M. Joseph Dutens conclut par ces deux propositions générales : 1° la propriété est dans tout homme un droit naturel et inaliénable ; 2° l'inégalité des propriétés est un résultat nécessaire de la nature ; lesquelles propositions se convertissent en cette autre plus simple : Tous les hommes ont un droit égal de propriété inégale.

Il reproche à M. de Sismondi d'avoir écrit que la propriété territoriale n'a point d'autre fondement que la loi et les conventions ; et il dit lui-même, parlant du respect du peuple pour la propriété, que « son bon sens lui révèle la nature du *contrat primitif* passé entre la société et les propriétaires ».

Il confond la propriété avec la possession, la communauté avec l'égalité, le juste avec le naturel, le naturel avec le possible : tantôt il prend ces différentes idées pour équivalentes, tantôt il semble les distinguer, à telle enseigne que ce serait un travail infiniment moindre de le réfuter que de le comprendre. Attiré d'abord par le titre du livre, *Philosophie de l'économie politique*, je n'ai trouvé, parmi les ténèbres de l'auteur, que des idées vulgaires ; c'est pourquoi je n'en parlerai pas.

M. Cousin, en sa *Philosophie morale*, page 15, nous enseigne que toute morale, toute loi, tout droit nous sont donnés dans ce précepte : ÊTRE LIBRE, RESTE LIBRE. Bravo! maître ; je veux rester libre, si je puis. Il continue :

« Notre principe est vrai ; il est bon, il est social ; ne craignons pas d'en déduire toutes les conséquences.

« 1° Si la personne humaine est sainte, elle l'est dans toute sa nature, et particulièrement dans ses actes intérieurs, dans ses sentiments, dans ses pensées, dans ses déterminations volontaires. De là le respect dû à la philosophie, à la religion, aux arts, à l'industrie, au commerce, à toutes les productions de la liberté. Je dis respect et non pas simplement tolérance ; car on ne tolère pas le droit, on le respecte. »

Je m'incline devant la philosophie.

Pierre-Joseph Proudhon

« 2° Ma liberté, qui est sainte, a besoin, pour agir au dehors, d'un instrument qu'on appelle le corps : le corps participe donc à la sainteté de la liberté ; il est donc inviolable lui-même. De là le principe de la liberté individuelle.

« 3° Ma liberté, pour agir au dehors, a besoin, soit d'un théâtre, soit d'une matière, en d'autres termes d'une propriété ou d'une chose. Cette chose ou cette propriété participent donc naturellement à l'inviolabilité de ma personne. Par exemple, je m'empare d'un objet qui est devenu, pour le développement extérieur de ma liberté, un instrument nécessaire et utile, je dis : Cet objet est à moi, puisqu'il n'est à personne ; dès lors, je le possède légitimement. Ainsi, la légitimité de la possession repose sur deux conditions. D'abord, je ne possède qu'en ma condition d'être libre ; supprimez l'activité libre, vous détruisez en moi le principe du travail ; or, ce n'est que par le travail que je puis m'assimiler la propriété ou la chose, et ce n'est qu'en me l'assimilant que je la possède. L'activité libre est donc le principe du droit de propriété. Mais cela ne suffit pas pour légitimer la possession. Tous les hommes sont libres, tous peuvent s'assimiler une propriété par le travail ; est-ce à dire que tous ont droit sur toute propriété ? Nullement : pour que je possède légitimement, il ne faut pas seulement que je puisse, en ma qualité d'être libre, travailler et produire ; il faut encore que j'occupe le premier la propriété. En résumé, si le travail et la production sont le principe du droit de propriété, le fait d'occupation primitive en est la condition indispensable.

« 4° je possède légitimement ; j'ai donc le droit de faire de ma propriété tel usage qu'il me plaît. J'ai donc aussi le droit de la donner. J'ai aussi le droit de la transmettre ; car du moment qu'un acte de liberté a consacré ma donation, elle reste sainte après ma mort, comme pendant ma vie. »

En définitive, pour devenir propriétaire, selon M. Cousin, il faut prendre possession par l'occupation et le travail : j'ajoute qu'il faut venir encore à temps, car si les premiers occupants ont tout occupé, qu'est-ce que les derniers venus occuperont ? que deviendront ces libertés, ayant instrument pour agir au dehors, mais de matière point ? faudra-t-il qu'elles s'entre-dévorent ? Terrible extrémité, que la prudence philosophique n'a pas daigné prévoir, parce que les grands génies négligent les petites choses.

Remarquons aussi que M. Cousin refuse à l'occupation et au travail, pris séparément, la vertu de produire le droit de propriété, et qu'il le fait naître de tous deux réunis comme d'un mariage. C'est là un de ces tours d'éclectisme familiers à M. Cousin, et dont plus que personne il devait s'abstenir. Au lieu de procéder par voie d'analyse, de comparaison, d'élimination et de réduction, seul moyen de découvrir la vérité à travers les formes de la pensée et les fantaisies de l'opinion, il fait de tous les systèmes un amalgame, puis donnant à la fois tort et raison à chacun, il dit : Voilà la vérité.

Mais j'ai annoncé que je ne réfuterais pas, que je ferais sortir au contraire de toutes les hypothèses imaginées en faveur de la propriété le principe d'égalité qui la tue. J'ai dit qu'en cela seul consisterait toute mon argumentation : montrer au fond de tous les raisonnements cette inévitable majeure, l'égalité, comme j'espère montrer un jour le principe de propriété infectant, dans leurs éléments, les sciences de l'économie, du droit et du gouvernement, et les faussant dans leur route.

Eh bien! n'est-il pas vrai, au point de vue de M. Cousin, que si la liberté de l'homme est sainte, elle est sainte au même titre dans tous les individus ; que si elle a besoin d'une propriété pour agir au dehors, c'est-à-dire pour vivre, cette appropriation d'une matière est d'une égale nécessité pour tous ; que si je veux être respecté dans mon droit d'appropriation, il faut que je respecte les autres dans le leur : conséquemment que si, dans le champ de l'infini, la puissance d'appropriation de la liberté peut ne rencontrer de bornes qu'en elle-même, dans la sphère du fini cette même puissance se limite selon le rapport mathématique du nombre des libertés à l'espace qu'elles occupent ? Ne s'ensuit-il pas que si une liberté ne peut empêcher une autre liberté, sa contemporaine, de s'approprier une matière égale à la sienne, elle ne peut davantage ôter cette faculté aux libertés futures, parce que, tandis que l'individu passe, l'universalité persiste, et que la loi d'un tout éternel ne peut dépendre de sa partie phénoménale ? Et de tout cela ne doit-on pas conclure que toutes les fois qu'il naît une personne douée de liberté, il faut que les autres se serrent, et, par réciprocité d'obligation, que si le nouveau venu est désigné subséquemment pour héritier, le droit de succession ne constitue pas pour lui un droit du cumul, mais seulement un droit d'option ?

J'ai suivi M. Cousin jusque dans son style et j'en ai honte. Faut-il des termes si pompeux, des phrases si sonores, pour dire des choses si simples ? L'homme a besoin de travailler pour vivre : par conséquent il a besoin d'instruments et de matériaux de production. Ce besoin de produire fait son droit : or ce droit lui est garanti par ses semblables, envers lesquels il contracte pareil engagement. Cent mille hommes s'établissent dans une contrée grande comme la France, et vide d'habitants : le droit de chaque homme au capital territorial est d'un cent millième. Si le nombre des possesseurs augmente, la part de chacun diminue en raison de cette augmentation, en sorte que si le nombre des habitants s'élève à 34 millions, le droit de chacun sera d'un 34 millionième. Arrangez maintenant la police et le gouvernement, le travail, les échanges, les successions, etc., de manière que les moyens de travail restent toujours égaux et que chacun soit libre, et la société sera parfaite.

De tous les avocats de la propriété, M. Cousin est celui qui l'a fondée le plus avant. Il a soutenu, contre les économistes, que le travail ne peut donner un droit de propriété qu'autant qu'il est précédé de l'occupation ; et contre des légistes, que la loi civile peut bien déterminer et appliquer un droit naturel, mais qu'elle ne peut le créer. Il ne suffit pas de dire, en effet : « Le droit de propriété est démontré par cela seul que la propriété existe ; à cet égard la loi civile est purement déclaratoire ». c'est avouer qu'on n'a rien à répondre à ceux qui contestent la légitimité du fait même. Tout droit doit se justifier ou par lui-même, ou par un droit qui lui soit antérieur : la propriété ne peut échapper à cette alternative. Voilà pourquoi M. Cousin lui a cherché une base dans ce qu'il appelle la sainteté de la personne humaine, et dans l'acte par lequel la volonté s'assimile une chose. « Une fois touchées par l'homme, dit un des disciples de M. Cousin, les choses reçoivent de lui un caractère qui les transforme et les humanise. » J'avoue pour ma part que je ne crois point à cette magie, et que je ne connais rien de moins saint que la volonté de l'homme : mais cette théorie, toute fragile qu'elle soit en psychologie aussi bien qu'en droit, n'en a pas moins un caractère plus

Chapitre II

philosophique et plus profond que les théories qui n'ont pour base que le travail ou l'autorité de la loi : or, on vient de voir à quoi la théorie dont nous parlons aboutit, à l'égalité, qu'elle implique dans tous ses termes.

Mais peut-être que la philosophie voit les choses de trop haut et n'est point assez pratique; peut-être que du sommet élevé de la spéculation, les hommes paraissent trop petits pour que le métaphysicien tienne compte de leurs différences ; peut-être enfin que l'égalité des conditions est un de ces aphorismes vrais dans leur sublime généralité, mais qu'il serait ridicule et même dangereux de vouloir appliquer rigoureusement dans le commun usage de la vie et dans les transactions sociales. Sans doute que c'est ici le cas d'imiter la sage réserve des moralistes et des jurisconsultes, qui nous avertissent de ne porter rien à l'extrême, et de nous tenir en garde contre toute définition, parce qu'il n'en est aucune, disent-ils, qu'on ne puisse ruiner de fond en comble, en en faisant ressortir les conséquences désastreuses : *Omnis definitio in jure civili periculosa est : parum est enim ut non subverti possit.* L'égalité des conditions, ce dogme terrible aux oreilles du propriétaire, vérité consolante au lit du pauvre expirant, affreuse réalité sous le scalpel de J'anatomiste, l'égalité des conditions, transportée dans l'ordre politique, civil et industriel, n'est plus qu'une décevante impossibilité, un honnête appât, un satanique mensonge.

Je n'aurai jamais pour maxime de surprendre mon lecteur : je déteste, à l'égal de la mort, celui qui use de détours dans ses paroles et dans sa conduite. Dès la première page de cet écrit, je me suis exprimé d'une manière assez nette et assez décidée pour que tout le monde sache d'abord à quoi s'en tenir sur ma pensée et mes espérances, et l'on me rendra cette justice, qu'il serait difficile de montrer en même temps et plus de franchise et plus de hardiesse. Je ne crains donc pas de me trop avancer en affirmant que le temps n'est pas éloigné où cette réserve tant admirée des philosophes, ce juste milieu si fort recommandé par les docteurs ès-sciences morales et politiques, ne sera plus regardé que comme le honteux caractère d'une science sans principe, et comme le sceau de sa réprobation. En législation et en morale, aussi bien qu'en géométrie, les axiomes sont absolus, les définitions certaines, les plus extrêmes conséquences, pourvu qu'elles soient rigoureusement déduites, des lois. Déplorable orgueil! nous ne savons rien de notre nature, et nous la chargeons de nos contradictions, et dans le transport de notre naïve ignorance, nous osons nous écrier : « La vérité est dans le doute, la meilleure définition est de ne rien définir. Nous saurons un jour si cette désolante incertitude de la jurisprudence vient de son objet ou de nos préjugés ; si pour expliquer les faits sociaux, il ne suffit pas de changer notre hypothèse, comme fit Copernic, lorsqu'il prit à rebours le système de Ptolémée.

Mais que dira-t-on, si je montre tout à l'heure cette même jurisprudence argumentant sans cesse de l'égalité pour légitimer le domaine de propriété ? Qu'aura-t-on à répliquer ?

§ 3. – De la loi civile, comme fondement et sanction de la propriété

Pothier semble croire que la propriété, tout de même que la royauté, est de droit divin : il en fait remonter l'origine jusqu'à Dieu même : *Ab love principium.* Voici son début :

« Dieu a le souverain domaine de l'univers et de toutes les choses qu'il renferme : *Domini est terra et plenitudo ejus, orbis terrarum et universi qui habitant in eo.* - C'est pour le genre humain qu'il a créé la terre et toutes les créatures qu'elle renferme, et il lui en a accordé un domaine subordonné au sien : *Tu l'as établi sur les ouvrages de tes mains : tu as mis la nature sous ses pieds,* dit le Psalmiste. Dieu fit cette donation au genre humain par ces paroles, qu'il adressa à nos premiers parents après la création : *Croissez et multipliez, et remplissez la terre,* etc.»

Après ce magnifique exorde, qui ne croirait que le genre humain est comme une grande famille, vivant dans une fraternelle union, sous la garde d'un vénérable père ? Mais, Dieu! que de frères ennemis! que de pères dénaturés et d'enfants prodigues!

Dieu a fait donation de la terre au genre humain : pourquoi donc n'ai-je rien reçu ? *Il a mis la nature sous mes pieds,* et je n'ai pas où poser ma tête! Multipliez, nous dit-il par l'organe de son interprète Pothier. Ah! savant Pothier, cela est aussi aisé à faire qu'à dire ; mais donnez donc à l'oiseau de la mousse pour son nid.

« Le genre humain s'étant multiplié, les hommes partagèrent entre eux la terre et la plupart des choses qui étaient sur sa surface : ce qui échut à chacun d'eux commença à lui appartenir privativement à tous autres : c'est l'origine du droit de propriété. »

Dites, dites du droit de possession. Les hommes vivaient dans une communauté, positive ou négative, peu importe : alors il n'y avait point de propriété, puisqu'il n'y avait pas même de possession privée. L'accroissement de population forçant peu à peu au travail pour augmenter les subsistances, on convint, formellement ou tacitement, cela ne fait rien à l'affaire, que le travailleur serait seul propriétaire du produit de son travail : cela veut dire qu'on fit une convention purement déclaratoire de ce fait, que désormais nul ne pouvait vivre sans travailler. Il s'ensuivait nécessairement que pour obtenir égalité de subsistances, il fallait fournir égalité de travail ; et que, pour que le travail fût égal, il fallait des moyens égaux de travailler. Quiconque, sans travailler, s'emparait par force ou par adresse de la subsistance d'autrui, rompait l'égalité, et se plaçait en dessus et au dehors de la loi. Quiconque accaparait les moyens de production, sous prétexte d'activité plus grande, détruisait encore l'égalité. L'égalité étant alors l'expression du droit, quiconque attentait à l'égalité était *injuste*.

Ainsi, avec le travail naissait la possession privée, le droit dans la chose, *jus in re*, mais dans quelle chose ? Évidemment *dans le produit, non dans le sol* : c'est ainsi que l'ont toujours compris les Arabes, et que, au rapport de César et de Tacite, l'entendaient jadis les Germains. « Les Arabes, dit M. de Sismondi, qui reconnaissent la propriété de l'homme sur les troupeaux qu'il a élevés, ne disputent pas davantage la récolte à celui qui a semé un champ : mais ils ne voient pas pourquoi un autre, un égal, n'aurait pas le droit de semer à son tour. L'inégalité qui résulte du prétendu droit de premier occupant ne leur paraît fondée sur aucun principe de justice ; et lorsque l'espace se trouve partagé tout entier entre un certain nombre d'habitants, il en résulte un monopole de ceux-ci contre tout le reste de la nation, auquel ils ne veulent pas se soumettre... »

Ailleurs, on s'est partagé la terre : j'admets qu'il en résulte une organisation plus forte entre les travailleurs, et que ce moyen de répartition, fixe et durable, offre plus de commodité; mais comment ce partage aurait-il fondé pour chacun un droit transmutable de propriété sur une chose à laquelle tous avaient un droit inaliénable de possession ? Aux termes de la jurisprudence, cette métamorphose du possesseur en propriétaire est légalement impossible : elle implique, dans la juridiction primitive, le cumul du possessoire et du pétitoire ; et, dans la concession que l'on suppose avoir été réciproque entre les copartageants, la transaction sur un droit naturel. Les premiers agriculteurs, qui furent aussi les premiers auteurs de lois, n'étaient pas aussi savants que nos légistes, j'en conviens ; et quand ils l'eussent été, ils ne pouvaient faire pis : aussi ne prévirent-ils pas les conséquences de la transformation du droit de possession privée en propriété absolue.

Chapitre II

Mais pourquoi ceux qui plus tard établirent la distinction du *jus in re* et du *jus ad rem* ne l'ont-ils pas appliquée au principe même de la propriété ?

Je rappelle les jurisconsultes à leurs propres maximes.

Le droit de propriété, si tant est qu'il puisse avoir une cause, n'en peut avoir qu'une seule: *Dominium non potest nisi ex una causa contingere*. je puis posséder à plusieurs titres ; je ne puis être propriétaire qu'à un seul : Non, *ut ex pluribus causis idem nobis deberi potest, ita ex pluribus causis idem potest nostrum esse*. Le champ que j'ai défriché, que je cultive, sur lequel j'ai bâti ma maison, qui me nourrit, ma famille et mon bétail, je peux le posséder 10 à titre de premier occupant ; 20 à titre de travailleur 30 en vertu du contrat social qui me l'assigne pour partage. Mais aucun de ces titres ne me donne le domaine de propriété. Car, si j'invoque le droit d'occupation, la société peut me répondre : J'occupe avant toi ; si je fais valoir mon travail, elle dira : C'est à cette condition seulement que tu possèdes ; si je parle de conventions, elle répliquera : Ces conventions établissent précisément la qualité d'usufruitier. Tels sont pourtant les seuls titres que les propriétaires mettent en avant ; ils n'ont jamais pu en découvrir d'autres. En effet, tout droit, c'est Pothier qui nous l'apprend, suppose une cause qui le produit dans la personne qui en jouit; mais, dans l'homme qui naît et qui meurt, dans ce fils de la terre qui passe comme l'ombre, il n'existe, vis-à-vis des choses extérieures, que des titres de possession, et pas un titre de propriété. Comment donc la société reconnaîtrait-elle un droit contre elle, là où il n'y a pas de cause qui le produise ? Comment, en accordant la possession, a-t-elle pu concéder la propriété ? Comment la loi a-t-elle sanctionné cet abus de pouvoir ?

L'Allemand Ancillon répond à cela :

« Quelques philosophes prétendent que l'homme, en appliquant ses forces à un objet de la nature, à un champ, à un arbre, n'acquiert des droits que sur les changements qu'il y apporte, sur la forme qu'il donne à l'objet, et non pas sur l'objet même. Vaine distinction! Si la forme pouvait être séparée de l'objet, peut-être pourrait-on incidenter ; mais comme la chose est presque toujours impossible, l'application des forces de l'homme aux différentes parties du monde visible est le premier fondement du droit de propriété, la première origine des biens. »

Vain prétexte! Si la forme ne peut être séparée de l'objet, et la propriété de la possession, il faut partager la possession : dans tous les cas, la société conserve le droit d'imposer des conditions de propriété. je suppose qu'un domaine approprié produise 10 000 francs de revenu brut, et, ce qui serait un cas vraiment extraordinaire, que ce domaine ne puisse être scindé ; je suppose en outre que, d'après les calculs économiques, la moyenne de consommation annuelle pour chaque famille soit de 3 000 f; le possesseur de ce domaine doit être tenu de le faire valoir en bon père de famille, en payant à la société une rétribution égale à 10 000 f, déduction faite de tous les frais d'exploitation, et des 3 000 f nécessaires à l'entretien de sa famille. Cette rétribution n'est point un fermage, c'est une indemnité.

Quelle est donc cette justice qui rend des arrêts comme celui-ci :

« Attendu que par le travail la chose a changé de forme, si bien que la forme et la matière ne pouvant plus être séparées sans que l'objet soit détruit, il est nécessaire ou que la société soit déshéritée, ou que le travailleur perde le fruit de son travail ;

« Attendu que, dans tout autre cas, la propriété de la matière emporterait la propriété de ce qui s'y joint par accession, sauf dédommagement; mais que, dans l'espèce, c'est la propriété de l'accessoire qui doit emporter celle du principal ;

« Le droit d'appropriation par le travail ne sera point admis contre les particuliers ; il n'aura lieu que contre la société. »

Telle est la manière constante dont les jurisconsultes raisonnent, relativement à la propriété. La loi est établie pour fixer les droits des hommes entre eux, c'est-à-dire de chacun envers chacun, et de chacun envers tous; et, comme si une proportion pouvait subsister avec moins de quatre termes, les jurisconsultes ne tiennent jamais compte du dernier. Tant que l'homme est opposé à l'homme, la propriété fait contre-poids à la propriété, et les deux forces s'équilibrent : dès que l'homme est isolé, c'est-à-dire opposé à la société que lui-même il représente, la jurisprudence est en défaut, Thémis a perdu un bassin de sa balance.

Écoutez le professeur de Rennes, le savant Toullier : « Comment cette préférence, acquise par l'occupation, put-elle devenir une propriété stable et permanente, qui continuât de subsister, et qui pût être réclamée après que le premier occupant avait cessé de posséder ?

« L'agriculture fut une suite naturelle de la multiplication du genre humain, et l'agriculture, à son tour, favorisa la population, et rendit nécessaire l'établissement d'une propriété permanente ; car qui voudrait se donner la peine de labourer et de semer, s'il n'avait la certitude de recueillir ? »

Il suffisait, pour tranquilliser le laboureur, de lui assurer la possession de la récolte : accordons même qu'on l'eût maintenu dans son occupation territoriale, tant que par lui-même il aurait cultivé ; c'était tout ce qu'il avait droit d'attendre, c'était tout ce qu'exigeait le progrès de la civilisation. Mais la propriété! la propriété! le droit d'aubaine sur un sol que l'on n'occupe ni ne cultive ; qui avait autorité pour l'octroyer ? qui pouvait y prétendre ?

« L'agriculture ne fut pas seule suffisante pour établir la propriété permanente ; il fallut des lois positives, des magistrats pour les faire exécuter ; en un mot, il fallut l'état civil.

« La multiplication du genre humain avait rendu l'agriculture nécessaire ; le besoin d'assurer au cultivateur les fruits de son travail fit sentir la nécessité d'une propriété permanente, et des lois pour protéger. Ainsi c'est à la propriété que nous devons l'établissement de J'état civil. »

Oui, de notre état civil, tel que vous l'avez fait, état qui fut d'abord despotisme, puis monarchie, puis aristocratie, aujourd'hui démocratie, et toujours tyrannie.

Pierre-Joseph Proudhon

« Sans le lien de la propriété, jamais il n'eût été possible de soumettre les hommes au joug salutaire de la loi ; et, sans la propriété permanente, la terre eût continué d'être une vaste forêt. Disons donc, avec les auteurs les plus exacts que si la propriété passagère, ou le droit de préférence que donne l'occupation, est antérieure à l'établissement de la société civile, la propriété permanente, telle que nous la connaissons aujourd'hui, est l'ouvrage du droit civil. - C'est le droit civil qui a établi pour maxime qu'une fois acquise, la propriété ne se perd point sans le fait du propriétaire, et qu'elle se conserve même après que le propriétaire a perdu la possession ou la détention de la chose, et qu'elle se trouve dans la main d'un tiers.

« Ainsi la propriété et la possession, qui, dans l'état primitif, étaient confondues, devinrent, par le droit civil, deux choses distinctes et indépendantes ; deux choses qui, suivant le langage des lois, n'ont plus rien de commun entre elles. On voit par là quel prodigieux changement s'est opéré dans la propriété, et combien les lois civiles en ont changé la nature. »

Ainsi la loi, en constituant la propriété, n'a point été l'expression d'un fait psychologique, le développement d'une loi de la nature, l'application d'un principe moral : elle a, dans toute la force du mot, créé un droit en dehors de ses attributions ; elle a réalisé une abstraction, une métaphore, une fiction ; et cela sans daigner prévoir ce qui en arriverait, sans s'occuper des inconvénients, sans chercher si elle faisait bien ou mal : elle a sanctionné l'égoïsme ; elle a souscrit à des prétentions monstrueuses ; elle a accueilli des vœux impies, comme s'il était en son pouvoir de combler un gouffre sans fond et rassasier l'enfer. Loi aveugle, loi de l'homme ignorant, loi qui n'est pas une loi ; parole de discorde, de mensonge et de sang. C'est elle qui, toujours ressuscitée, réhabilitée, rajeunie, restaurée, renforcée, comme le palladium des sociétés, a troublé la conscience des peuples, obscurci l'esprit des maîtres, et déterminé toutes les catastrophes des nations. C'est elle que le christianisme a condamnée, mais que ses ignorants ministres déifient, aussi peu curieux d'étudier la nature et l'homme, qu'incapables de lire leurs Écritures.

Mais enfin quel guide la loi suivait-elle en créant le domaine de propriété ? Quel principe la dirigeait ? quelle était sa règle ?

Ceci passe toute croyance : c'était l'égalité.

L'agriculture fut le fondement de la possession territoriale, et la cause occasionnelle de la propriété. Ce n'était rien d'assurer au laboureur le fruit de son travail, si on ne lui assurait en même temps le moyen de produire : pour prémunir le faible contre les envahissements du fort, pour supprimer les spoliations et les fraudes, on sentit la nécessité d'établir entre les possesseurs des lignes de démarcation permanentes, des obstacles infranchissables. Chaque année voyait se multiplier le peuple et croître l'avidité des colons : on crut mettre un frein à l'ambition en plantant des bornes au pied desquelles l'ambition viendrait se briser. Ainsi le sol fut approprié par un besoin d'égalité nécessaire à la sécurité publique et à la paisible jouissance de chacun. Sans doute le partage ne fut jamais géographiquement égal ; une foule de droits, quelques-uns fondés en nature, mais mal interprétés, plus mal encore appliqués, les successions, les donations, les échanges ; d'autres, comme les privilèges de naissance et de dignité, créations illégitimes de l'ignorance et de la force brutale, furent autant de causes qui empêchèrent l'égalité absolue. Mais le principe n'en demeura pas moins le même : l'égalité avait consacré la possession, l'égalité consacra la propriété.

Il fallait au laboureur un champ à semer tous les ans quel expédient plus commode et plus simple pour les barbares, au lieu de recommencer chaque année à se quereller et à se battre, au lieu de voiturer sans cesse, de territoire en territoire, leur maison, leur mobilier, leur famille, que d'assigner à chacun un patrimoine fixe et inaliénable ?

Il fallait que l'homme de guerre, au retour d'une expédition, ne se trouvât pas dépossédé par les services qu'il venait de rendre à la patrie, et qu'il recouvrât son héritage : il passa donc en coutume que la propriété se conserve par la seule intention, *nudo animo* ; qu'elle ne se perd que du consentement et du fait du propriétaire.

Il fallait que l'égalité des partages fût conservée d'une génération à l'autre, sans qu'on fût obligé de renouveler la distribution des terres à la mort de chaque famille : il parut donc naturel et juste que les enfants et les parents, selon le degré de consanguinité ou d'affinité qui les liait au défunt, succédassent à leur auteur. De là, en premier lieu, la coutume féodale et patriarcale de ne reconnaître qu'un seul héritier, puis, par une application toute contraire du principe d'égalité, l'admission de tous les enfants à la succession du père, et, tout récemment encore parmi nous, l'abolition définitive du droit d'aînesse.

Mais qu'y a-t-il de commun entre ces grossières ébauches d'organisation instinctive et la véritable science sociale ? Comment ces mêmes hommes, qui n'eurent jamais la moindre idée de statistique, de cadastre, d'économie politique, nous donneraient-ils des principes de législation ?

La loi, dit un jurisconsulte moderne, est l'expression d'un besoin social, la déclaration d'un fait : le législateur ne la fait pas, il la décrit. Cette définition n'est point exacte : la loi est la règle selon laquelle les besoins sociaux doivent être satisfaits le peuple ne la vote pas, le législateur ne l'exprime pas le savant la découvre et la formule. Mais enfin la loi, telle que M. Ch. Comte a consacré un demi-volume à la définir, ne pouvait être dans l'origine que *l'expression d'un besoin* et l'indication des moyens d'y subvenir ; et jusqu'à ce moment elle n'a pas été autre chose. Les légistes, avec une fidélité de machines, pleins d'obstination, ennemis de toute philosophie, enfoncés dans le sens littéral, ont toujours regardé comme le dernier mot de la science ce qui n'a été que le vœu irréfléchi d'hommes de bonne foi, mais de peu de prévoyance.

Ils ne prévoyaient pas, ces vieux fondateurs du domaine de propriété, que le droit perpétuel et absolu de conserver son patrimoine, droit qui leur semblait équitable, parce qu'il était commun, entraîne le droit d'aliéner, de vendre, de donner, d'acquérir et de perdre ; qu'il ne tend, par conséquent, à rien moins qu'à la destruction de cette égalité en vue de laquelle ils l'établissaient : et quand ils auraient pu le prévoir, ils n'en eussent tenu compte ; le besoin présent l'emportait, et, comme il arrive d'ordinaire en pareil cas, les inconvénients furent d'abord trop faibles et passèrent inaperçus.

Ils ne prévoyaient pas, ces législateurs candides, que si la propriété se conserve par la seule intention, *nudo animo*, elle emporte le droit de louer, affermer, prêter à intérêt, bénéficier dans un échange, constituer des rentes, frapper une contribution sur un champ que l'intention se réserve, tandis que le corps est ailleurs occupé.

Ils ne prévoyaient pas, ces patriarches de notre jurisprudence, que si le droit de succession est autre chose qu'une manière donnée par la nature de conserver l'égalité des partages, bientôt les familles seront victimes des plus désastreuses exclusions, et la société, frappée au cœur par l'un de ses principes les plus sacrés, se détruira d'elle-même par l'opulence et la misère [1].

Ils ne prévoyaient pas... Mais qu'est-il besoin que j'insiste ? Les

---

1 C'est ici surtout que se montre dans toute sa rudesse la simplicité de nos aïeux. Après avoir appelé à la succession les cousins germains au défaut d'enfants légitimes, ils ne purent aller jusqu'à se servir de ces mêmes cousins pour équilibrer les partages dans deux branches différentes, de manière à ce qu'on ne vît pas dans la même famille les extrêmes de la richesse et du dénuement. Exemple :

Jacques laisse en mourant deux fils, Pierre et jean, héritiers de sa fortune : le partage des biens de Jacques se fait entre eux par portions égales. Mais Pierre n'a qu'une fille, tandis que jean son frère laisse six garçons; il est clair que pour être fidèle tout à la fois, et au principe d'égalité, et au principe d'hérédité, il faut que les enfants de Pierre et de jean partagent en sept portions les deux patrimoines : car autrement un étranger peut épouser la fille de Pierre, et par cette alliance la moitié des biens de Jacques, l'aïeul, seront transportés dans une famille étrangère, ce qui est contre le principe d'hérédité ; de plus, les enfants de jean seront pauvres à cause de leur nombre, tandis que leur cousine sera riche parce qu'elle est unique : ce qui est contre l'égalité. Qu'on étende cette application combinée de deux principes en apparence contraires, et l'on se convaincra que le droit de succession, contre lequel on s'est élevé de nos jours avec si peu d'intelligence, ne fait point obstacle au maintien de l'égalité.

Sous quelque forme de gouvernement que nous vivions, il sera toujours vrai de dire que le mort saisit le vif, c'est-à-dire qu'il y aura toujours héritage et succession, quel que soit l'héritier reconnu. Mais les saint-simoniens voudraient que cet héritier fût désigné par le magistrat ; d'autres qu'il fût choisi par le défunt, ou présumé tel par la loi : l'essentiel est que le vœu de la nature soit satisfait, sauf la loi d'égalité. Aujourd'hui le vrai modérateur des successions est le hasard ou le caprice ; or, en matière de législation, le hasard et le caprice ne peuvent être acceptés comme règle. C'est pour conjurer les perturbations infinies que le hasard traîne à sa suite, que la nature, après nous avoir faits égaux, nous suggère le principe d'hérédité, qui est comme la voix par laquelle la société nous demande notre suffrage sur celui de tous nos frères que nous jugeons le plus capable après nous d'accomplir notre tâche.

Pierre-Joseph Proudhon

conséquences s'aperçoivent assez d'elles-mêmes, et ce n'est pas le moment de faire une critique de tout le code.

L'histoire de la propriété, chez les nations anciennes, n'est donc plus pour nous qu'une affaire d'érudition et de curiosité. C'est une règle de jurisprudence que le fait ne produit pas le droit : or, la propriété ne peut se soustraire à cette règle ; donc, la reconnaissance universelle du droit de propriété ne légitime pas le droit de propriété. L'homme s'est trompé sur la constitution des sociétés, sur la nature du droit, sur l'application du juste, comme il s'est trompé sur la cause des météores et sur le mouvement des corps célestes ; ses vieilles opinions ne peuvent être prises pour articles de foi. Que nous importe que la race indienne soit divisée en quatre castes ; que sur les bords du Nil et du Gange la distribution de la terre ait été faite jadis en raison de la noblesse du sang et des fonctions ; que Grecs et Romains aient placé la propriété sous la garde des dieux; que les opérations de bornage et de cadastre aient été parmi eux accompagnées de cérémonies religieuses ? La variété des formes du privilège n'en sauve pas l'injustice ; le culte de Jupiter propriétaire ne prouve rien contre l'égalité des citoyens, de même que les mystères de Vénus l'impudique ne prouvent rien contre la chasteté conjugale.

L'autorité du genre humain attestant le droit de propriété est nulle, parce que ce droit, relevant nécessairement de l'égalité, est en contradiction avec son principe ; le suffrage des religions qui l'ont consacré est nul, parce que dans tous les temps le prêtre s'est mis au service du prince, et que les dieux ont toujours parlé comme les politiques l'ont voulu ; les avantages sociaux que l'on attribue à la propriété ne peuvent être cités à sa décharge, parce qu'ils découlèrent tous du principe d'égalité de possession que l'on n'en séparait pas.

Que signifie, après cela, ce dithyrambe sur la propriété ?

« La constitution du droit de propriété est la plus importante des institutions humaines... »

Oui, comme la monarchie en est la plus glorieuse.

« Cause première de la prospérité de l'homme sur la terre... »

Parce qu'on lui supposait pour principe la justice.

« ... la propriété devint le but légitime de son ambition, l'espoir de son existence, l'asile de sa famille, en un mot, la pierre fondamentale du toit domestique, des cités et de l'état politique. »

La possession seule a produit tout cela.

« Principe éternel... »

La propriété est éternelle comme toute négation.

« ... de toute institution sociale et de toute institution civile ... »

Voilà pourquoi toute institution et toute loi fondée sur la propriété périra.

« ... c'est un bien aussi précieux que la liberté. »

Pour le propriétaire enrichi.

« En effet, la culture de la terre habitable... »

Si le cultivateur cessait d'être fermier, la terre en seraitelle plus mal cultivée ?

« ... la garantie et la moralité du travail... »

Par la propriété, le travail n'est pas une condition, c'est un privilège.

« ... l'application de la justice... »

Qu'est-ce que la justice sans l'égalité des fortunes ? Une balance à faux poids.

« ... toute morale... »

Pierre-Joseph Proudhon

Ventre affamé ne connaît point de morale.

« ... tout ordre publie... »

Oui-da, la conservation de la propriété.

« ... repose sur le droit de la propriété. »

Pierre angulaire de tout ce qui est, pierre de scandale de tout ce qui doit être : voilà la propriété.

Je me résume et je conclus :

Non seulement l'occupation conduit à l'égalité; elle empêche la propriété. Car, puisque tout homme a droit d'occuper par cela seul qu'il existe, et qu'il ne peut se passer pour vivre d'une matière d'exploitation et de travail ; et puisque, d'autre part, le nombre des occupants varie continuellement par les naissances et les décès, il s'ensuit que la quotité de matière à laquelle chaque travailleur peut prétendre est variable comme le nombre des occupants ; par conséquent, que l'occupation est toujours subordonnée à la population; enfin, que la possession, en droit, ne pouvant jamais demeurer fixe, il est impossible, en fait, qu'elle devienne propriété.

Tout occupant est donc nécessairement possesseur ou usufruitier, qualité qui exclut celle de propriétaire. Or, tel est le droit de l'usufruitier : il est responsable de la chose qui lui est confiée ; il doit en user conformément à l'utilité générale, dans une vue de conservation et de développement de la chose ; il n'est point maître de la transformer, de l'amoindrir, de la dénaturer ; il ne peut diviser l'usufruit, de manière qu'un autre exploite la chose, pendant que lui-même en recueille le produit ; en un mot, l'usufruitier est placé sous la surveillance de la société, soumis à la condition du travail et à la loi de l'égalité.

Par là se trouve anéantie la définition romaine de la propriété : *droit d'user et d'abuser*, immoralité née de la violence, prétention la plus monstrueuse que les lois civiles aient sanctionnée. L'homme reçoit son usufruit des mains de la société, qui seule possède d'une manière permanente : l'individu passe, la société ne meurt jamais.

Quel profond dégoût s'empare de mon âme en discutant de si triviales vérités! Sont-ce là les choses dont nous doutons aujourd'hui ? Faudra-t-il encore une fois s'armer pour leur triomphe, et la force, à défaut de la raison, pourra-t-elle seule les introduire dans nos lois ?

Le droit d'occuper est égal pour tous.

La mesure de l'occupation n'étant pas dans la volonté, mais dans les conditions variables de l'espace et du nombre, la propriété ne peut se former.

Voilà ce qu'un code n'a jamais exprimé, ce qu'une constitution ne peut admettre! Voilà les axiomes que le droit civil et le droit des gens repoussent!...

Mais j'entends les réclamations des partisans d'un autre système : « Le travail! c'est le travail qui fait la propriété! »

Lecteur, ne vous y trompez pas : ce nouveau fondement de la propriété est pire que le premier, et j'aurai tout à l'heure à vous demander pardon d'avoir démontré des choses plus claires, d'avoir réfuté des prétentions plus injustes que toutes celles que vous avez vues.

Chapitre III

Du travail, comme cause efficiente du domaine de propriété

Les jurisconsultes modernes, sur la foi des économistes, ont presque tous abandonné la théorie de l'occupation primitive comme trop ruineuse, pour s'attacher exclusivement à celle qui fait naître du travail la propriété. D'abord, c'était se faire illusion et tourner dans un cercle. Pour travailler il faut occuper, dit M. Cousin. Par conséquent, ai-je dit à mon tour, le droit d'occuper étant égal pour tous, pour travailler il faut se soumettre à l'égalité. « Les riches, s'écrie Jean-Jacques, ont beau dire : c'est moi qui ai bâti ce mur, j'ai gagné ce terrain par mon travail. - Qui vous a donné les alignements ? leur pouvons-nous répondre, et en vertu de quoi prétendez-vous être payés à nos dépens d'un travail que nous ne vous avons point imposé? » Tous les sophismes viennent se briser contre ce raisonnement.

Mais les partisans du travail ne s'aperçoivent pas que leur système est en contradiction absolue avec le Code, dont tous les articles, toutes les dispositions supposent la propriété fondée sur le fait de l'occupation primitive. Si le travail, par l'appropriation qui en résulte, donne seul naissance à la propriété, le Code civil ment, la Charte est une contre-vérité, tout notre système social une violation du droit. C'est ce qui ressortira avec la dernière évidence de la discussion à laquelle nous devons nous livrer dans ce chapitre et dans le suivant, tant sur le droit du travail que sur le fait même de la propriété. Nous y verrons tout à la fois, d'un côté notre législation en opposition avec elle-même, de l'autre la nouvelle jurisprudence en opposition et avec son principe et avec la législation.

J'ai avancé que le système qui fonde la propriété sur le travail implique, aussi bien que celui qui la fonde sur l'occupation, l'égalité des fortunes ; et le lecteur doit être impatient de voir comment, de l'inégalité des talents et des facultés, je ferai sortir cette loi d'égalité : tout à l'heure il sera satisfait. Mais il convient que j'arrête un moment son attention sur cet incident remarquable du procès, savoir, la substitution du travail à l'occupation, comme principe de la propriété; et que je passe rapidement en revue quelques-uns des préjugés que les propriétaires ont coutume d'invoquer, que la législation consacre, et que le système du travail ruine de fond en comble.

Avez-vous jamais, lecteur, assisté à l'interrogatoire d'un accusé ? Avez-vous observé ses ruses, ses détours, ses fuites, ses distinctions, ses équivoques ? Battu, confondu dans toutes ses allégations, poursuivi comme une bête fauve par l'inexorable juge, traqué d'hypothèse en hypothèse, il affirme, il se reprend, il se dédit, se contredit ; il épuise tous les stratagèmes de la dialectique, plus subtil, plus ingénieux mille fois que celui qui inventa les soixante-douze formes du syllogisme. Ainsi fait le propriétaire sommé de justifier de son droit : d'abord il refuse de répondre, il se récrie, il menace, il défie ; puis, forcé d'accepter le débat, il se cuirasse de chicanes, il s'environne d'une formidable artillerie, croisant ses feux, opposant tour à tour et tout à la fois l'occupation, la possession, la prescription, les conventions, la coutume immémoriale, le consentement universel. Vaincu sur ce terrain, le propriétaire, comme un sanglier blessé, se retourne : J'ai fait plus qu'occuper, s'écrie-t-il avec une émotion terrible, j'ai travaillé, j'ai produit, j'ai amélioré, transformé, CRÉÉ. Cette maison, ces champs, ces arbres sont les oeuvres de mes mains ; c'est moi qui ai changé la ronce en vigne et le buisson en figuier ; c'est moi qui aujourd'hui moissonne sur les terres de la famine. J'ai engraissé le sol de mes sueurs, j'ai payé ces hommes qui, sans les journées qu'ils gagnaient avec moi, seraient morts de faim. Nul ne m'a disputé la peine et la dépense, nul avec moi ne partagera.

Tu as travaillé, propriétaire! que parlais-tu donc d'occupation primitive ? Quoi! n'étais-tu pas sûr de ton droit, ou bien espérais-tu tromper les hommes et faire illusion à la justice ? Hâte-toi de faire connaître tes moyens de défense, car l'arrêt sera sans appel, et tu sais qu'il s'agit de restitution.

Tu as travaillé! mais qu'y a-t-il de commun entre le travail, auquel le devoir t'oblige, et l'appropriation des choses communes ? Ignorais-tu que le domaine du sol, de même que celui de l'air et de la lumière, ne peut se prescrire ?

Tu as travaillé! n'aurais-tu jamais fait travailler les autres ? Comment alors ont-ils perdu en travaillant pour toi ce que tu as su acquérir en ne travaillant pas pour eux ?

Tu as travaillé! à la bonne heure ; mais voyons ton ouvrage. Nous allons compter, peser, mesurer. Ce sera le jugement de Balthazar : car j'en jure par cette balance, par ce niveau et cette équerre, si tu t'es approprié le travail d'autrui, de quelque manière que ce soit, tu rendras jusqu'au dernier quarteron.

Ainsi, le principe d'occupation est abandonné ; on ne dit plus: La terre est au premier qui s'en empare. La propriété, forcée dans son premier retranchement, répudie son vieil adage ; la justice, honteuse, revient sur ses maximes, et de douleur baisse son bandeau sur ses joues rougissantes. Et c'est d'hier seulement que date ce progrès de la philosophie sociale : cinquante siècles pour l'extirpation d'un mensonge! Combien, pendant cette lamentable période, d'usurpations sanctionnées, d'invasions glorifiées, de conquêtes bénies! Que d'absents dépossédés, de pauvres bannis, d'affamés exclus par la richesse prompte et hardie! Que de jalousies et de guerres! Que d'incendie et de carnage parmi les nations! Enfin, grâces en soient rendues au temps et à la raison, désormais l'on avoue que la terre n'est point le prix de la course ; à moins d'autre empêchement, il y a place pour tout le monde au soleil. Chacun peut attacher sa chèvre à la haie, conduire sa vache dans la plaine, semer un coin de champ, et faire cuire son pain au feu de son foyer.

Mais non, chacun ne le peut pas. J'entends crier de toutes parts : Gloire au travail et à l'industrie! à chacun selon sa capacité, à chaque capacité selon ses oeuvres. Et je vois les trois quarts du genre humain de nouveau dépouillés : on dirait que le travail des uns fasse pleuvoir et grêler sur le travail des autres.

« Le problème est résolu, s'écrie Me Hennequin. La propriété, fille du travail, ne jouit du présent et de l'avenir que sous l'égide des lois. Son origine vient du droit naturel ; sa puissance du droit civil ; et c'est de la combinaison de ces deux idées, *travail* et *protection*, que sont sorties les législations positives... »

Ah! *le problème est résolu ! la propriété est fille du travail !* Qu'est-

Chapitre III

ce donc que le droit d'accession, et le droit de succession, et le droit de donation, etc., sinon le droit de devenir propriétaire par la simple occupation ? Que sont vos lois sur l'âge de majorité, l'émancipation, la tutelle, l'interdiction, sinon des conditions diverses par lesquelles celui qui est déjà travailleur acquiert ou perd le droit d'occuper, c'est-à-dire la propriété ?...

Ne pouvant en ce moment me livrer à une discussion détaillée du Code, je me contenterai d'examiner les trois préjugés le plus ordinairement allégués en faveur de la propriété : 1° *l'appropriation*, ou formation de la propriété par la possession; 2° *le consentement des hommes*; 3° *la prescription*. Je rechercherai ensuite quels sont les effets du travail, soit par rapport à la condition respective des travailleurs, soit par rapport à la propriété.

§ 1er. - *La terre ne peut être appropriée*

« Les terres cultivables sembleraient devoir être comprises parmi les richesses naturelles, puisqu'elles ne sont pas de création humaine, et que la nature les donne gratuitement à l'homme ; mais comme cette richesse n'est pas fugitive ainsi que l'air et l'eau, comme un champ est un espace fixe et circonscrit, que certains hommes ont pu s'approprier à l'exclusion de tous les autres, qui ont donné leur consentement à cette appropriation, la terre, qui était un bien naturel et gratuit, est devenue une richesse sociale dont l'usage a dû se payer. » (SAY, *Économie politique*.)

Avais-je tort de dire, en commençant ce chapitre, que les économistes sont la pire espèce d'autorités en matière de législation et de philosophie ? Voici le *proto-parens* de la secte qui pose nettement la question : Comment les biens de la nature, les richesses créées par la Providence, peuvent-elles devenir des propriétés privées ? Et qui y répond par une équivoque si grossière, qu'on ne sait vraiment plus auquel croire, du défaut d'intelligence de l'auteur ou de sa mauvaise foi. Que fait, je le demande, la nature fixe et solide du terrain au droit d'appropriation ? je comprends à merveille qu'une chose *circonscrite* et *non fugitive*, comme est la terre, offre plus de prise à l'appropriation que l'eau et la lumière ; qu'il est plus aisé d'exercer un droit de domaine sur le sol que sur l'atmosphère ; mais il ne s'agit pas de ce qui est plus ou moins facile, et Say prend la possibilité pour le droit. On ne demande pas pourquoi la terre a été plutôt appropriée que la mer et les airs ; on veut savoir en vertu de quel droit l'homme s'est approprié cette richesse *qu'il n'a point créée, et que la nature lui donne gratuitement.*

Say ne résout donc point la question qu'il a lui-même posée : mais quand il l'aurait résolue, quand l'explication qu'il nous donne serait aussi satisfaisante qu'elle est pauvre de logique, resterait à savoir qui a droit de faire payer l'usage du sol, de cette richesse qui n'est point le fait de l'homme. A qui est dû le fermage de la terre ? Au producteur de la terre, sans doute. Qui a fait la terre ? Dieu. En ce cas, propriétaire, retire-toi.

Mais le créateur de la terre ne la vend pas, il la donne, et en la donnant, il ne fait aucune acception de personnes.

Comment donc, parmi tous ses enfants, ceux-là se trouvent-ils traités en aînés et ceux-ci en bâtards ? Comment, si l'égalité des lots fut de droit originel, l'inégalité des conditions est-elle de droit posthume ?

Say donne à entendre que si l'air et l'eau n'étaient pas de nature *fugitive*, ils eussent été appropriés. J'observerai en passant que ceci est plus qu'une hypothèse, c'est une réalité. L'air et l'eau ont été appropriés aussi souvent, je ne dis pas qu'on l'a pu, mais qu'on en a eu permission.

Les Portugais, ayant découvert le passage aux Indes par le cap de Bonne-Espérance, prétendirent avoir seuls la propriété du passage ; et Grotius, consulté à cette occasion par les Hollandais, qui refusaient de reconnaître ce droit, écrivit exprès son traité *De mari libero*, pour prouver que la mer n'est point passible d'appropriation.

Le droit de chasse et de pêche a été de tout temps réservé aux seigneurs et aux propriétaires : aujourd'hui il est affermé par le gouvernement et par les communes à quiconque peut payer le port d'armes et l'amodiation. Qu'on règle la pêche et la chasse, rien de mieux ; mais que les enchères en fassent le partage, c'est créer un monopole sur l'air et sur l'eau.

Chapitre III

Qu'est-ce que le passeport ? Une recommandation faite à tous de la personne du voyageur, un certificat de sûreté pour lui et pour ce qui lui appartient. Le fisc, dont l'esprit est de dénaturer les meilleures choses, a fait du passeport un moyen d'espionnage et une gabelle. N'est-ce pas vendre le droit de marcher et de circuler ?

Enfin, il n'est permis ni de puiser de l'eau à une fontaine enclavée dans un terrain, sans la permission du propriétaire, parce qu'en vertu du droit d'accession la source appartient au possesseur du sol, s'il n'y a possession contraire ni de donner du jour à sa demeure sans payer un impôt ni de prendre vue sur une cour, un jardin, un verger sans l'agrément du propriétaire ; ni de se promener dans un parc ou un enclos, malgré le maître ; or, il est permis à chacun de s'enfermer et de se clore. Toutes ces défenses sont autant d'interdictions sacramentelles, non seulement de la terre, mais des airs et des eaux. Prolétaires tous tant que nous sommes, la propriété nous excommunie : *Terra, et aqua, et acre, et igne interdicti sumus.*

L'appropriation du plus ferme des éléments n'a pu se faire sans l'appropriation des trois autres, puisque, selon le droit français et le droit romain, la propriété de la surface emporte la propriété du dessus et du dessous : *Cujus est solum, ejus est usque ad caelum.* Or, si l'usage de l'eau, de l'air et du feu exclut la propriété, il en doit être de même de l'usage du sol : cet enchaînement de conséquences semble avoir été pressenti par M. Ch. Comte, dans son *Traité de la propriété*, chapitre 5.

« Un homme qui serait privé d'air atmosphérique pendant quelques minutes cesserait d'exister, et une privation partielle lui causerait de vives souffrances ; une privation partielle ou complète d'aliments produirait sur lui des effets analogues, quoique moins prompts ; il en serait de même, du moins dans certains climats, de la privation de toute espèce de vêtements et d'abri... Pour se conserver, l'homme a donc besoin de s'approprier incessamment des choses de diverses espèces. Mais ces choses n'existent pas dans les mêmes proportions : quelques-unes, telles que la lumière des astres, l'air atmosphérique, l'eau renfermée dans le bassin des mers, existent en si grande quantité, que les hommes ne peuvent lui faire éprouver aucune augmentation ou aucune diminution sensible ; chacun peut s'en approprier autant que ses besoins en demandent sans nuire en rien aux jouissances des autres, sans leur causer le moindre préjudice. Les choses de cette classe sont en quelque sorte la propriété commune du genre humain ; le seul devoir qui soit imposé à chacun à cet égard, est de ne troubler en rien la jouissance des autres. »

Achevons J'énumération commencée par M. Ch. Comte. Un homme à qui il serait interdit de passer sur les grands chemins, de s'arrêter dans les champs, de se mettre à l'abri dans les cavernes, d'allumer du feu, de ramasser des baies sauvages, de cueillir des herbes et de les faire bouillir dans un morceau de terre cuite, cet homme-là ne pourrait vivre. Ainsi la terre, comme l'eau, l'air et la lumière, est un objet de première nécessité dont chacun doit user librement, sans nuire à la jouissance d'autrui ; pourquoi donc la terre est-elle appropriée ? La réponse de M. Ch. Comte est curieuse : Say prétendait tout à l'heure que c'est parce qu'elle n'est pas *fugitive* ; M. Ch. Comte assure que c'est parce qu'elle n'est pas *infinie*. La terre est chose limitée ; donc, suivant M. Ch. Comte, elle doit être chose appropriée. Il semble qu'il devait dire, au contraire : donc elle ne doit pas être chose appropriée. Car, que l'on s'approprie une quantité quelconque d'air ou de lumière, il n'en peut résulter de dommage pour personne, puisqu'il en reste toujours assez : quant au sol, c'est autre chose.

S'empare qui voudra ou qui pourra des rayons du soleil, de la brise qui passe et des vagues de la mer ; je le lui permets et lui pardonne son mauvais vouloir : mais qu'homme vivant prétende transformer son droit de possession territoriale en droit de propriété, je lui déclare la guerre et le combats à outrance.

L'argumentation de M. Ch. Comte prouve contre sa thèse. « Parmi les choses nécessaires à notre conservation, dit-il, il en est un certain nombre qui existent en si grande quantité qu'elles sont inépuisables ; d'autres, qui existent en quantité moins considérable et qui ne peuvent satisfaire les besoins que d'un certain nombre de personnes. Les unes sont dites *communes*, les autres *particulières*. »

Ce n'est point exactement raisonné : l'eau, l'air et la lumière sont choses communes, non parce que *inépuisables*, mais parce que *indispensables*, et tellement indispensables que c'est pour cela que la nature semble les avoir créées en quantité presque infinie, afin que leur immensité les préservât de toute appropriation. Pareillement la terre est chose indispensable à notre conservation, par conséquent chose commune, par conséquent chose non susceptible d'appropriation ; mais la terre est beaucoup moins étendue que les autres éléments, donc l'usage doit en être réglé, non au bénéfice de quelques-uns, mais dans l'intérêt et pour la sûreté de tous. En deux mots, l'égalité des droits est prouvée par l'égalité des besoins; or, l'égalité des droits, si la chose est limitée, ne peut être réalisée que par l'égalité de possession : c'est une loi agraire qui se trouve au fond des arguments de M. Ch. Comte.

De quelque côté que l'on envisage cette question de la propriété, dès qu'on veut approfondir, on arrive à l'égalité. je n'insisterai pas davantage sur la distinction des choses qui peuvent ou ne peuvent pas être appropriées ; à cet égard, économistes et jurisconsultes font assaut de niaiserie. Le Code civil, après avoir donné la définition de la propriété, se tait sur les choses susceptibles ou non susceptibles d'appropriation, et s'il parle de celles qui sont dans le commerce, c'est toujours sans rien déterminer et sans rien définir. Pourtant les lumières n'ont pas manqué ; ce sont des maximes triviales que celles-ci : *Ad reges potestas omnium pertinet, ad singulos proprietas. Omnia rex imperio possidet, singula dominio.* La souveraineté sociale opposée à la propriété individuelle! ne dirait-on pas une prophétie de l'égalité, un oracle républicain ? Les exemples mêmes se présentaient en foule ; autrefois les biens de l'Église, les domaines de la couronne, les fiefs de la noblesse étaient inaliénables et imprescriptibles. Si, au lieu d'abolir ce privilège, la Constituante l'avait étendu à chaque citoyen; si elle avait déclaré que le droit au travail, de même que la liberté, ne peut jamais se perdre, dès ce moment la révolution était consommée, nous n'aurions plus à faire qu'un travail de perfectionnement.

§ 2. - Le consentement universel ne justifie pas la propriété

Dans le texte de Say, rapporté plus haut, on n'aperçoit pas clairement si cet auteur fait dépendre le droit de propriété de la qualité non fugitive du sol, ou du consentement qu'il prétend avoir été donné par tous les hommes à cette appropriation. Telle est la construction de sa phrase, qu'elle présente également l'un ou l'autre sens, ou même tous les deux à la fois ; en sorte qu'on pourrait soutenir que l'auteur a voulu dire : Le droit de propriété résultant primitivement de l'exercice de la volonté, la fixité du sol lui donna occasion de s'appliquer à la terre, et le consentement universel a depuis sanctionné cette application.

Quoi qu'il en soit, les hommes pouvaient-ils légitimer la propriété par leur mutuel acquiescement ? je le nie. Un tel contrat eût-il pour rédacteurs Grotius, Montesquieu et J.-J. Rousseau, fût-il revêtu des signatures du genre humain, serait nul de plein droit, et l'acte qui en aurait été dressé, illégal. L'homme ne peut pas plus renoncer au travail qu'à la liberté ; or, reconnaître le droit de propriété territoriale, c'est renoncer au travail, puisque c'est en abdiquer le moyen, c'est transiger sur un droit naturel et se dépouiller de la qualité d'homme.

Mais je veux que ce consentement tacite, ou formel, dont on se prévaut, ait existé ; qu'en résulterait-il ? Apparemment que les renonciations ont été réciproques : on n'abandonne pas un droit sans obtenir en échange un équivalent. Nous retombons ainsi dans l'égalité, condition sine qua non de toute appropriation : en sorte qu'après avoir justifié la propriété par le consentement universel, c'est-à-dire par l'égalité, on est obligé de justifier l'inégalité des conditions par la propriété. jamais on ne sortira de ce diallèle. En effet, si, aux termes du pacte social, la propriété a pour condition l'égalité, du moment où cette égalité n'existe plus, le pacte est rompu et toute propriété devient usurpation. On ne gagne donc rien à ce prétendu consentement de tous les hommes.

§ 3. - *La prescription ne peut jamais être acquise à la propriété*

Le droit de propriété a été le commencement du mal sur la terre, le premier anneau de cette longue chaîne de crimes et de misères que le genre humain traîne dès sa naissance ; le mensonge des prescriptions est le charme funeste jeté sur les esprits, la parole de mort soufflée aux consciences pour arrêter le progrès de l'homme vers la vérité, et entretenir l'idolâtrie de l'erreur.

Le Code définit la prescription : « Un moyen d'acquérir et de se libérer par le laps du temps. » On peut, en appliquant cette définition aux idées et aux croyances, se servir du mot de prescription pour désigner cette faveur constante qui s'attache aux vieilles superstitions, quel qu'en soit l'objet ; cette opposition, souvent furieuse et sanglante, qui, à toutes les époques, accueille les lumières nouvelles et fait du sage un martyr. Pas un principe, pas une découverte, pas une pensée généreuse qui, à son entrée dans le monde, n'ait rencontré une digue formidable d'opinions acquises, et comme une conjuration de tous les anciens préjugés. Prescriptions contre la raison, prescriptions contre les faits, prescriptions contre toute vérité précédemment inconnue, voilà le sommaire de la philosophie du statu quo, et le symbole des conservateurs de tous les siècles.

Quand la réforme évangélique fut apportée au monde, il y avait prescription en faveur de la violence, de la débauche et de l'égoïsme ; quand Galilée, Descartes, Pascal et leurs disciples renouvelèrent la philosophie et les sciences, il y avait prescription pour la philosophie d'Aristote ; quand nos pères de 89 demandèrent la liberté et l'égalité, il y avait prescription pour la tyrannie et le privilège. « Il y a toujours eu des propriétaires, et il y en aura toujours » : c'est avec cette profonde maxime, dernier effort de l'égoïsme aux abois, que les docteurs de l'inégalité sociale croient répondre aux attaques de leurs adversaires, s'imaginant sans doute que les idées se prescrivent comme les propriétés.

Éclairés aujourd'hui par la marche triomphale des sciences, instruits par les plus glorieux succès à nous défier de nos. Opinions, nous accueillons avec faveur, avec applaudissement, l'observateur de la nature qui, à travers mille expériences, appuyé sur la plus profonde analyse, poursuit un principe nouveau, une loi jusqu'alors inaperçue. Nous n'avons garde de repousser aucune idée, aucun fait, sous prétexte que de plus habiles que nous ont existé jadis, et n'ont point remarqué les mêmes phénomènes, ni saisi les mêmes analogies. Pourquoi, dans les questions de politique et de philosophie, n'apportons-nous pas la même réserve ? Pourquoi cette ridicule manie d'affirmer que tout est dit, ce qui signifie que tout est connu dans les choses de l'intelligence et de la morale ? Pourquoi le proverbe Rien de nouveau sous le soleil semble-t-il exclusivement réservé aux recherches métaphysiques ?

Pierre-Joseph Proudhon

C'est, il faut le dire, que nous sommes encore à faire la philosophie avec notre imagination, au lieu de la faire avec l'observation et la méthode ; c'est que la fantaisie et la volonté étant prises partout pour arbitres à la place du raisonnement et des faits, il a été impossible jusqu'à ce jour de discerner le charlatan du philosophe, le savant de l'imposteur. Depuis Salomon et Pythagore, l'imagination s'est épuisée à deviner les lois sociales et psychologiques ; tous les systèmes ont été proposés : sous ce rapport il est probable que tout est dit, mais il n'est pas moins vrai que tout reste à savoir. En politique (pour ne citer ici que cette branche de la philosophie), en politique, chacun prend parti selon sa passion et son intérêt ; l'esprit se soumet à ce que la volonté lui impose ; il n'y a point de science, il n'y a pas même un commencement de certitude. Aussi l'ignorance générale produit-elle la tyrannie générale ; et, tandis que la liberté de la pensée est écrite dans la Charte, la servitude de la pensée, sous le nom de *prépondérance des majorités*, est décrétée par la Charte.

Pour m'en tenir à la prescription civile dont parle le Code, je n'entamerai pas une discussion sur cette fin de non-recevoir invoquée par les propriétaires ; ce serait par trop fastidieux et déclamatoire. Chacun sait qu'il est des droits qui ne se peuvent prescrire ; et, quant aux choses que l'on peut acquérir par le laps de temps, personne n'ignore que la prescription exige certaines conditions, dont une seule omise la rend nulle. S'il est vrai, par exemple, que la possession des propriétaires ait été *civile, publique, paisible* et *non interrompue*, il est vrai aussi qu'elle manque du juste titre, puisque les seuls titres qu'elle fasse valoir, l'occupation et le travail, prouvent autant pour le prolétaire demandeur que pour le propriétaire défendeur. De plus, cette même possession est privée de *bonne foi*, puisqu'elle a pour fondement une erreur de droit, et que l'erreur de droit empêche la prescription, d'après la maxime de Paul : *Nunquam in usucapionibus juris error possessori prodest.* Ici l'erreur de droit consiste, soit en ce que le détenteur possède à titre de propriété, tandis qu'il ne peut posséder qu'à titre d'usufruit; soit en ce qu'il aurait acheté une chose que personne n'avait droit d'aliéner ni de vendre.

Une autre raison pour laquelle la prescription ne peut être invoquée en faveur de la propriété, raison tirée du plus fin de la jurisprudence, c'est que le droit de possession immobilière fait partie d'un droit universel qui, aux époques les plus désastreuses de l'humanité, n'a jamais péri tout entier ; et qu'il suffit aux prolétaires de prouver qu'ils ont toujours exercé quelque partie de ce droit, pour être réintégrés dans la totalité. Celui, par exemple, qui a le droit universel de posséder, donner, échanger, prêter, louer, vendre, transformer ou détruire une chose, conserve ce droit tout entier par le seul acte de prêter, n'eût-il jamais autrement manifesté son domaine ; de même nous verrons que *l'égalité des biens, l'égalité des droits, la liberté, la volonté, la personnalité,* sont autant d'expressions identiques d'une seule et même chose, du *droit de conservation* et de *développement,* en un mot, du droit de vivre, contre lequel la prescription ne peut commencer à courir qu'après l'extermination des personnes.

Enfin, quant au temps requis pour prescrire, il serait superflu de montrer que le droit de propriété en général ne peut être acquis par aucune possession de dix, de vingt, de cent, de mille, de cent mille ans ; et que, tant qu'il restera une tête humaine capable de comprendre et de contester le droit de propriété, ce droit ne sera jamais prescrit. Car il n'en est pas d'un principe de jurisprudence, d'un axiome de la raison, comme d'un fait accidentel et contingent : la possession d'un homme peut prescrire contre la possession d'un autre homme ; mais, de même que le possesseur ne saurait prescrire contre lui-même, de même aussi la raison a toujours la faculté de se réviser et réformer ; l'erreur passée ne l'engage pas pour l'avenir. La raison est éternelle et toujours identique ; l'institution de la propriété, ouvrage de la raison ignorante, peut être abrogée par la raison mieux instruite : ainsi la propriété ne peut s'établir par la prescription. Tout cela est si solide et si vrai, que c'est précisément sur ces fondements que s'est établie la maxime, qu'en matière de prescription l'erreur du droit ne profite pas.

Mais je serais infidèle à ma méthode, et le lecteur serait en droit de m'accuser de charlatanisme et de mensonge, si je n'avais rien de mieux à lui dire touchant la prescription. J'ai fait voir précédemment que l'appropriation de la terre est illégale, et qu'en supposant qu'elle ne le fût pas, il ne s'ensuivrait qu'une chose, savoir, l'égalité des propriétés; j'ai montré, en second lieu, que le consentement universel ne prouve rien en faveur de la propriété, et que, s'il prouvait quelque chose, ce serait encore l'égalité des propriétés. Il me reste à démontrer que la prescription, si elle pouvait être admise, présupposerait l'égalité des propriétés.

Cette démonstration ne sera ni longue ni difficile : il suffira de rappeler les motifs qui ont fait introduire la prescription.

« La prescription, dit Dunod, semble répugner à l'équité naturelle, qui ne permet pas que l'on dépouille quelqu'un de son bien malgré lui et à son insu, et que l'un s'enrichisse de la perte de l'autre. Mais comme il arriverait souvent, si la prescription n'avait pas lieu, qu'un acquéreur de bonne foi serait évincé après une longue possession ; et que celui-là même qui aurait acquis du véritable maître, ou qui se serait affranchi d'une obligation par des voies légitimes, venant à perdre son titre, serait exposé à être dépossédé ou assujetti de nouveau, le bien public exigeait que l'on fixât un terme, après lequel il ne fût plus permis d'inquiéter les possesseurs et de rechercher des droits trop longtemps négligés... Le droit civil n'a donc fait que de perfectionner le droit naturel et de suppléer au droit des gens, par la manière dont il a réglé la prescription ; et comme elle est fondée sur le bien public, qui est toujours préférable à celui des particuliers, *bono publico usucapio introducta est*, elle doit être traitée favorablement quand elle se trouve accompagnée des conditions requises par la loi. »

Toullier, *Droit civil* : « Pour ne pas laisser la propriété des choses dans une trop longue incertitude, nuisible au bien public, en ce qu'elle troublerait la paix des familles et la stabilité des transactions sociales, les lois ont fixé un délai passé lequel elles refusent d'admettre la revendication, et rendent à la possession son antique prérogative en y réunissant la propriété. »

Cassiodore disait de la propriété, qu'elle est le seul port assuré au milieu des tempêtes de la chicane et des bouillonnements de la cupidité : *Hic unus inter humanas procellas portus, quem si homines fervida voluntate praeterierint ; in undosis semper jurgiis errabunt.*

Ainsi, d'après les auteurs, la prescription est un moyen d'ordre public, une restauration, en certains cas, du mode primitif d'acquérir une fiction de la loi civile, laquelle emprunte toute sa force de la nécessité de terminer des différends qui, autrement, ne pourraient être réglés. Car, comme dit Grotius le temps n'a par lui-même aucune vertu effective ; tout arrive dans le temps, mais rien ne se fait par le temps ; la prescription ou le droit d'acquérir par le laps du temps est donc une fiction de la loi, conventionnellement adoptée.

Mais toute propriété a nécessairement commencé par la prescription, ou, comme disaient les Latins, par l'usucapion, c'est-à-dire par la possession continue : je demande donc, en premier lieu, comment la possession peut devenir par le laps de temps propriété ? Rendez la possession aussi longue que vous voudrez ; entassez les ans et les siècles, vous ne ferez jamais que la durée, qui par elle-même ne crée rien, ne change rien, ne modifie rien, puisse métamorphoser l'usufruitier en propriétaire. Que la loi civile reconnaisse à un possesseur de bonne foi, établi depuis longues années dans sa jouissance, le droit de ne pouvoir être dépossédé par un survenant, elle ne fait en cela que confirmer un droit déjà respecté, et la prescription, appliquée de la sorte, signifie simplement que la possession commencée depuis vingt, trente ou cent ans, sera maintenue à l'occupant. Mais lorsque la loi déclare que le laps de temps change le possesseur en propriétaire, elle suppose qu'un droit peut être créé sans une cause qui le produise ; elle change la qualité du sujet sans motif ; elle statue sur ce qui n'est point en litige ; elle sort de ses attributions. L'ordre public et la sécurité des citoyens ne demandaient que la garantie des possessions ; pourquoi la loi a-t-elle créé des propriétés ? La prescription était comme une assurance de l'avenir ; pourquoi la loi en fait-elle un principe de privilège ?

Ainsi l'origine de la prescription est identique à celle de la propriété elle-même ; et puisque celle-ci n'a pu se légitimer que sous la condition formelle d'égalité, la prescription aussi est une des mille formes qu'a revêtues le besoin de conserver cette précieuse égalité. Et ceci n'est point une vaine induction, une conséquence tirée à perte de vue : la preuve en est écrite dans tous les codes. En effet, si tous les peuples ont reconnu, par un instinct de justice et de conservation, l'utilité et la nécessité de la prescription, et si leur dessein a été de veiller par là aux intérêts du possesseur, pouvaient-ils ne rien faire pour le citoyen absent, jeté loin de sa famille et de sa patrie par le commerce, la guerre ou la captivité, hors d'état d'exercer aucun acte de possession ? Non.

Aussi dans le temps même où la prescription s'introduisait dans les lois, on admettait que la propriété se conserve par la seule volonté, *nudo animo*. Or, si la propriété se conserve par la seule volonté, si elle ne peut se perdre que par le fait du propriétaire, comment la prescription peut-elle être utile ? comment la loi ose-t-elle présumer que le propriétaire, qui conserve par la seule intention, a eu l'intention d'abandonner ce qu'il a laissé prescrire ? quel laps de temps peut autoriser une pareille conjecture ? et de quel droit la loi punirait-elle l'absence du propriétaire en le dépouillant de son bien ? Quoi donc! nous avons trouvé tout à l'heure que la prescription et la propriété étaient choses identiques, et voilà que nous trouvons maintenant qu'elles sont choses qui s'entre-détruisent.

Grotius, qui sentait la difficulté, y répond d'une manière si singulière, qu'elle mérite d'être rapportée : *Bene sperandum de hominibus, ac propterea non putandum eos hoc esse animo ut, rei caducae causa, hominem alterum velint in perpetuo peccato versari, quod evitari sæpe non poterit sine tali derelictione* : « Où est l'homme, dit-il, à l'âme assez peu chrétienne, qui, pour une misère, voudrait éterniser le péché d'un possesseur, ce qui arriverait infailliblement, s'il ne consentait à faire abandon de son droit ? » Pardieu! je suis cet homme-là. Dussent un million de propriétaires brûler jusqu'au jugement, je leur mets sur la conscience la part qu'ils me ravissent dans les biens de ce monde. A cette considération puissante, Grotius en joint une autre : c'est qu'il est plus sûr d'abandonner un droit litigieux que de plaider, de troubler la paix des nations et d'attiser le feu de la guerre civile. J'accepte, si l'on veut, cette raison, pourvu que l'on m'indemnise ; mais, si cette indemnité m'est refusée, que m'importe à moi prolétaire le repos et la sécurité des riches ? je me soucie de l'ordre public comme du salut des propriétaires : je demande à vivre en travaillant, sinon le mourrai en combattant.

Dans quelques subtilités que l'on s'engage, la prescription est une contradiction de la propriété ; ou plutôt, la prescription et la propriété sont deux formes d'un seul et même principe, mais deux formes qui se servent réciproquement de correctif; et ce n'est pas une des moindres bévues de la jurisprudence ancienne et moderne d'avoir prétendu les accorder. En effet, si nous ne voyons dans l'établissement de la propriété, que le désir de garantir à chacun sa part au sol et son droit au travail ; dans la séparation de la nue-propriété d'avec la possession, qu'un asile ouvert aux absents, aux orphelins, à tous ceux qui ne peuvent connaître ou défendre leurs droits ; dans la prescription, qu'un moyen, soit de repousser les prétentions injustes et les envahissements, soit de terminer les différends que suscitent les transplantations de possesseurs, nous reconnaîtrons, dans ces formes diverses de la justice humaine, les efforts spontanés de la raison venant au secours de l'instinct social ; nous verrons, dans cette réserve de tous les droits, le sentiment de J'égalité, la tendance constante au nivellement. Et, faisant la part de la réflexion et du sens intime, nous trouverons, dans l'exagération même des principes, la confirmation de notre doctrine : puisque, si l'égalité des conditions et J'association universelle ne se sont pas plus tôt réalisées, c'est que le génie des législateurs et le faux savoir des juges devaient, pendant un temps, faire obstacle au bon sens populaire : et que, tandis qu'un éclair de vérité illuminait les sociétés primitives, les premières spéculations des chefs ne pouvaient enfanter que ténèbres.

Après les premières conventions, après les ébauches de lois et de constitutions, qui furent l'expression des premiers besoins, la mission des hommes de loi devait être de réformer ce qui, dans la législation, était mauvais ; de compléter ce qui restait défectueux ; de concilier, par de meilleures définitions, ce qui paraissait contradictoire : au lieu de cela, ils se sont arrêtés au sens littéral des lois, se contentant du rôle servile de commentateurs et de scoliastes. Prenant pour axiomes de l'éternelle et indéfectible vérité les inspirations d'une raison nécessairement faible et fautive, entraînés par l'opinion générale, subjugués par la religion des textes, ils ont toujours posé en principe, à l'instar des théologiens, que cela est infailliblement vrai, qui est admis universellement, partout et toujours, *quod ab omnibus, quod ubique, quod semper*, comme si une croyance générale, mais spontanée, prouvait autre chose qu'une apparence générale. Ne nous y trompons point : l'opinion de tous les peuples peut servir à constater l'aperception d'un fait, le sentiment vague d'une loi ; elle ne peut rien nous apprendre ni sur le fait ni sur la loi. Le consentement du genre humain est une indication de la nature, et non pas, comme l'a dit Cicéron, une loi de la nature. Sous l'apparence reste cachée la vérité, que la foi peut croire, mais que la réflexion seule peut connaître. Tel a été le progrès constant de l'esprit humain en tout ce qui concerne les phénomènes physiques et les créations du génie : comment en serait-il autrement des faits de conscience et des règles de nos actions ?

§ 4. - *Du travail. - Que le travail n'a par lui même, sur les choses de la nature, aucune puissance d'appropriation*

Nous allons démontrer, par les propres aphorismes de l'économie politique et du droit, c'est-à-dire par tout ce que la propriété peut objecter de plus spécieux :

1° Que le travail n'a par lui-même, sur les choses de la nature, aucune puissance d'appropriation ;

2° Qu'en reconnaissant toutefois cette puissance au travail, on est conduit à l'égalité des propriétés, quelles que soient, d'ailleurs, l'espèce du travail, la rareté du produit et l'inégalité des facultés productives ;

3° Que, dans l'ordre de la justice, le travail *détruit* la propriété.

À l'exemple de nos adversaires, et afin de ne laisser sur notre passage ni ronces ni épines, reprenons la question du plus haut qu'il est possible.

M. Ch. Comte, *Traité de la propriété* :

« La France, considérée comme nation, a un territoire qui lui est propre. »

La France, comme un seul homme, possède un territoire qu'elle exploite ; elle n'en est pas propriétaire. Il en est des nations entre elles comme des individus entre eux : elles sont usagères et travailleuses ; c'est par abus de langage qu'on leur attribue le domaine du sol. Le droit d'user et d'abuser n'appartient pas plus au peuple qu'à l'homme ; et viendra le temps où la guerre entreprise pour réprimer l'abus du sol chez une nation, sera une guerre sacrée.

Ainsi, M. Ch. Comte, qui entreprend d'expliquer comment la propriété se forme, et qui débute par supposer qu'une nation est propriétaire, tombe dans le sophisme appelé *pétition de principe*; dès ce moment, toute son argumentation est ruinée.

Si le lecteur trouvait que c'est pousser trop loin la logique que de contester à une nation la propriété de son territoire, je me bornerais à rappeler que du droit fictif de propriété nationale sont issus, à toutes les époques, les prétentions de suzeraineté, les tributs, régales, corvées, contingents d'hommes et d'argent, fournitures de marchandises, etc., et, par suite, les refus d'impôts, les insurrections, les guerres et les dépopulations.

« Il existe, au milieu de ce territoire, des espaces de terre fort étendus, qui n'ont pas été convertis en propriétés individuelles. Ces terres, qui consistent généralement en forêts, appartiennent à la masse de la population, et le gouvernement qui en perçoit les revenus les emploie ou doit les employer dans l'intérêt commun. »

Doit les employer est bien dit ; cela empêche de mentir.

« Qu'elles soient mises en vente... »

Pourquoi mises en vente ? Qui a droit de les vendre ? Quand même la nation serait propriétaire, la génération d'aujourd'hui peut-elle déposséder la génération de demain ? Le peuple possède à titre d'usufruit ; le gouvernement régit, surveille, protège, fait les actes de justice distributive ; s'il fait aussi des concessions de terrain, il ne peut concéder qu'à usage ; il n'a droit de vendre ni d'aliéner quoi que ce soit. N'ayant pas qualité de propriétaire, comment pourrait-il transmettre la propriété ?

« Qu'un homme industrieux en achète une partie, un vaste marais, par exemple : il n'y aura point ici d'usurpation, puisque le public en reçoit la valeur exacte par les mains de son gouvernement, et qu'il est aussi riche après la vente qu'il l'était auparavant.

Ceci devient dérisoire. Quoi! parce qu'un ministre prodigue, imprudent ou inhabile, vend les biens de l'État, sans que je puisse faire opposition à la vente, moi, pupille de l'État, moi qui n'ai voix consultative ni délibérative au conseil de l'État, cette vente sera bonne et légale ! Les tuteurs du peuple dissipent son patrimoine, et il n'a point de recours! - J'ai perçu, dites-vous, par les mains du gouvernement ma part du prix de la vente : mais d'abord je n'ai pas voulu vendre, et, quand je l'aurais voulu, je ne le pouvais pas, je n'en avais pas le droit. Et puis, je ne me suis point aperçu que cette vente m'ait profité. Mes tuteurs ont habillé quelques soldats, réparé une vieille citadelle, érigé à leur orgueil quelque coûteux et chétif monument ; puis ils ont tiré un feu d'artifice et dressé un mât de cocagne : qu'est-ce que cela, en comparaison de ce que je perds ?

L'acquéreur plante des bornes, se clot et dit : Ceci est à moi, chacun chez soi, chacun pour soi. Voici donc un espace de territoire sur lequel désormais nul n'a droit de poser le pied, si ce n'est le propriétaire et les amis du propriétaire ; qui ne peut profiter à personne, si ce n'est au propriétaire et à ses serviteurs. Que ces ventes se multiplient, et bientôt le peuple, qui n'a pu ni voulu vendre, qui n'a pas touché le prix de la vente, n'aura plus où se reposer, où s'abriter, où récolter : il ira mourir de faim à la porte du propriétaire, sur le bord de cette propriété qui fut son héritage ; et le propriétaire le voyant expirer dira

Ainsi périssent les fainéants et les lâches!

Pour faire accepter l'usurpation du propriétaire, M. Ch. Comte affecte de rabaisser la valeur des terres au moment de la vente.

« Il faut prendre garde de s'exagérer l'importance de ces usurpations : on doit les apprécier par le nombre d'hommes que faisaient vivre les terres occupées, et par les moyens qu'elles leur fournissaient. Il est évident, par exemple, que si l'étendue de terre qui vaut aujourd'hui mille francs ne valait que cinq centimes quand elle fut usurpée, il n'y a réellement que la valeur de cinq centimes de ravie. Une lieue carrée de terre suffirait à peine pour faire vivre un sauvage dans la détresse : elle assure aujourd'hui des moyens d'existence à mille personnes. Il y a neuf cent quatre-vingt-dix-neuf parties qui sont la propriété légitime des possesseurs ; il n'y a eu d'usurpation que pour un millième de la valeur. »

Un paysan s'accusait en confession d'avoir détruit un acte par lequel il se reconnaissait débiteur de cent écus. Le confesseur disait: Il faut rendre ces cent écus. - Non, répondit le paysan, je restituerai deux liards pour la feuille de papier.

Le raisonnement de M. Ch. Comte ressemble à la bonne foi de ce paysan. Le sol n'a pas seulement une valeur intégrante et actuelle, il a aussi une valeur de puissance et d'avenir, laquelle dépend de notre habileté à le faire valoir et à le mettre en oeuvre. Détruisez une lettre de change, un billet à ordre, un acte de constitution de rentes ; comme papier, vous détruisez une valeur presque nulle ; mais avec ce papier, vous détruisez votre titre, et, en perdant votre titre, vous vous dépouillez de votre bien. Détruisez la terre, ou ce qui revient au même pour vous, vendez-la : non seulement vous aliénez une, deux ou plusieurs récoltes, mais vous anéantissez tous les produits que vous pouviez en tirer, vous, vos enfants et les enfants de vos enfants.

Lorsque M. Ch. Comte, l'apôtre de la propriété et le panégyriste du travail, suppose une aliénation de territoire de la part du gouvernement, il ne faut pas croire qu'il fasse cette supposition sans motif et par surérogation ; il en avait besoin. Comme il repoussait le système d'occupation, et que d'ailleurs il savait que le travail ne fait pas le droit, sans la permission préalable d'occuper, il s'est vu forcé de rapporter cette permission à l'autorité du gouvernement, ce qui signifie que la propriété a pour principe la souveraineté du peuple, ou, en d'autres termes, le consentement universel. Nous avons discuté ce préjugé.

Dire que la propriété est fille du travail, puis donner au travail une concession pour moyen d'exercice, c'est bien, si je ne me trompe, former un cercle vicieux. Les contradictions vont venir.

« Un espace de terre déterminé ne peut produire des aliments que pour la consommation d'un homme pendant une journée : si le possesseur, par son travail, trouve moyen de lui en faire produire pour deux jours, il en double la valeur. Cette valeur nouvelle est son ouvrage, sa création ; elle n'est ravie à personne : c'est sa propriété. »

je soutiens que le possesseur est payé de sa peine et de son industrie par sa double récolte, mais qu'il n'acquiert aucun droit sur le fonds. Que le travailleur fasse les fruits siens, je l'accorde ; mais je ne comprends pas que la propriété des produits emporte celle de la matière. Le pêcheur, qui, sur la même côte, sait prendre plus de poisson que ses confrères, devient-il, par cette habileté, propriétaire des parages où il pêche ? L'adresse d'un chasseur fut-elle jamais regardée comme un titre de propriété sur le gibier d'un canton ? La parité est parfaite : le cultivateur diligent trouve dans une récolte abondante et de meilleure qualité la récompense de son industrie ; s'il a fait sur le sol des améliorations, il a droit à une préférence comme possesseur ; jamais, en aucune façon, il ne peut être admis à présenter son habileté de cultivateur comme un titre à la propriété du sol qu'il cultive,

Pour transformer la possession en propriété, il faut autre chose que le travail, sans quoi l'homme cesserait d'être propriétaire dès qu'il cesserait d'être travailleur ; or, ce qui fait la propriété, d'après la loi, c'est la possession immémoriale, incontestée, en un mot, la prescription; le travail n'est que le signe sensible, l'acte matériel par lequel l'occupation se manifeste. Si donc le cultivateur reste propriétaire après qu'il a cessé de travailler et de produire ; si sa possession, d'abord concédée, puis tolérée, devient à la fin inaliénable, c'est par le bénéfice de la loi civile et en vertu du principe d'occupation. Cela est tellement vrai, qu'il n'est pas un contrat de vente, pas un bail à ferme ou à loyer, pas une constitution de rente qui ne le suppose. Je n'en citerai qu'un exemple.

Comment évalue-t-on un immeuble ? par son produit. Si une terre rapporte 1 000 f, on dit qu'à 5 p. 100 cette terre vaut 20 000 f, à 4 p. 100, 25 000 f, etc. ; cela signifie, en d'autres termes, qu'après vingt ou vingt-cinq ans le prix de cette terre aura été remboursé à l'acquéreur. Si donc, après un laps de temps, le prix d'un immeuble est intégralement payé, pourquoi l'acquéreur continue-t-il à être propriétaire ? A cause du droit d'occupation, sans lequel toute vente serait un réméré.

Le système de l'appropriation par le travail est donc en contradiction avec le Code ; et lorsque les partisans de ce système prétendent s'en servir pour expliquer les lois, ils sont en contradiction avec eux-mêmes.

« Si des hommes parviennent à fertiliser une terre qui ne produisait rien, ou qui même était funeste, comme certains marais, ils créent par cela même la propriété tout entière. »

À quoi bon grossir l'expression et jouer aux équivoques, comme si l'on voulait faire prendre le change ? *Ils créent la propriété tout entière* ; vous voulez dire qu'ils créent une capacité productive, qui, auparavant, n'existait pas ; mais cette capacité ne peut être créée qu'à la condition d'une matière qui en est le soutien. La substance du sol reste la même ; il n'y a que ses qualités et modifications qui soient changées. L'homme a tout créé, tout, excepté la matière elle-même. Or, c'est de cette matière que je soutiens qu'il ne peut avoir que la possession et l'usage, sous la condition permanente du travail, lui abandonnant pour un moment la propriété des choses qu'il a produites.

Voici donc un premier point résolu : la propriété du produit, quand même elle serait accordée, n'emporte pas la propriété de l'instrument ; cela ne me semble pas avoir besoin d'une plus ample démonstration. Il y a identité entre le soldat possesseur de ses armes, le maçon possesseur des matériaux qu'on lui confie, le pêcheur possesseur des eaux, le chasseur possesseur des champs et des bois, et le cultivateur possesseur des terres tous seront, si l'on veut, propriétaires de leurs produits aucun n'est propriétaire de ses instruments. Le droit au produit est exclusif, *jus in re*; le droit à l'instrument est commun, *jus ad rem*.

§ 5. - *Que le travail conduit à l'égalité des propriétés.*

Accordons toutefois que le travail confère un droit de propriété sur la matière : pourquoi ce principe n'est-il pas universel ? Pourquoi le bénéfice de cette prétendue loi, restreint au petit nombre, est-il dénié à la foule des travailleurs ? Un philosophe, prétendant que tous les animaux naquirent autrefois de la terre échauffée par les rayons du soleil, à peu près comme des champignons, et à qui l'on demandait pourquoi la terre ne produit plus rien de la même manière : Parce qu'elle est vieille et qu'elle a perdu sa fécondité, répondit-il. Le travail, autrefois si fécond, serait-il pareillement devenu stérile ? Pourquoi le fermier n'acquiert-il plus, par le travail, cette terre que le travail acquit jadis au propriétaire ?

Pierre-Joseph Proudhon

C'est, dit-on, qu'elle se trouve déjà appropriée. Ce n'est pas répondre. Un domaine est affermé cinquante boisseaux par hectare ; le talent et le travail d'un fermier élèvent ce produit au double : ce surcroît est la création du fermier. Supposons que le maître, par une rare modération, n'aille pas jusqu'à s'emparer de ce produit en augmentant le fermage, et qu'il laisse le cultivateur jouir de ses œuvres, la justice n'est pas pour cela satisfaite. Le fermier, en améliorant le fonds, a créé une valeur nouvelle dans la propriété, donc il a droit à une portion de la propriété. Si le domaine valait primitivement 100 000 f, et que, par les travaux du fermier, il ait acquis une valeur de 150 000 f, le fermier, producteur de cette plus-value, est propriétaire légitime du tiers de ce domaine. M. Ch. Comte n'aurait pu s'inscrire en faux contre cette doctrine; car c'est lui qui a dit:

« Les hommes qui rendent la terre plus fertile ne sont pas moins utiles à leurs semblables que s'ils en créaient une nouvelle étendue. »

Pourquoi donc cette règle n'est-elle pas applicable à celui qui améliore, aussi bien qu'à celui qui défriche ? Par le travail du premier, la terre vaut 1 ; par le travail du second, elle vaut 2 ; de la part de l'un et de l'autre, il y a création de valeur égale : pourquoi n'accorderait-on pas à tous deux égalité de propriété ? À moins que l'on n'invoque de nouveau le droit de premier occupant, je défie qu'on oppose à cela rien de solide.

Mais, dira-t-on, quand on accorderait ce que vous demandez, on n'arriverait pas à une division beaucoup plus grande des propriétés. Les terres n'augmentent pas indéfiniment de valeur : après deux ou trois cultures, elles atteignent rapidement leur maximum de fécondité. Ce que l'art agronomique y ajoute, vient plutôt du progrès des sciences et de la diffusion des lumières, que de l'habileté des laboureurs. Ainsi, quelques travailleurs à réunir à la masse des propriétaires ne seraient pas un argument contre la propriété.

Ce serait en effet recueillir de ce débat un fruit bien maigre, si nos efforts n'aboutissaient qu'à étendre le privilège du sol et le monopole de l'industrie, en affranchissant seulement quelques centaines de travailleurs sur des millions de prolétaires ; mais ce serait aussi comprendre bien mal notre propre pensée, et faire preuve de peu d'intelligence et de logique.

Si le travailleur, qui ajoute à la valeur de la chose, a droit à la propriété, celui qui entretient cette valeur acquiert le même droit. Car, qu'est-ce qu'entretenir ? c'est ajouter sans cesse, c'est créer d'une manière continue. Qu'est-ce que cultiver ? c'est donner au sol sa valeur de chaque année ; c'est par une création, tous les ans renouvelée, empêcher que la valeur d'une terre ne diminue ou ne se détruise. Admettant donc la propriété comme rationnelle et légitime, admettant le fermage comme équitable et juste, je dis que celui qui cultive acquiert la propriété au même titre que celui qui défriche et que celui qui améliore ; et que chaque fois qu'un fermier paye sa rente, il obtient sur le champ confié à ses soins une fraction de propriété dont le dénominateur est égal à la quotité de cette rente. Sortez de là, vous tombez dans l'arbitraire et la tyrannie, vous reconnaissez des privilèges de castes, vous sanctionnez le servage.

Quiconque travaille devient propriétaire : ce fait ne peut être nié dans les principes actuels de l'économie politique et du droit. Et quand je dis propriétaire, je n'entends pas seulement, comme nos économistes hypocrites, propriétaire de ses appointements, de son salaire, de ses gages ; je veux dire propriétaire de la valeur qu'il crée, et dont le maître seul tire le bénéfice.

Comme tout ceci touche à la théorie des salaires et de la distribution des produits, et que cette matière n'a point encore été raisonnablement éclaircie, je demande permission d'y insister ; cette discussion ne sera pas inutile à la cause. Beaucoup de gens parlent d'admettre les ouvriers en participation des produits et des bénéfices ; mais cette participation que l'on demande pour eux est de pure bienfaisance ; on n'a jamais démontré, ni peut-être soupçonné, qu'elle fût un droit naturel, nécessaire, inhérent au travail, inséparable de la qualité de producteur jusque dans le dernier des manœuvres.

Voici ma proposition : *Le travailleur conserve, même après avoir reçu son salaire, un droit naturel de propriété sur la chose qu'il a produite.*
Je continue à citer M. Ch. Comte

Pierre-Joseph Proudhon

« Des ouvriers sont employés à dessécher ce marais, à en arracher les arbres et les broussailles, en un mot à nettoyer le sol : ils en accroissent la valeur, ils en font une propriété plus considérable ; la valeur qu'ils y ajoutent leur est payée par les aliments qui leur sont donnés et par le prix de leurs journées : elle devient la propriété du capitaliste. »

Ce prix ne suffit pas : le travail des ouvriers a créé une valeur ; or, cette valeur est leur propriété. Mais ils ne l'ont ni vendue, ni échangée ; et vous, capitaliste, vous ne l'avez point acquise. Que vous ayez un droit partiel sur le tout pour les fournitures que vous avez faites et les subsistances que vous avez procurées, rien n'est plus juste : vous avez contribué à la production, vous devez avoir part à la jouissance. Mais votre droit n'annihile pas celui des ouvriers, qui, malgré vous, ont été vos collègues dans l'œuvre de produire. Que parlez-vous de salaires ? L'argent dont vous payez les journées des travailleurs solderait à peine quelques années de la possession perpétuelle qu'ils vous abandonnent. Le salaire est la dépense qu'exige l'entretien et la réparation journalière du travailleur ; vous avez tort d'y voir le prix d'une vente. L'ouvrier n'a rien vendu : il ne connaît ni son droit, ni l'étendue de la cession qu'il vous a faite, ni le sens du contrat que vous prétendez avoir passé avec lui. De sa part, ignorance complète ; de la vôtre, erreur et surprise, si même on ne doit dire dol et fraude.

Rendons, par un autre exemple, tout ceci plus clair et d'une vérité plus frappante.

Personne n'ignore quelles difficultés rencontre la conversion d'une terre inculte en terre labourable et productive : ces difficultés sont telles que le plus souvent l'homme isolé périrait avant d'avoir pu mettre le sol en état de lui procurer la moindre subsistance. Il faut pour cela les efforts réunis et combinés de la société, et toutes les ressources de l'industrie. M. Ch. Comte cite à ce sujet des faits nombreux et authentiques, sans se douter un moment qu'il amoncelle des témoignages contre son propre système.

Supposons qu'une colonie de vingt ou trente familles s'établisse dans un canton sauvage, couvert de broussailles et de bois, et dont, par convention, les indigènes consentent à se retirer. Chacune de ces familles dispose d'un capital médiocre, mais suffisant, tel enfin qu'un colon peut le choisir : des animaux, des graines, des outils, un peu d'argent et des vivres. Le territoire partagé, chacun se loge de son mieux et se met à défricher le lot qui lui est échu. Mais, après quelques semaines de fatigues inouïes, de peines incroyables, de travaux ruineux et presque sans résultat, nos gens commencent à se plaindre du métier ; la condition leur paraît dure ; ils maudissent leur triste existence.

Tout à coup, l'un des plus avisés tue un porc, en sale une partie, et, résolu de sacrifier le reste de ses provisions, va trouver ses compagnons de misère. Amis, leur dit-il d'un ton plein de bienveillance, quelle peine vous prenez pour faire peu de besogne et pour vivre mal! Quinze jours de travail vous ont mis aux abois!... Faisons un marché dans lequel tout sera profit pour vous ; je vous offre la pitance et le vin; vous gagnerez par jour tant; nous travaillerons ensemble, et, vive Dieu! mes amis, nous serons joyeux et contents!

Croit-on que des estomacs délabrés résistent à une pareille harangue ? Les plus affamés suivent le perfide invitateur : on se met à l'œuvre : le charme de la société, l'émulation, la joie, l'assistance mutuelle doublent les forces ; le travail avance à vue d'œil ; on dompte la nature au milieu des chants et des ris ; en peu de temps le sol est métamorphosé ; la terre ameublie n'attend plus que la semence. Cela fait, le propriétaire paye ses ouvriers, qui en se retirant le remercient, et regrettent les jours heureux qu'ils ont passés avec lui.

D'autres suivent cet exemple, toujours avec le même succès ; puis, ceux-là installés, le reste se disperse : chacun retourne à son essart. Mais en essartant il faut vivre ; pendant qu'on défrichait pour le voisin, on ne défrichait pas pour soi : une année est déjà perdue pour les semailles et la moisson. L'on avait compté qu'en louant sa main-d'œuvre on ne pouvait que gagner, puisqu'on épargnerait ses propres provisions, et qu'en vivant mieux, on aurait encore de l'argent. Faux calcul! on a créé pour un autre un instrument de production, et l'on n'a rien créé pour soi les difficultés du défrichement sont restées les mêmes les vêtements s'usent, les provisions s'épuisent, bientôt la bourse se vide au profit du particulier pour qui l'on a travaillé, et qui seul peut fournir les denrées dont on manque, puisque lui seul est en train de culture. Puis, quand le pauvre défricheur est à bout de ressources, semblable à l'ogre de la fable, qui flaire de loin sa victime, l'homme à la pitance se représente ; il offre à celui-ci de le reprendre à la journée, à celui-là de lui acheter, moyennant bon prix, un morceau de ce mauvais terrain dont il ne fait rien, ne fera jamais rien ; c'est-à-dire qu'il fait exploiter pour son propre compte le champ de l'un par l'autre ; si bien qu'après une vingtaine d'années, de trente particuliers primitivement égaux en fortune, cinq ou six seront devenus propriétaires de tout le canton, les autres auront été dépossédés philanthropiquement.

Dans ce siècle de moralité bourgeoise où j'ai eu le bonheur de naître, le sens moral est tellement affaibli, que je ne serais point du tout étonné de m'entendre demander par maint honnête propriétaire, ce que je trouve à tout cela d'injuste et d'illégitime. Ame de boue! cadavre galvanisé! comment espérer de vous convaincre si le vol en action ne vous semble pas manifeste ? Un homme, par douces et insinuantes paroles, trouve le secret de faire contribuer les autres à son établissement ; puis, une fois enrichi par le commun effort, il refuse, aux mêmes conditions qu'il a lui-même dictées, de procurer le bien-être de ceux qui firent sa fortune: et vous demandez ce qu'une pareille conduite a de frauduleux! Sous prétexte qu'il a payé ses ouvriers, qu'il ne leur doit plus rien, qu'il n'a que faire de se mettre au service d'autrui, tandis que ses propres occupations le réclament, il refuse, dis-je, d'aider les autres dans leur établissement, comme ils l'ont aidé dans le sien ; et lorsque, dans l'impuissance de leur isolement, ces travailleurs délaissés tombent dans la nécessité de faire argent de leur héritage, lui, ce propriétaire ingrat, ce fourbe parvenu, se trouve prêt à consommer leur spoliation et leur ruine. Et vous trouvez cela juste! prenez garde, je lis dans vos regards surpris le reproche d'une conscience coupable bien plus que le naïf étonnement d'une involontaire ignorance.

Le capitaliste, dit-on, a payé *les journées* des ouvriers pour être exact, il faut dire que le capitaliste a payé autant de fois *une journée* qu'il a employé d'ouvriers chaque jour, ce qui n'est point du tout la même chose. Car, cette force immense qui résulte de l'union et de l'harmonie des travailleurs, de la convergence et de la simultanéité de leurs efforts, il ne l'a point payée. Deux cents grenadiers ont en quelques heures dressé l'obélisque de Luqsor sur sa base; suppose-t-on qu'un seul homme, en deux cents jours, en serait venu à bout ? Cependant, au compte du capitaliste, la somme des salaires eût été la même. Eh bien, un désert à mettre en culture, une maison à bâtir, une manufacture à exploiter, c'est l'obélisque à soulever, c'est une montagne à changer de place. La plus petite fortune, le plus mince établissement, la mise en train de la plus chétive industrie, exige un concours de travaux et de talents si divers, que le même homme n'y suffirait jamais. Il est étonnant que les économistes ne l'aient pas remarqué. Faisons donc la balance de ce que le capitaliste a reçu et de ce qu'il a payé.

Il faut au travailleur un salaire qui le fasse vivre pendant qu'il travaille, car il ne produit qu'en consommant. Quiconque occupe un homme lui doit nourriture et entretien, ou salaire équivalent. C'est la première part à faire dans toute production. J'accorde, pour le moment, qu'à cet égard le capitaliste se soit dûment acquitté.

Il faut que le travailleur, outre sa subsistance actuelle, trouve dans sa production une garantie de sa subsistance future, sous peine de voir la source du produit tarir, et sa capacité productive devenir nulle ; en d'autres termes il faut que le travail à faire renaisse perpétuellement du travail accompli : telle est la loi universelle de reproduction. C'est ainsi que le cultivateur propriétaire trouve : 1° dans ses récoltes, les moyens non seulement de vivre lui et sa famille, mais d'entretenir et d'améliorer son capital, d'élever des bestiaux, en un mot de travailler encore et de reproduire toujours ; 2° dans la propriété d'un instrument productif, l'assurance permanente d'un fonds d'exploitation et de travail.

Quel est le fonds d'exploitation de celui qui loue ses services ? le besoin présumé que le propriétaire a de lui, et la volonté qu'il lui suppose gratuitement de l'occuper. Comme autrefois le roturier tenait sa terre de la munificence et du bon plaisir du seigneur, de même aujourd'hui l'ouvrier tient son travail du bon plaisir et des besoins du maître et du propriétaire: c'est ce qu'on nomme posséder à titre précaire [1]. Mais cette condition précaire est une injustice, car elle implique inégalité dans le

---

1 Précaire, de precor, je prie, parce que l'acte de concession marquait expressément que le seigneur avait concédé aux prières de ses hommes ou serfs la permission de travailler.

Pierre-Joseph Proudhon

marché. Le salaire du travailleur ne dépasse guère sa consommation courante et ne lui assure pas le salaire du lendemain, tandis que le capitaliste trouve dans l'instrument produit par le travailleur un gage d'indépendance et de sécurité pour l'avenir.

Or, ce ferment reproducteur, ce germe éternel de vie, cette préparation d'un fonds et d'instruments de production, est ce que le capitaliste doit au producteur, et qu'il ne lui rend jamais : et c'est cette dénégation frauduleuse qui fait l'indigence du travailleur, le luxe de l'oisif et l'inégalité des conditions. C'est en cela surtout que consiste ce que l'on a si bien nommé exploitation de l'homme par l'homme.

De trois choses l'une, ou le travailleur aura part à la chose qu'il produit avec un chef, déduction faite de tous les salaires, ou le chef rendra au travailleur un équivalent de services productifs, 1 ou bien enfin il s'obligera à le faire travailler toujours. Partage du produit, réciprocité de services, ou garantie d'un travail perpétuel, le capitaliste ne saurait échapper à cette alternative. Mais il est évident qu'il ne peut satisfaire à la seconde et à la troisième de ces conditions : il ne peut ni se mettre au service de ces milliers d'ouvriers, qui, directement ou indirectement, lui ont procuré son établissement ; ni les occuper tous et toujours. Reste donc le partage de la propriété. Mais si la propriété est partagée, toutes les conditions seront égales ; il n'y aura plus ni grands capitalistes ni grands propriétaires.

Lors donc que M. Ch. Comte, poursuivant son hypothèse, nous montre son capitaliste acquérant successivement la propriété de toutes les choses qu'il paye, il s'enfonce de plus en plus dans son déplorable paralogisme ; et comme son argumentation ne change pas, notre réponse revient toujours.

« D'autres ouvriers sont employés à construire des bâtiments ; les uns tirent la pierre de la carrière, les autres la transportent, d'autres la taillent, d'autres la mettent en place. Chacun d'eux ajoute à la matière qui lui passe entre les mains une certaine valeur, et cette valeur, produit de son travail, est sa propriété. Il la vend, à mesure qu'il la forme, au propriétaire du fonds, qui lui en paye le prix en aliments et en salaires. »

Divide et impera : *divise*, et tu régneras ; divise, et tu deviendras riche ; divise, et tu tromperas les hommes, et tu éblouiras leur raison, et tu te moqueras de la justice. Séparez les travailleurs l'un de l'autre, il se peut que la journée payée à chacun surpasse la valeur de chaque produit individuel : mais ce n'est pas de cela qu'il s'agit. Une force de mille hommes agissant pendant vingt jours a été payée comme la force d'un seul le serait pour cinquante-cinq années ; mais cette force de mille a fait en vingt jours ce que la force d'un seul, répétant son effort pendant un million de siècles, n'accomplirait pas : le marché est-il équitable ? Encore une fois, non : lorsque vous avez payé toutes les forces individuelles, vous n'avez pas payé la force collective ; par conséquent, il reste toujours un droit de propriété collective que vous n'avez point acquis, et dont vous jouissez injustement.

Je veux qu'un salaire de vingt jours suffise à cette multitude pour se nourrir, se loger, se vêtir pendant vingt jours : le travail cessant après ce terme expiré, que deviendra-t-elle, si, à mesure qu'elle crée, elle abandonne ses ouvrages à des propriétaires qui bientôt la délaisseront ? Tandis que le propriétaire, solidement affermi, grâce au concours de tous les travailleurs, vit en sécurité et ne craint plus que le travail ni le pain lui manquent, l'ouvrier n'a d'espoir qu'en la bienveillance de ce même propriétaire, auquel il a vendu et inféodé sa liberté. Si donc le propriétaire, se retranchant dans sa suffisance et dans son droit, refuse d'occuper l'ouvrier, comment l'ouvrier pourra-t-il vivre ? Il aura préparé un excellent terrain, et il n'y sèmera pas ; il aura bâti une maison commode et splendide, et il n'y logera pas ; il aura produit de tout, et il ne jouira de rien.

Nous marchons par le travail à l'égalité ; chaque pas que nous faisons nous en approche davantage ; et si la force, la diligence, l'industrie des travailleurs étaient égales, il est évident que les fortunes le seraient pareillement. En effet, si, comme on le prétend et comme nous l'avons accordé, le travailleur est propriétaire de la valeur qu'il crée, il s'ensuit :

1° Que le travailleur acquiert aux dépens du propriétaire oisif ;

2° Que toute production étant nécessairement collective, l'ouvrier a droit, dans la proportion de son travail, à la participation des produits et des bénéfices ;

3° Que tout capital accumulé étant une propriété sociale, nul n'en peut avoir la propriété exclusive.

Ces conséquences sont irréfragables ; seules elles suffiraient pour bouleverser toute notre économie, et changer nos institutions et nos lois. Pourquoi ceux-là mêmes qui ont posé le principe refusent-ils maintenant de le suivre ? Pourquoi les Say, les Comte, les Hennequin et autres, après avoir dit que la propriété vient du travail, cherchent-ils ensuite à l'immobiliser par l'occupation et la prescription ?

Mais abandonnons ces sophistes à leurs contradictions et à leur aveuglement ; le bon sens populaire fera justice de leurs équivoques. Hâtons-nous de l'éclairer et de lui montrer le chemin. L'égalité approche; déjà nous n'en sommes séparés que par un court intervalle, demain cet intervalle sera franchi.

§ 6. - Que dans la société tous les salaires sont égaux

Lorsque les saint-simoniens, les fouriéristes, et en général tous ceux qui, de nos jours, se mêlent d'économie sociale et de réforme, inscrivent sur leur drapeau :

À chacun selon sa capacité, à chaque capacité selon ses oeuvres. (SAINT-SIMON.)

À chacun selon son capital, son travail et son talent. (FOURIER.)

Ils entendent, bien qu'ils ne le disent pas d'une manière aussi formelle, que les produits de la nature sollicitée par le travail et l'industrie sont une récompense, une palme, une couronne proposée à toutes les sortes de prééminences et de supériorités ; ils regardent la terre comme une lice immense, dans laquelle les prix sont disputés, non plus, il est vrai, à coup de lances et d'épées, par la force et la trahison, mais par la richesse acquise, par la science, le talent, la vertu même. En un mot, ils entendent, et tout le monde comprend avec eux, qu'à la plus grande capacité la plus grande rétribution est due, et pour me servir de ce style marchand, mais qui a le mérite de n'être pas équivoque, que les *appointements* doivent être proportionnés à l'œuvre et à la capacité.

Les disciples des deux prétendus réformateurs ne peuvent nier que telle ne soit leur pensée, car ils se mettraient par là en contradiction avec leurs interprétations officielles et briseraient l'unité de leurs systèmes. Au reste, une semblable dénégation de leur part n'est point à craindre : les deux sectes se font gloire de poser en principe l'inégalité des conditions, d'après les analogies de la nature qui, disent-elles, a voulu elle-même l'inégalité des capacités ; elles ne se flattent que d'une chose, c'est de faire si bien, par leur organisation politique, que les inégalités sociales soient toujours d'accord avec les inégalités naturelles. Quant à la question de savoir si l'inégalité des conditions, je veux dire des appointements, est possible, elles ne s'en inquiètent non plus que de fixer la métrique des capacités [1].

> À chacun selon sa capacité, à chaque capacité selon ses oeuvres.
>
> À chacun selon son capital, son travail et son talent.

Depuis que Saint-Simon est mort, et que Fourier se divise, personne, parmi leurs nombreux adeptes, n'a essayé de donner au public une démonstration scientifique de cette grande maxime ; et je gagerais cent contre un qu'aucun fouriériste ne se doute seulement que cet aphorisme biforme soit susceptible de deux interprétations différentes.

> À chacun selon sa capacité, à chaque capacité selon ses oeuvres.
>
> À chacun selon son capital, son travail et son

---

1 D'après Saint-Simon le prêtre saint-simonien devait déterminer la capacité de chacun en vertu de son infaillibilité pontificale, imitation de l'Église romaine; d'après Fourier, les rangs et les mérites seraient désignés par le vote et l'élection, imitation du régime constitutionnel. Évidemment le grand homme s'est moqué du lecteur ; il n'a pas voulu dire son secret.

Pierre-Joseph Proudhon

talent.

Cette proposition, prise, comme l'on dit, *in sensu obvio*, apparent et vulgaire, est fausse, absurde, injuste, contradictoire, hostile à la liberté, fautrice de tyrannie, antisociale, et conçue fatalement sous l'influence catégorique du préjugé propriétaire.

Et d'abord le *capital* doit être rayé des éléments de la rétribution. Les fouriéristes, autant que j'ai pu m'en instruire par quelques-unes de leurs brochures, nient le droit d'occupation et ne reconnaissent d'autre principe de propriété que le travail : avec une semblable prémisse, ils auraient compris, s'ils avaient raisonné, qu'un capital ne produit à son propriétaire qu'en vertu du droit d'occupation, partant que cette production est illégitime. En effet, si le travail est le seul principe de la propriété, je cesse d'être propriétaire de mon champ à mesure qu'un autre exploitant m'en paye un fermage : nous l'avons invinciblement démontré : or, il en est de même de tous les capitaux; en sorte que placer un capital dans une entreprise, c'est, selon la rigueur du droit, échanger ce capital contre une somme équivalente de produits. je ne rentrerai pas dans cette discussion désormais inutile, me proposant d'ailleurs de traiter à fond, au chapitre suivant, de ce qu'on appelle *produire par un capital*.

Ainsi le capital peut être échangé ; il ne peut être une source de revenu.

Restent le *travail* et le *talent*, ou, comme dit Saint-Simon, *les oeuvres* et *les capacités*. Je vais les examiner l'un après l'autre.

Les appointements doivent-ils être proportionnés au travail ? En d'autres termes, est-il juste que qui plus fait, plus obtienne ? je conjure le lecteur de redoubler ici d'attention.

Pour trancher d'un seul coup le problème, il suffit de se poser la question suivante : Le travail est-il *une condition* ou *un combat* ? La réponse ne me semble pas douteuse.

Dieu a dit à l'homme : *Tu mangeras ton pain à la sueur de ton visage,* c'est-à-dire: Tu produiras toi-même ton pain: avec plus ou moins de plaisir, selon que tu sauras diriger et combiner tes efforts, tu travailleras. Dieu n'a pas dit : Tu disputeras ton pain à ton prochain; mais: Tu travailleras à côté de ton prochain, et tous deux vous vivrez en paix. Développons le sens de cette loi, dont l'extrême simplicité pourrait prêter à l'équivoque.

Il faut distinguer dans le travail deux choses, *l'association* et la *matière exploitable.*

En tant qu'associés les travailleurs sont égaux, et il implique contradiction que l'un soit payé plus que l'autre : car le produit d'un travailleur ne pouvant être payé qu'avec le produit d'un autre travailleur, si les deux produits sont inégaux, le reste, ou la différence du plus grand au plus petit, ne sera pas acquis par la société, par conséquent n'étant pas échangé n'affectera point l'égalité des salaires. Il en résultera, si l'on veut, pour le plus fort travailleur, une inégalité naturelle, mais non une inégalité sociale, personne n'ayant souffert de sa force et de son énergie productive. En un mot, la société n'échange que des produits égaux, c'est-à-dire ne paye que les travaux qui sont faits pour elle ; par conséquent, elle paye également tous les travailleurs : ce qu'ils pourraient produire hors de son sein ne la touche pas plus que la différence de leurs voix et de leurs chevelures.

Il semble que je vienne de poser moi-même le principe de l'inégalité : c'est tout le contraire. La somme des travaux qui peuvent être faits pour la société, c'est-à-dire des travaux susceptibles d'échange, étant, sur un fonds d'exploitation donné, d'autant plus grande que les travailleurs sont plus multipliés, et que la tâche laissée à chacun est plus réduite, il s'en suit que l'inégalité naturelle se neutralise à mesure que l'association s'étend, et qu'une plus grande quantité de valeurs consommables sont produites socialement : en sorte que, dans la société, la seule chose qui pût ramener l'inégalité du travail, serait le droit d'occupation, le droit de propriété.

Or, supposons que cette tâche sociale journalière, évaluée en labour, sarclage, moisson, etc., soit de deux décamètres carrés, et que la moyenne de temps nécessaire pour s'en acquitter soit de sept heures :

tel travailleur aura fini en six heures, tel autre en huit heures seulement ; le plus grand nombre en emploiera sept : mais pourvu que chacun fournisse la quantité de travail demandé, quel que soit le temps qu'il y emploie, il a droit à l'égalité de salaire.

Le travailleur, capable de fournir sa tâche en six heures, aura-t-il le droit, sous prétexte de sa force et de son activité plus grande, d'usurper la tâche du travailleur le moins habile, et de lui ravir ainsi le travail et le pain ? Qui oserait le soutenir ? Que celui qui finit avant les autres se repose, s'il veut ; qu'il se livre, pour l'entretien de ses forces et la culture de son esprit, pour l'agrément de sa vie, à des exercices et à des travaux utiles ; il le peut sans nuire à personne : mais qu'il garde ses services intéressés. La vigueur, le génie, la diligence, et tous les avantages personnels qui en résultent, sont le fait de la nature, et jusqu'à certain point de l'individu : la société en fait l'estime qu'ils méritent ; mais le loyer qu'elle leur accorde est proportionné, non à ce qu'ils peuvent, mais à ce qu'ils produisent. Or, le produit de chacun est limité par le droit de tous.

Si l'étendue du sol était infinie, et la quantité de matières à exploiter inépuisable, on ne pourrait pas encore exploiter cette maxime: *A chacun selon son travail* ; et pourquoi ? parce qu'encore une fois la société, quel que soit le nombre des sujets qui la composent, ne peut leur donner à tous que le même salaire, puisqu'elle ne les paye qu'avec leurs propres produits. Seulement, dans l'hypothèse que nous venons de faire, rien ne pouvant empêcher les forts d'user de tous leurs avantages, on verrait, au sein même de l'égalité sociale, renaître les inconvénients de l'inégalité naturelle. Mais la terre, eu égard à la force productrice de ses habitants et à leur puissance de multiplication, est très bornée ; de plus, par l'immense variété des produits et l'extrême division du travail, la tâche sociale est facile à remplir ; or, par cette limitation des choses productibles et par la facilité de les produire, la loi d'égalité absolue nous est donnée.

Oui, la vie est un combat : mais ce combat n'est point de l'homme contre l'homme, il est de l'homme contre la nature, et chacun de nous doit y payer de sa personne. Si, dans le combat, le fort vient au secours du faible, sa bienfaisance mérite louange et amour; mais son aide doit être librement acceptée, non imposée par force et mise à prix. Pour tous la carrière est la même, ni trop longue ni trop difficile : quiconque la fournit trouve sa récompense au but ; il n'est pas nécessaire d'arriver le premier.

Dans l'imprimerie, où les travailleurs sont d'ordinaire à leurs pièces, l'ouvrier compositeur reçoit tant par mille de lettres composées, le pressier tant par mille de feuilles imprimées. Là, comme ailleurs, on rencontre des inégalités de talent et d'habileté. Lorsqu'on ne redoute pas la *calence*, c'est-à-dire le chômage, que le tirage et la lettre ne manquent pas, chacun est libre de s'abandonner à son ardeur, et de déployer la puissance de ses facultés : alors celui qui fait plus gagne plus, celui qui fait moins gagne moins. L'ouvrage commence-t-il à devenir rare, compositeurs et pressiers se partagent le labeur ; tout accapareur est détesté à l'égal d'un voleur et d'un traître.

Il y a, dans cette conduite des imprimeurs, une philosophie à laquelle ni économistes ni gens de loi ne s'élevèrent jamais. Si nos législateurs avaient introduit dans leurs codes le principe de justice distributive qui gouverne les imprimeries ; s'ils avaient observé les instincts populaires, non pour les imiter servilement, mais pour les réformer et les généraliser, depuis longtemps la liberté et l'égalité seraient assises sur une indestructible base, et l'on ne disputerait plus sur le droit de propriété et sur la nécessité des distinctions sociales.

On a calculé que si le travail était réparti selon le nombre des individus valides, la durée moyenne de la tâche journalière, en France, ne dépasserait pas cinq heures. De quel front, après cela, ose-t-on parler de l'inégalité des travailleurs ? C'est le *travail* de Robert-Macaire qui fait l'inégalité.

Le principe: *À chacun selon son travail*, interprété dans le sens de: *Qui plus travaille, plus doit recevoir*, suppose donc deux faits évidemment faux : l'un d'économie, savoir, que dans un travail de société les tâches peuvent n'être pas égales; le second de physique, savoir, que la quantité des choses productibles est illimitée.

Mais, dira-t-on, s'il se trouve des gens qui ne veuillent faire que la moitié de leur tâche ?... Vous voilà bien embarrassé ? C'est qu'apparemment la moitié du salaire leur suffit. Rétribués selon le travail qu'ils auront fourni, de quoi se plaindraient-ils ? et quel tort feront-ils aux autres ? Dans ce sens, il est juste d'appliquer le proverbe: *À chacun selon ses oeuvres* ; c'est la loi de l'égalité même.

Au reste, une foule de difficultés, toutes relatives à la police et à l'organisation de l'industrie, peuvent être ici soulevées : je répondrai à toutes par ce seul mot, c'est qu'elles doivent toutes être résolues d'après le principe de l'égalité. Ainsi, pourrait-on observer, il est telle tâche qui ne peut être différée sans que la production soit compromise : la société devra-t-elle alors pâtir de la négligence de quelques-uns, et, par respect pour le droit au travail, n'osera-t-elle assurer de ses propres mains le produit qu'on lui refuse ? En ce cas, à qui appartiendra le salaire ?

A la société, qui exécutera le travail en souffrance soit par elle-même, soit par délégation, mais toujours de manière à ce que l'égalité générale ne soit jamais violée, et que le paresseux soit seul puni de sa paresse. Au surplus, si la société ne peut user d'une excessive sévérité envers les retardataires, elle a droit, dans l'intérêt de sa propre subsistance, de surveiller les abus.

Il faut, ajoutera-t-on, dans toute industrie, des conducteurs, des instituteurs, des surveillants, etc. Ceux-là seront-ils à la tâche ? - Non, puisque leur tâche est de conduire, de surveiller et d'instruire. Mais ils doivent être choisis entre les travailleurs par les travailleurs eux-mêmes et remplir les conditions d'éligibilité. Il en est de même de toute fonction publique, soit d'administration, soit d'enseignement.

Donc, article premier du règlement universel :

La quantité limitée de la matière exploitable démontre la nécessité de diviser le travail par le nombre des travailleurs : la capacité donnée à tous d'accomplir une tâche sociale, c'est-à-dire une tâche égale, et l'impossibilité de payer un travailleur autrement que par le produit d'un autre, justifient l'égalité des émoluments.

§ 7. - Que l'inégalité des facultés est la condition nécessaire de l'égalité des fortunes

On objecte, et cette objection forme la seconde partie de l'adage saint-simonien, et la troisième du fouriériste :

Tous les travaux à exécuter ne sont pas également faciles : il en est qui exigent une grande supériorité de talent et d'intelligence, et dont cette supériorité même fait le prix. L'artiste, le savant, le poète, l'homme d'État, ne sont estimés qu'à raison de leur excellence, et cette excellence détruit toute parité entre eux et les autres hommes : devant ces sommités de la science et du génie disparaît la loi d'égalité. Or, si l'égalité n'est absolue, elle n'est pas ; du poète, nous descendrons au romancier ; du sculpteur, au tailleur de pierres ; de l'architecte, au maçon ; du chimiste, au cuisinier, etc. Les capacités se classent et se subdivisent en ordres, en genres et en espèces; les extrêmes du talent se lient par d'autres talents intermédiaires ; l'humanité présente une vaste hiérarchie, dans laquelle l'individu s'estime par comparaison, et trouve son prix dans la valeur d'opinion de ce qu'il produit.

Cette objection a de tout temps paru formidable : c'est la pierre d'achoppement des économistes, aussi bien que des partisans de l'égalité. Elle a induit les premiers dans d'énormes erreurs et fait débiter aux autres d'incroyables pauvretés. Gracchus Babeuf voulait que toute supériorité fût *réprimée sévèrement*, et même *poursuivie comme un fléau social*; pour asseoir l'édifice de sa communauté, il rabaissait tous les citoyens à la taille du plus petit. On a vu des électeurs ignorants repousser l'inégalité de la science, et je ne serais point surpris que d'autres s'insurgeassent un jour contre l'inégalité des vertus. Aristote fut banni, Socrate but la ciguë, Épaminondas fut cité en jugement, pour avoir été trouvés supérieurs par la raison et la vertu par des démagogues crapuleux et imbéciles. De pareilles folies se renouvelleront, tant qu'à une populace aveugle et opprimée par la richesse, l'inégalité des fortunes donnera lieu de craindre l'élévation de nouveaux tyrans.

Rien ne semble plus monstrueux que ce que l'on regarde de trop près : rien n'est souvent moins vraisemblable que le vrai. D'autre part, selon J.-J. Rousseau, « il faut beau coup de philosophie pour savoir observer une fois ce que l'on voit tous les jours»; et, selon d'Alembert, « le vrai qui semble se montrer de toutes parts aux hommes, ne les frappe guère, à moins qu'ils n'en soient avertis ». Le patriarche des économistes, Say, à qui j'emprunte ces deux citations, aurait pu en faire son profit; mais tel qui rit des aveugles devrait porter bésicles, et tel qui le remarque est atteint de myopie.

Chose singulière! ce qui a tant effarouché les esprits, n'est pas une objection ; c'est la condition de l'égalité!...

L'inégalité de nature, condition de l'égalité des fortunes !... quel paradoxe! - je répète mon assertion, afin qu'on ne pense pas que je me méprenne : l'inégalité des facultés est la condition *sine qua non* de l'égalité des fortunes.

Il faut distinguer dans la société deux choses : les **fonctions** et les **rapports**.

I- Fonctions.

Tout travailleur est censé capable de l'œuvre dont il est chargé, ou, pour m'exprimer comme le vulgaire, tout artisan doit connaître son métier. L'ouvrier, suffisant à son ouvrage, il y a équation entre le fonctionnaire et la fonction.

Dans une société d'hommes, les fonctions ne se ressemblent pas : il doit donc exister des capacités différentes. De plus, certaines fonctions exigent une intelligence et des facultés plus grandes ; il existe donc des sujets d'un esprit et d'un talent supérieur. Car l'œuvre à accomplir amène nécessairement l'ouvrier : le besoin donne l'idée, et c'est l'idée qui fait le producteur. Nous ne savons que ce que l'excitation de nos sens nous fait désirer, et que notre intelligence se demande ; nous ne désirons vivement que ce que nous concevons bien ; et mieux nous concevons, plus nous sommes capables de produire.

Ainsi les fonctions étant données par les besoins, les besoins par les désirs, et les désirs par la perception spontanée, par l'imagination, la même intelligence qui imagine peut aussi produire ; par conséquent, nul travail à faire n'est supérieur à l'ouvrier. En un mot, si la fonction appelle le fonctionnaire, c'est que dans la réalité le fonctionnaire existe avant la fonction.

Or, admirons l'économie de la nature : dans cette multitude de besoins divers qu'elle nous a donnés, et que par ses seules forces l'homme isolé ne pourrait satisfaire, la nature devait accorder à l'espèce la puissance refusée à l'individu : de là le principe de la *division du travail*, principe fondé sur la *spécialité des vocations*.

Bien plus, la satisfaction de certains besoins exige de l'homme une création continue, tandis que d'autres peuvent, par le travail d'un seul, être satisfaits dans des millions d'hommes et pour des milliers de siècles. Par exemple, le besoin de vêtements et de nourriture demande une reproduction perpétuelle ; tandis que la connaissance du système du monde pouvait être pour jamais acquise par deux ou trois hommes d'élite. Ainsi, le cours perpétuel des fleuves entretient notre commerce et fait rouler nos machines ; mais le soleil, seul au milieu de l'espace, éclaire le monde. La nature, qui pourrait créer des Platon et des Virgile, des Newton et des Cuvier, comme elle crée des laboureurs et des pâtres, ne le veut pas, proportionnant la rareté du génie à la durée de ses produits, et balançant le nombre des capacités par la suffisance de chacune d'elles.

Je n'examine pas si la distance qu'il y a de tel homme à tel autre homme, pour le talent et l'intelligence, vient de notre déplorable civilisation, et, si ce que l'on nomme aujourd'hui *inégalité de facultés*, dans des conditions plus heureuses, serait rien de plus que *diversité de facultés* : je mets la chose au pis, et, afin que l'on ne m'accuse pas de tergiverser et de tourner les difficultés, j'accorde toutes les inégalités de talent qu'on voudra ⊠. Certains philosophes, amoureux du nivellement, prétendent que toutes les intelligences sont égales, et que toute la différence entre elles vient de l'éducation. Je suis loin, je l'avoue, de partager cette doctrine, qui, d'ailleurs, si elle était vraie, conduirait à un résultat directement contraire à celui qu'on se propose. Car, si les capacités sont égales, quel que soit d'ailleurs le degré de leur puissance, comme personne ne peut être contraint, ce sont les fonctions réputées grossières, viles ou trop pénibles, qui doivent être les mieux payées, ce qui ne répugne pas moins à l'égalité qu'au principe : *à chaque capacité selon ses œuvres*. Donnez-moi, au contraire, une société dans laquelle chaque espèce de talent soit en rapport de nombre avec les besoins, et où l'on n'exige de chaque producteur que ce que sa spécialité l'appelle à produire, et tout en respectant la hiérarchie des fonctions, j'en déduirai l'égalité des fortunes.

Ceci est mon second point.

II- Rapports.

En traitant de l'élément du travail, j'ai fait voir comment, dans un même genre de services productifs, la capacité de fournir une tâche sociale étant donnée à tous, l'inégalité des forces individuelles ne peut fonder aucune inégalité de rétribution. Cependant il est juste de dire que certaines capacités semblent tout à fait incapables de certains services, tellement que si l'industrie humaine était tout à coup bornée a une seule espèce de produits, il surgirait aussitôt des incapacités nombreuses, et partant la plus grande inégalité sociale. Mais tout le monde voit, sans que je le dise, que la variété des industries prévient les inutilités ; c'est une' vérité si banale que je ne m'y arrêterai pas. La question se réduit donc à prouver que les fonctions sont égales entre elles, comme, dans une même fonction, les travailleurs sont égaux entre eux.

On s'étonne que je refuse au génie, à la science, au courage, en un mot à toutes les supériorités que le monde admire, l'hommage des dignités, les distinctions du pouvoir et de l'opulence. Ce n'est pas moi qui le refuse, c'est l'économie, c'est la justice, c'est la liberté qui le défendent. La liberté! pour la première fois j'invoque son nom dans ce débat : qu'elle se lève dans sa propre cause, et qu'elle achève sa victoire.

Toute transaction ayant pour but un échange de produits ou de services, peut être qualifiée *opération de commerce*.

Qui dit commerce dit échange de valeurs égales ; car si les valeurs ne sont point égales, et que le contractant lésé s'en aperçoive, il ne consentira pas à l'échange, et il ne se fera point de commerce.

Le commerce n'existe qu'entre hommes libres: partout ailleurs il peut y avoir transaction accomplie avec violence ou fraude, il n'y a point de commerce.

Est libre : l'homme qui jouit de sa raison et de ses facultés, qui n'est ni aveuglé par la passion, ni contraint ou empêché par la crainte, ni déçu par une fausse opinion.

Ainsi, dans tout échange, il y a obligation morale à ce que l'un des contractants ne gagne rien au détriment de l'autre ; c'est-à-dire que, pour être légitime et vrai, le commerce doit être exempt de toute inégalité ; c'est la première condition du commerce. La seconde condition est qu'il soit volontaire, c'est-à-dire que les parties transigent avec liberté et pleine connaissance.

Je définis donc le commerce ou l'échange, un acte de société.

Le nègre qui vend sa femme pour un couteau, ses enfants pour des grains de verre, et lui-même enfin pour une bouteille d'eau-de-vie, n'est pas libre. Le marchand de chair humaine avec lequel il traite n'est pas son associé, c'est son ennemi.

L'ouvrier civilisé qui donne sa brasse pour un morceau de pain, qui bâtit un palais pour coucher dans une écurie, qui fabrique les plus riches étoffes pour porter des haillons, qui produit tout pour se passer de tout, n'est pas libre. Le maître pour lequel il travaille ne devenant pas son associe par l'échange de salaire et de service qui se fait entre eux, est son ennemi.

Le soldat qui sert sa patrie par peur au lieu de la servir par amour, n'est pas libre ; ses camarades et ses chefs, ministres ou organes de la justice militaire, sont tous ses ennemis.

Le paysan, qui afferme des terres, l'industriel qui loue des capitaux, le contribuable qui paye des péages, des gabelles, des patentes, licences, personnelles, mobilières, etc., et le député qui les vote n'ont ni l'intelligence ni la liberté de leurs actes. Leurs ennemis sont les propriétaires, les capitalistes, le gouvernement.

Pierre-Joseph Proudhon

Rendez aux hommes la liberté, éclairez leur intelligence, afin qu'ils connaissent le sens de leurs contrats, et vous verrez la plus parfaite égalité présider à leurs échanges, sans aucune considération pour la supériorité des talents et des lumières ; et vous reconnaîtrez que dans l'ordre des idées commerciales, c'est-à-dire dans la sphère de la société, le mot de supériorité est vide de sens.

Qu'Homère me chante ses vers, j'écoute ce génie sublime, en comparaison duquel moi, simple pâtre, humble laboureur, je ne suis rien. En effet, si l'on compare oeuvre à œuvre, que sont mes fromages et mes fèves au prix d'une Iliade ? Mais que, pour salaire de son inimitable poème, Homère veuille me prendre tout ce que j'ai et faire de moi son esclave, je renonce au plaisir de ses chants, et je le remercie. je puis me passer de l'Iliade et attendre, s'il le faut, l'Énéide; Homère ne peut se passer vingt-quatre heures de mes produits. Qu'il accepte donc le peu que j'ai à lui offrir, et puis que sa poésie m'instruise, m'encourage, me console.

Quoi! direz-vous, telle sera la condition de celui qui chanta les hommes et les dieux! l'aumône, avec ses humiliations et ses souffrances! quelle générosité barbare!... - Ne vous exclamez pas, je vous prie la propriété fait du poète un Crésus ou un mendiant l'égalité seule sait l'honorer et l'applaudir. De quoi s'agit-il ? de régler le droit de celui qui chante et le devoir de celui qui écoute. Or, remarquez ce point, très important pour la solution de cette affaire tous deux sont libres, l'un de vendre, l'autre d'acheter dès ce moment leurs prétentions respectives ne comptent pour rien, et l'opinion juste ou exagérée qu'ils peuvent avoir, l'un de ses vers, l'autre de sa libéralité, ne peut influer sur les conditions du contrat. Ce n'est plus dans la considération du talent, mais dans celle des produits, que nous devons chercher les motifs de notre arbitrage.

Pour que le chantre d'Achille obtienne la récompense qui lui est due, il faut donc qu'il commence par se faire accepter : cela posé, l'échange de ses vers contre un honoraire quelconque étant un acte libre, doit être en même temps un acte juste, c'est-à-dire que l'honoraire du poète doit être égal à son produit. Or, quelle est la valeur de ce produit ?

Chapitre III

Je suppose d'abord que cette Made, ce chef-d'œuvre qu'il s'agit de rétribuer équitablement, soit en réalité d'un prix infini ; on ne saurait exiger davantage. Si le public, qui est libre d'en faire l'acquisition, refuse de l'acheter, il est clair que, le poème ne pouvant être échangé, sa valeur intrinsèque ne sera point diminuée ; mais sa valeur échangeable ou son utilité productive est réduite à zéro, est nulle. C'est donc entre l'infini d'une part et le néant de l'autre, à distance égale de tous deux, puisque tous les droits et toutes les libertés veulent être également respectés, que nous devons chercher la quotité du salaire à adjuger ; en d'autres termes, ce n'est pas la valeur intrinsèque, mais la valeur relative de la chose vendue qu'il s'agit de fixer. La question commence à se simplifier : quelle est maintenant cette valeur relative ? quel traitement mérite à son auteur un poème comme l'Iliade ?

Ce problème était, après les définitions, le premier que l'économie politique eût à résoudre ; or non seulement elle ne l'a pas résolu, elle l'a déclaré insoluble. Selon les économistes, la valeur relative ou échangeable des choses ne peut être déterminée d'une manière absolue ; elle varie essentiellement.

« La valeur d'une chose, dit Say, est une quantité positive, mais elle ne l'est que pour un instant donné. Sa nature est d'être perpétuellement variable, de changer d'un lieu à l'autre. Rien ne peut la fixer invariablement, parce qu'elle est fondée sur des besoins et des moyens de production qui varient à chaque minute. Ces variabilités compliquent les phénomènes de l'économie politique et les rendent souvent fort difficiles à observer et à résoudre. je ne saurais y porter remède; il n'est pas en notre pouvoir de changer la nature des choses. »

Ailleurs, Say dit et répète que la valeur ayant pour base l'utilité, et l'utilité dépendant entièrement de nos besoins, de nos caprices, de la mode, etc., la valeur est aussi variable que l'opinion. Or, l'économie politique étant la science des valeurs, de leur production, distribution, échange et consommation, si la valeur échangeable ne peut être absolument déterminée, comment l'économie politique est-elle possible ? Comment serait-elle une science ? Comment deux économistes peuvent-ils se regarder sans rire ? De quel front osent-ils insulter aux métaphysiciens et aux psychologues ? Quoi!

Pierre-Joseph Proudhon

ce fou de Descartes s'imaginait que la philosophie avait besoin d'une base inébranlable, d'un *aliquid inconcussum* sur lequel on pût asseoir l'édifice de la science, et il avait la bonhomie de le chercher ; et l'Hermès de l'économie, le trismégiste Say, consacrant un demi-volume à l'amplification de ce texte solennel, l'économie politique est une science, a le courage d'affirmer ensuite que cette science ne peut déterminer son objet, ce qui revient à dire qu'elle est sans principe et sans fondement! Il ignorait donc, l'illustre Say, ce qu'est une science, ou plutôt il ne savait pas ce dont il se mêlait de parler.

L'exemple donné par Say a porté ses fruits : l'économie politique, au point où elle est parvenue, ressemble à l'ontologie ; discourant des effets et des causes, elle ne sait rien, n'explique rien, ne conclut rien. Ce que l'on a décoré du nom de lois économiques se réduit à quelques généralités triviales, auxquelles on a cru donner un air de profondeur en les revêtant d'un style précieux et argot ; quant aux solutions que les économistes ont essayées des problèmes sociaux, tout ce que l'on en peut dire est que, si leurs élucubrations sortent parfois du niais, c'est pour tomber aussitôt dans l'absurde. Depuis vingt-cinq ans l'économie politique, comme un épais brouillard, pèse sur la France, arrêtant l'essor des esprits et comprimant la liberté.

Toute création industrielle a-t-elle une valeur vénale, absolue, immuable, partant légitime et vraie ? - Oui.

Tout produit de l'homme peut-il être échangé contre un produit de l'homme ? - Oui encore.

Combien de clous vaut une paire de sabots ?

Si nous pouvions résoudre cet effrayant problème, nous aurions la clef du système social que l'humanité cherche depuis six mille ans. Devant ce problème, l'économiste se confond et recule ; le paysan qui ne sait ni lire ni écrire répond sans broncher : Autant qu'on en peut faire dans le même temps et avec la même dépense.

La valeur absolue d'une chose est donc ce qu'elle coûte de temps et de dépense : combien vaut un diamant qui n'a coûté que d'être ramassé sur le sable ? - Rien; ce n'est pas un produit de l'homme. -Combien vaudra-t-il quand il aura été taillé et monté ? - Le temps et les dépenses qu'il aura coûtés à l'ouvrier. - Pourquoi donc se vend-il si cher ? - Parce que les hommes ne sont pas libres. La société doit régler les échanges et la distribution des choses les plus rares, comme celle des choses les plus communes, de façon que chacun puisse y prendre part et en jouir. - Qu'est-ce donc que la valeur d'opinion ? - Un mensonge, une injustice et un vol.

D'après cela, il est aisé d'accorder tout le monde. Si le moyen terme que nous cherchons entre une valeur infinie et une valeur nulle s'exprime, pour chaque produit, par la somme de temps et de dépense que ce produit coûte, un poème qui aurait coûté à son auteur trente ans de travail et 10 000 f de frais en voyages, livres, etc., doit être payé par trente années des appointements ordinaires d'un travailleur, plus 10 000 f d'indemnités. Supposons que la somme totale soit de 50 000 f ; si la société qui acquiert le chef-d'œuvre comprend un million d'hommes, je dois pour ma part 5 centimes.

Ceci donne lieu à quelques observations.

1° Le même produit, à différentes époques, et dans différents lieux, peut coûter plus ou moins de temps et de dépenses ; sous ce rapport il est vrai que la valeur est une quantité variable. Mais cette variation n'est point celle des économistes, qui, dans les causes de variation des valeurs, confondent les moyens de production, et le goût, le caprice, la mode, l'opinion. En un mot, la valeur vraie d'une chose est invariable dans son expression algébrique, bien qu'elle puisse varier dans son expression monétaire.

2° Tout produit demandé doit être payé ce qu'il a coûté de temps et de dépenses, ni plus ni moins : tout produit non demandé est une perte pour le producteur, une non-valeur commerciale.

3° L'ignorance du principe d'évaluation, et, dans beaucoup de circonstances, la difficulté de l'appliquer, est la source des fraudes commerciales, et l'une des causes les plus puissantes de l'inégalité des fortunes.

Pierre-Joseph Proudhon

4° Pour payer certaines industries, certains produits, il faut une société d'autant plus nombreuse que les talents sont plus rares, les produits plus coûteux, les arts et les sciences plus multipliés dans leurs espèces. Si, par exemple, une société de 50 laboureurs peut entretenir un maître d'école, il faut qu'ils soient 100 pour avoir un cordonnier, 150 pour faire vivre un maréchal, 200 pour un tailleur, etc. Si le nombre des laboureurs s'élève à 1 000, 10 000, 100 000, etc., à mesure que leur nombre augmente, il faut que celui des fonctionnaires de première nécessité augmente dans la même proportion : en sorte que les fonctions les plus hautes ne deviennent possibles que dans les sociétés les plus puissantes. En cela seul consiste la distinction des capacités : le caractère du génie, le sceau de sa gloire, est de ne pouvoir naître et se développer qu'au sein d'une nationalité immense. Mais cette condition physiologique du génie n'ajoute rien à ses droits sociaux : loin de là, le retardement de son apparition démontre que, dans l'ordre économique et civil, la plus haute intelligence est soumise à l'égalité des biens, égalité qui lui est antérieure et dont elle forme le couronnement.

Cela est dur à notre orgueil, mais cela est d'une inexorable vérité. Et ici la psychologie vient appuyer l'économie sociale, en nous faisant comprendre qu'entre une récompense matérielle et le talent, il n'existe pas de commune mesure ; que, sous ce rapport, la condition de tous les producteurs est égale ; conséquemment, que toute comparaison entre eux et toute distinction de fortunes est impossible.

En effet, tout ouvrage sortant des mains de l'homme, comparé à la matière brute dont il est formé, est d'un prix inestimable : à cet égard, la distance est aussi grande entre une paire de sabots et un tronc de noyer, qu'entre une statue de Scopas et un bloc de marbre. Le génie du plus simple artisan l'emporte autant sur les matériaux qu'il exploite, que l'esprit d'un Newton sur les sphères inertes dont il calcule les distances, les masses et les révolutions. Vous demandez pour le talent et le génie la proportionnalité des honneurs et des biens : évaluez-moi le talent d'un bûcheron, et je vous évaluerai celui d'un Homère. Si quelque chose peut solder l'intelligence, c'est l'intelligence. C'est ce qui arrive quand des producteurs d'ordres divers se payent un tribut réciproque d'admiration et d'éloges. Mais s'agit-il d'un échange de produits, dans le but de satisfaire des besoins mutuels ? Cet échange ne peut s'effectuer que sous la raison d'une économie indifférente aux considérations de talent et de génie, et dont les lois se déduisent, non d'une vague et insignifiante admiration, mais d'une juste balance entre le *doit* et l'*avoir*, en un mot de l'arithmétique commerciale.

Or, afin que l'on ne s'imagine pas que la liberté d'acheter et de vendre fait toute la raison de l'égalité des salaires, et que la société n'a de refuge contre la supériorité du talent que dans une certaine force d'inertie qui n'a rien de commun avec le droit, je vais expliquer pourquoi la même rétribution solde toutes les capacités, pourquoi la même différence de salaire est une injustice. je montrerai, inhérente au talent, l'obligation de fléchir sous le niveau social ; et, sur la supériorité même du génie, je jetterai le fondement de l'égalité des fortunes. J'ai donné tout à l'heure la raison négative de l'égalité des salaires entre toutes les capacités, je vais maintenant en donner la raison directe et positive.

Écoutons d'abord l'économiste : il y a toujours plaisir à voir comment il raisonne et sait être juste. Sans lui, d'ailleurs, sans ses réjouissantes bévues et ses mirifiques arguments, nous n'apprendrions rien. L'égalité, si odieuse à l'économiste, doit tout à l'économie politique.

« Lorsque la famille d'un médecin (le texte porte d'un avocat, ce qui n'est pas d'aussi bon exemple) a dépensé pour son éducation 40 000 f, on peut regarder cette somme comme placée à fonds perdu sur sa tête. Il est permis dès lors de la considérer comme devant rapporter annuellement 4 000 f. Si le médecin en gagne 30, il reste donc 26 000 f pour le revenu de son talent personnel donné par la nature. A ce compte, si l'on évalue au denier dix ce fonds naturel, il se monte à 260 000 f et le capital que lui ont donné ses parents en fournissant aux frais de son étude, à 40 000 f. Ces deux fonds réunis composent sa fortune. » (SAY, Cours complet, etc.)

Say fait de la fortune du médecin deux parts : l'une se compose du capital qui a payé son éducation, l'autre figure son talent personnel. Cette division est juste : elle est conforme à la nature des choses ; elle est universellement admise ; elle sert de majeure au grand argument de l'inégalité des capacités. J'admets sans réserve cette majeure : voyons les conséquences.

1° Say porte à l'avoir du médecin les 40 000 f qu'a coûté son éducation : ces 40 000 f doivent être portés à son débit. Car, si cette dépense a été faite pour lui, elle n'a pas été faite par lui : donc, bien loin de s'approprier ces 40 000 f, le médecin doit les prélever sur son produit, et les rembourser à qui de droit. Remarquons, au reste, que Say parle de revenu, au lieu de dire remboursement, raisonnant d'après le faux principe que les capitaux sont productifs. Ainsi, la dépense faite pour l'éducation d'un talent est une dette contractée par ce même talent : par cela seul qu'il existe, il se trouve débiteur d'une somme égale à ce qu'il a coûté de produire. Cela est si vrai, si éloigné de toute subtilité, que si dans une famille l'éducation d'un enfant a coûté le double ou le triple de celle de ses frères, ceux-ci sont en droit d'exercer une reprise proportionnelle sur l'héritage commun avant de partager la succession. Cela ne souffre aucune difficulté dans une tutelle, lorsque les biens s'administrent au nom des mineurs.

2° Ce que je viens de dire de l'obligation contractée par le talent de rembourser les frais de son éducation, l'économiste n'en est point embarrassé : l'homme de talent, héritant de sa famille, hérite aussi de la créance de 40 000 f qui pèse sur lui, et en devient conséquemment propriétaire. Nous sortons du droit du talent pour retomber dans le droit d'occupation, et toutes les questions que nous avons posées au chapitre II se représentent : Qu'est-ce que le droit d'occupation ? qu'est-ce que l'héritage ? Le droit de succession est-il un droit de cumul, ou seulement un droit d'option ? De qui le père du médecin tenait-il sa fortune ? Était-il propriétaire, ou seulement usufruitier ? S'il était riche, qu'on explique sa richesse ; s'il était pauvre, comment a-t-il pu subvenir à une dépense si considérable ? s'il a reçu des secours, comment ces secours produiraient-ils en faveur de l'obligé un privilège contre ses bienfaiteurs ? etc.

3° « Restent 26 000 f, pour le revenu du talent personnel donné par la nature. » (SAY, supra cit.) Partant de là, Say conclut que le talent de notre médecin équivaut à un capital de 260 000 f. Cet habile calculateur prend une conséquence pour un principe : ce n'est pas le gain qui doit évaluer le talent ; c'est au contraire par le talent que doivent être évalués les honoraires ; car il peut arriver qu'avec tout son mérite, le médecin en question ne gagne rien du tout : faudra-t-il en conclure que le talent ou la fortune de ce médecin équivaut à zéro ? Telle serait pourtant la conséquence du raisonnement de Say, conséquence évidemment absurde.

Or l'évaluation en espèces d'un talent quelconque est chose impossible, puisque le talent et les écus sont des quantités incommensurables. Sur quelle raison plausible prouverait-on qu'un médecin doit gagner le double, le triple ou le centuple d'un paysan ? Difficulté inextricable, qui ne fut jamais résolue que par l'avarice, la nécessité, l'oppression. Ce n'est pas ainsi que doit être déterminé le droit du talent. Mais comment faire cette détermination ?

4° Je dis d'abord que le médecin ne peut être traité moins favorablement que tout autre producteur, qu'il ne peut rester au-dessous de l'égalité : je ne m'arrêterai point à le démontrer. Mais j'ajoute qu'il ne peut pas davantage s'élever au-dessus de cette même égalité, parce que son talent est une propriété collective qu'il n'a point payée et dont il reste perpétuellement débiteur.

De même que la création de tout instrument de production est le résultat d'une force collective, de même aussi le talent et la science dans un homme sont le produit de l'intelligence universelle et d'une science générale lentement accumulée par une multitude de maîtres, et moyennant le secours d'une multitude d'industries inférieures. Quand le médecin a payé ses professeurs, ses livres, ses diplômes et soldé toutes ses dépenses, il n'a pas plus payé son talent que le capitaliste n'a payé son domaine et son château en salariant ses ouvriers. L'homme de talent a contribué à produire en lui-même un instrument utile : il en est donc co-possesseur ; il n'en est pas le propriétaire. Il y a tout à la fois en lui un travailleur libre et un capital social accumulé : comme travailleur, il est préposé à l'usage d'un instrument, à la direction d'une machine, qui est sa propre capacité; comme capital, il ne s'appartient pas, il ne s'exploite pas pour lui-même, mais pour les autres.

Pierre-Joseph Proudhon

On trouverait plutôt dans le talent des motifs de rabaisser son salaire que de l'élever au-dessus de la condition commune, si, de son côté, le talent ne trouvait dans son excellence un refuge contre le reproche des sacrifices qu'il exige. Tout producteur reçoit une éducation, tout travailleur est un talent, une capacité, c'est-à-dire une propriété collective, mais dont la création n'est pas également coûteuse. Peu de maîtres, peu d'années, peu de souvenirs traditionnels sont nécessaires pour former le cultivateur et l'artisan : l'effort générateur et, si j'ose employer ce langage, la durée de la gestation sociale, sont en raison de la sublimité des capacités. Mais tandis que le médecin, le poète, l'artiste, le savant produisent peu et tard, la production du laboureur est beaucoup moins chanceuse et n'attend pas le nombre des années. Quelle que soit donc la capacité d'un homme, dès que cette capacité est créée, il ne s'appartient plus; semblable à la matière qu'une main industrieuse façonne, il avait la faculté de devenir, la société l'a fait être. Le vase dira-t-il au potier : Je suis ce que je suis, et je ne te dois rien ?

L'artiste, le savant, le poète reçoivent leur juste récompense par cela seul que la société leur permet de se livrer exclusivement à la science et à l'art : de sorte qu'en réalité ils ne travaillent pas pour eux, mais pour la société qui les crée et qui les dispense de tout autre contingent. La société peut à la rigueur se passer de prose et de vers, de musique et de peinture, de savoir comme vont lune, étoile polaire ; elle ne peut se passer un seul jour de nourriture et de logement.

Sans doute, l'homme ne vit pas seulement de pain ; il doit encore, selon l'Évangile, *vivre de la parole de Dieu*, c'est-à-dire aimer le bien et le pratiquer, connaître et admirer le beau, étudier les merveilles de la nature. Mais pour cultiver son âme, il faut bien qu'il commence par entretenir son corps : ce dernier devoir l'emporte autant par la nécessité que l'autre l'emporte par la noblesse. S'il est glorieux de charmer et d'instruire les hommes, il est honorable aussi de les nourrir. Lors donc que la société, fidèle au principe de la division du travail, confie une mission d'art ou de science à l'un de ses membres, en lui faisant quitter le travail commun, elle lui doit une indemnité pour tout ce qu'elle l'empêche de produire industriellement, mais elle ne lui doit que cela. S'il exigeait davantage, la société, en refusant ses services, réduirait ses prétentions au néant. Alors obligé, pour vivre, de se livrer à un travail auquel la nature ne l'a pas destiné, l'homme de génie sentirait sa faiblesse et s'abîmerait dans la pire des existences.

On raconte qu'une célèbre cantatrice ayant demandé à l'impératrice de Russie, Catherine 11, vingt mille roubles: - C'est plus que je ne donne à mes feld-maréchaux, dit Catherine. - Votre Majesté, répliqua l'autre, n'a qu'à faire chanter ses feld-maréchaux.

Si la France, plus puissante que Catherine II, disait à mademoiselle Rachel : Vous jouerez pour 100 louis, ou vous filerez du coton; à M. Duprez : Vous chanterez pour 2 400 f, où vous irez à la vigne : pense-t-on que la tragédienne Rachel et le chanteur Duprez abandonnassent le théâtre ? Ils s'en 'repentiraient les premiers.

Mademoiselle Rachel reçoit, dit-on, de la Comédie Française, 60 000 f par année : pour un talent comme le sien, c'est un petit honoraire. Pourquoi pas 100 000 f, 200 000 f ? pourquoi pas une liste civile? Quelle mesquinerie ! est-ce qu'on marchande avec une artiste comme mademoiselle Rachel ?

On répond que l'administration ne pourrait donner davantage sans se mettre en perte; que l'on convient du talent supérieur de la jeune sociétaire ; mais qu'en réglant ses appointements, il a fallu considérer aussi le bordereau des recettes et les dépenses de la compagnie.

Tout cela est juste, mais tout cela confirme ce que j'ai dit, savoir : que le talent d'un artiste peut être infini, mais que ses prétentions mercenaires sont nécessairement bornées ; d'un côté, par l'utilité qu'il produit à la société qui le salarie ; de l'autre, par les ressources de cette même société ; en d'autres termes, que la demande du vendeur est balancée par le droit de l'acheteur.

Mademoiselle Rachel, dit-on, procure au Théâtre Français pour plus de 60 000 f de recettes. J'en demeure d'accord : mais alors je prends le théâtre à partie : sur qui le Théâtre-Français lève-t-il cet impôt ? - Sur des curieux parfaitement libres. - Oui, mais les ouvriers, les locataires, fermiers, emprunteurs à rente et sur gage, auxquels ces curieux reprennent tout ce qu'ils payent à la comédie, sont-ils libres ?

Pierre-Joseph Proudhon

et lorsque la meilleure part de leur produit se consomme sans eux au spectacle, m'assurerez vous que leurs familles ne manquent de rien ? Jusqu'à ce que le peuple français, délibérant sur les traitements à accorder à tous les artistes, savants et fonctionnaires publics, ait nettement exprimé sa volonté et jugé en connaissance de cause, les appointements de mademoiselle Rachel et de tous ses pareils seront une contribution forcée, arrachée par la violence, pour récompenser l'orgueil et entretenir le libertinage.

C'est parce que nous ne sommes ni libres, ni suffisamment éclairés, que nous subissons des marchés de dupes, que le travailleur acquitte les traites que le prestige du pouvoir et l'égoïsme du talent tirent sur la curiosité de l'oisif, et que nous avons le perpétuel scandale de ces inégalités monstrueuses, encouragées et applaudies par l'opinion.

La nation entière, et la nation seule, paye ses auteurs, ses savants, ses artistes, ses fonctionnaires, quelles que soient les mains par lesquelles leurs appointements leur arrivent. Sur quel pied doit-elle les payer ? sur le pied de l'égalité. je l'ai prouvé par l'appréciation des talents ; je le confirmerai, dans le chapitre suivant, par l'impossibilité de toute inégalité sociale.

Qu'avons-nous démontré par tout ce qui précède ? des choses si simples, que vraiment elles en sont bêtes :

Que, comme le voyageur ne s'approprie pas la grande route sur laquelle il passe, de même le laboureur ne s'approprie pas le champ sur lequel il sème ;

Que si, néanmoins, par le fait de son industrie, un travailleur peut s'approprier la matière qu'il exploite, tout exploiteur en devient, au même titre, propriétaire ;

Que tout capital, soit matériel, soit intellectuel, étant une oeuvre collective, forme par conséquent une propriété collective ;

Que le fort n'a pas droit d'empêcher par ses envahissements le travail du faible, ni l'habile de surprendre la bonne foi du simple ;

Enfin, que nul ne peut être forcé d'acheter ce dont il n'a pas envie, moins encore de payer ce qu'il n'a pas acheté: partant que la valeur échangeable d'un produit n'ayant pour mesure ni l'opinion de l'acheteur ni celle du vendeur, mais la somme de temps et de dépenses qu'il a coûté, la propriété de chacun reste toujours égale.

Ne sont-ce pas là des vérités bien niaises ? Eh bien! si niaises qu'elles vous semblent, lecteur, vous en verrez d'autres qui les surpasseront encore en platitude et niaiserie. Car nous marchons à rebours des géomètres : pour eux, à mesure qu'ils avancent, les problèmes deviennent de plus en plus difficiles ; nous, au contraire, après avoir commencé par les propositions les plus abstruses, nous finirons par les axiomes.

Mais il faut, pour terminer ce chapitre, que j'expose encore une de ces vérités exorbitantes comme jamais n'en découvrirent ni jurisconsultes ni économistes.

§ 8. - Que, dans l'ordre de la justice, le travail détruit la propriété

Cette proposition est la conséquence des deux précédents paragraphes que nous allons d'abord résumer.

L'homme isolé ne peut subvenir qu'à une très petite partie de ses besoins; toute sa puissance est dans la société et dans la combinaison intelligente de l'effort universel. La division et la simultanéité du travail multiplient la quantité et la variété des produits ; la spécialité des fonctions augmente la qualité des choses consommables.

Pas un homme donc qui ne vive du produit de plusieurs milliers d'industriels différents ; pas un travailleur qui ne reçoive de la société tout entière sa consommation, et, avec sa consommation, les moyens de reproduire. Qui oserait dire, en effet : je produis seul ce que je consomme, je n'ai besoin de qui que ce soit ? Le laboureur, que les anciens économistes regardaient comme le seul vrai producteur ; le laboureur, logé, meublé, vêtu, nourri, secouru par le maçon, le menuisier, le tailleur, le meunier, le boulanger, le boucher, l'épicier, le forgeron, etc. ; le laboureur, dis-je, peut-il se flatter de produire seul ?

La consommation est donnée à chacun par tout le monde ; la même raison fait que la production de chacun suppose la production de tous. Un produit ne va pas sans un autre produit ; une industrie isolée est une chose impossible. Quelle serait la récolte du laboureur, si d'autres ne fabriquaient pour lui granges, voitures, charrues, habits, etc. ? Que ferait le savant sans le libraire, l'imprimeur sans le fondeur et le mécanicien, ceux-ci à leur tour sans une foule d'autres industriels ?... Ne prolongeons pas cette énumération, trop facile à étendre, de peur qu'on ne nous accuse de donner dans le lieu commun. Toutes les industries se réunissent, par des rapports mutuels, en un faisceau unique ; toutes les productions se servent réciproquement de fin et de moyen ; toutes les variétés de talents ne sont qu'une série de métamorphoses de l'inférieur au supérieur.

Or, ce fait incontestable et incontesté de la participation générale à chaque espèce de produit a pour résultat de rendre communes toutes les productions particulières : de telle sorte que chaque produit, sortant des mains du producteur, se trouve d'avance frappé d'hypothèque par la société. Le producteur lui-même n'a droit à son produit que pour une fraction dont le dénominateur est égal au nombre des individus dont la société se compose. Il est vrai qu'en revanche, ce même producteur a droit sur tous les produits différents du sien, en sorte que l'action hypothécaire lui est acquise contre tous, de même qu'elle est donnée à tous contre lui ; mais ne voit-on pas que cette réciprocité d'hypothèques, bien loin de permettre la propriété, détruit jusqu'à la possession ? Le travailleur n'est pas même possesseur de son produit ; à peine l'a-t-il achevé, que la société le réclame.

Mais, dira-t-on, quand cela serait, quand même le produit n'appartiendrait pas au producteur, puisque la société donne à chaque travailleur un équivalent de son produit, c'est cet équivalent, ce salaire, cette récompense, cet appointement, qui devient propriété. Nierez-vous que cette propriété ne soit enfin légitime ? Et si le travailleur, au lieu de consommer entièrement son salaire, fait des économies, qui donc osera les lui disputer ?

Chapitre III

Le travailleur n'est pas même propriétaire du prix de son travail, et n'en a pas l'absolue disposition. Ne nous laissons point aveugler par une fausse justice : ce qui est accordé au travailleur en échange de son produit ne lui est pas donné comme récompense d'un travail fait, mais comme fourniture et avance d'un travail à faire. Nous consommons avant de produire : le travailleur, à la fin du jour, peut dire : J'ai payé ma dépense d'hier; demain, je payerai ma dépense d'aujourd'hui. A chaque instant de sa vie, le sociétaire est en avance à son compte courant ; il meurt sans avoir pu s'acquitter : comment pourrait-il se faire un pécule ?

On parle d'économies : style de propriétaire. Sous un régime d'égalité, toute épargne qui n'a pas pour objet une reproduction ultérieure ou une jouissance est impossible : pourquoi ? parce que cette épargne ne pouvant être capitalisée, se trouve dès ce moment sans but, et n'a plus de cause finale. Ceci s'entendra mieux à la lecture du chapitre suivant :

Concluons

Le travailleur est, à l'égard de la société, un débiteur qui meurt nécessairement insolvable: le propriétaire est un dépositaire infidèle qui nie le dépôt commis à sa garde, et veut se faire payer les jours, mois et années de son gardiennage.

Les principes que nous venons d'exposer pouvant paraître encore trop métaphysiques à certains lecteurs, je vais les reproduire sous une forme plus concrète, saisissable aux cerveaux les plus denses, et féconde en conséquences du plus grand intérêt. jusqu'ici j'ai considéré la propriété comme faculté d'exclusion, je vais l'examiner comme faculté *d'envahissement.*

Chapitre IV

Que la propriété est impossible

La raison dernière des propriétaires, l'argument foudroyant dont l'invincible puissance les rassure, c'est que, selon eux, l'égalité des conditions est impossible. L'égalité des conditions est une chimère, s'écrient-ils d'un air capable ; partagez aujourd'hui les biens par portions égales, demain cette égalité aura disparu.

A cette objection banale, qu'ils répètent en tous lieux avec une incroyable assurance, ils ne manquent jamais d'ajouter la glose suivante, par forme de *Gloria Patri* : Si tous les hommes étaient égaux, personne ne voudrait travailler.

Cette antienne se chante sur plusieurs airs.

Si tout le monde était maître, personne ne voudrait obéir.

S'il n'y avait plus de riches, qui est-ce qui ferait travailler les pauvres ?...

Et s'il n'y avait plus de pauvres, qui est-ce qui travaillerait pour les riches ?... Mais point de récriminations : nous avons mieux à répondre.

Si je démontre que c'est la propriété qui est elle-même impossible ; que c'est la propriété qui est contradiction, chimère, utopie ; et si je le démontre, non plus par des considérations de métaphysique et de droit, mais par la raison des nombres, par des équations et des calculs, quel sera tout à l'heure l'effroi du propriétaire ébahi ? Et vous, lecteur, que pensez-vous de la rétorsion ?

Les nombres gouvernent le monde, *mundum regunt numeri* : cet adage est aussi vrai du monde moral et politique que du monde sidéral et moléculaire. Les éléments du droit sont les mêmes que ceux de l'algèbre ; la législation et le gouvernement ne sont autre chose que l'art de faire des classifications et d'équilibrer des puissances : toute la jurisprudence est dans les règles de l'arithmétique. Ce chapitre et le suivant serviront à jeter les fondements de cette incroyable doctrine. C'est alors que se découvrira aux yeux du lecteur une immense et nouvelle carrière : alors nous commencerons à voir dans les proportions des nombres l'unité synthétique de la philosophie et des sciences, et, pleins d'admiration et d'enthousiasme devant cette profonde et majestueuse simplicité de la nature, nous nous écrierons, avec l'Apôtre : « Oui, l'Éternel a tout fait avec nombre, avec poids, avec mesure.» Nous comprendrons que l'égalité des conditions non seulement est possible, mais qu'elle est seule possible ; que cette apparente impossibilité qu'on lui reproche lui vient de ce que nous la concevons toujours soit dans la propriété, soit dans la communauté, formes politiques aussi contraires l'une que l'autre à la nature de l'homme. Nous reconnaîtrons enfin que tous les jours, à notre insu, dans le temps même où nous affirmons qu'elle est irréalisable, cette égalité se réalise ; que le moment approche où, sans l'avoir cherchée ni même voulue, nous l'aurons partout établie ; qu'avec elle, en elle et par elle, doit se manifester l'ordre politique selon la nature et la vérité.

On a dit, en parlant de l'aveuglement et de l'obstination des passions, que si l'homme avait quelque intérêt à nier les vérités de l'arithmétique, il trouverait moyen d'en ébranler la certitude; voici l'occasion de faire cette curieuse expérience. J'attaque la propriété, non plus par ses propres aphorismes, mais par le calcul. Que les propriétaires se tiennent donc prêts à vérifier mes opérations : car si par malheur pour eux elles se trouvent justes, ils sont perdus.

En prouvant l'impossibilité de la propriété, j'achève d'en prouver l'injustice ; en effet :

Ce qui est *juste*, à plus forte raison est *utile* ;
Ce qui est *utile*, à plus forte raison est *vrai* ;
Ce qui est *vrai*, à plus forte raison est *possible*

Conséquemment, tout ce qui sort du possible sort par là même de la vérité, de l'utilité, de la justice. Donc, *a priori*, on peut juger de la justice d'une chose par son impossibilité ; en sorte que si cette chose était souverainement impossible, elle serait souverainement injuste.

Pierre-Joseph Proudhon

La propriété est physiquement et mathématiquement impossible

DÉMONSTRATION

Axiome. *- La propriété est le droit d'aubaine que le propriétaire s'attribue sur une chose marquée par lui de son seing*

Cette proposition est un véritable axiome. Car :

1° Ce n'est point une définition, puisqu'elle n'exprime pas tout ce que renferme le droit de propriété : droit de vendre, d'échanger, de donner ; droit de transformer, d'altérer, de consommer, de détruire, d'user et d'abuser, etc. Tous ces droits sont autant d'effets divers de la propriété, que l'on peut considérer séparément, mais que nous négligeons ici pour ne nous occuper que d'un seul, du droit d'aubaine.

2° Cette proposition est universellement admise ; nul ne peut la nier sans nier les faits, sans être à l'instant démenti par la pratique universelle.

3° Cette proposition est d'une évidence immédiate, puisque le fait qu'elle exprime accompagne toujours, soit réellement, soit facultativement, la propriété, et que c'est par lui surtout qu'elle se manifeste, se constitue, se pose.

4° Enfin la négation de cette proposition implique contradiction : le droit d'aubaine est réellement inhérent, tellement intime à la propriété, que là où il n'existe pas la propriété est nulle.

Observations.

L'aubaine reçoit différents noms, selon les choses qui la produisent : *fermage* pour les terres ; *loyer* pour les maisons et les meubles ; *rente* pour les fonds placés à perpétuité ; *intérêt* pour l'argent ; *bénéfice, gain, profit* (trois choses qu'il ne faut pas confondre avec le salaire ou prix légitime du travail), pour les échanges.

L'aubaine, espèce de régale, d'hommage tangible et consommable, compète au propriétaire en vertu de son occupation nominale et métaphysique : son scel est apposé sur la chose; cela suffit pour que personne ne puisse occuper cette chose sans sa permission.

Cette permission d'occuper sa chose, le propriétaire peut l'octroyer pour rien : d'ordinaire il la vend. Dans le fait, cette vente est un stellionat et une concussion ; mais par la fiction légale du domaine de propriété, cette même vente, sévèrement punie, on ne sait trop pourquoi, en d'autres cas, devient pour le propriétaire une source de profit et de considération.

La reconnaissance que le propriétaire exige pour la prestation de son droit s'exprime soit en signes monétaires, soit par un dividende en nature du produit présumé. En sorte que, par le droit d'aubaine, le propriétaire moissonne et ne laboure pas, récolte et ne cultive pas, consomme et ne produit pas, jouit et n'exerce rien. Bien différents des idoles du Psalmiste sont les dieux de la propriété : celles-là avaient des mains et ne touchaient pas ; ceux-ci, au contraire, *manus habent* et *palpabunt*.

Tout est mystérieux et surnaturel dans la collation du droit d'aubaine. Des cérémonies terribles accompagnent l'inauguration d'un propriétaire, de même qu'autrefois la réception d'un initié. C'est, premièrement, la consécration de la chose, consécration par laquelle est fait savoir à tous qu'ils aient à payer une offrande congrue au propriétaire, toutes et quantes fois ils désireront, moyennant octroi de lui obtenu et signé, user de sa chose.

Secondement, *l'anathème*, qui, hors le cas précité, défend de toucher mie à la chose, même en l'absence du propriétaire, et déclare sacrilège, infâme, amendable, digne d'être livré au bras séculier, tout violateur de la propriété.

Troisièmement, la dédicace, par laquelle le propriétaire ou le saint désigné, le dieu protecteur de la chose, y habite mentalement comme une divinité dans son sanctuaire. Par l'effet de cette dédicace, la substance de la chose est, pour ainsi dire, convertie en la personne du propriétaire, toujours présent sous les espèces ou apparences de ladite chose.

Ceci est la pure doctrine des jurisconsultes. « La propriété, dit Toullier, est *une qualité morale* inhérente à la chose, *un lien réel* qui l'attache au propriétaire, et qui ne peut être rompu sans son fait. » Locke doutait respectueusement si Dieu ne pouvait pas rendre la matière pensante ; Toullier affirme que le propriétaire la rend morale; que lui manque-t-il pour être divinisée ? Certes, ce ne sont pas les adorations.

La propriété est le droit d'aubaine, c'est-à-dire le pouvoir de produire sans travailler ; or, produire sans travailler, c'est faire de rien quelque chose, en un mot, c'est créer : c'est ce qui ne doit pas être plus difficile que de moraliser la matière. Les jurisconsultes ont donc raison d'appliquer aux propriétaires cette parole de l'Écriture : *Ego dixi : Dii estis et filii Excelsi omnes* : J'ai dit Vous êtes des dieux, et tous fils du Très-Haut.

La propriété est le droit d'aubaine cet axiome sera pour nous comme le nom de la bête de l'Apocalypse, nom dans lequel est renfermé tout le mystère de cette bête. On sait que celui qui pénétrerait le mystère de ce nom obtiendrait l'intelligence de toute la prophétie, et vaincrait la bête. Eh bien! ce sera par l'interprétation approfondie de notre axiome que nous tuerons le sphinx de la propriété. Partant de ce fait si éminemment caractéristique, le *droit d'aubaine*, nous allons suivre dans ses replis le vieux serpent, nous compterons les entortillements homicides de cet épouvantable ténia, dont la tête, avec ses mille suçoirs, s'est toujours dérobée au glaive de ses plus ardents ennemis, leur abandonnant d'immenses tronçons de son cadavre. C'est qu'il fallait autre chose que du courage pour vaincre le monstre : il était écrit qu'il ne crèverait point avant qu'un prolétaire, armé d'une baguette magique, l'eût mesuré.

COROLLAIRES.

1° *La quotité de l'aubaine est proportionnelle à la chose.* Quel que soit le taux de l'intérêt, qu'on l'élève à 3, 5, ou 10 p. 100 ou qu'on l'abaisse à 1/2, 4/4, 1/10, il n'importe, sa loi d'accroissement reste la même. Voici quelle est cette loi.

Chapitre IV

Tout capital évalué en numéraire peut être considéré comme un terme de la progression arithmétique qui a pour raison 100 et le revenu de ce capital rapporte comme le terme correspondant d'une autre progression arithmétique qui aurait pour raison le taux de l'intérêt. Ainsi un capital de 500 f étant le cinquième terme de la progression arithmétique dont la raison est 100 son revenu à 3 P. 100 sera indiqué par le cinquième terme de la progression arithmétique dont la raison est 3 :

100		200	300	400	500
3		6	9	12	15

C'est la connaissance de cette espèce de *logarithmes*, dont les propriétaires ont chez eux des tables dressées et calculées à un très haut degré, qui nous donnera la clef des plus curieuses énigmes et nous fera marcher de surprise en surprise.

D'après cette théorie *logarithmique* du droit d'aubaine, une propriété avec son revenu peut être définie *un nombre dont le logarithme est égal à la somme de ses unités divisée par 100 et multipliée par le taux de l'intérêt.* Par exemple, une maison estimée 100 000 f et louée à raison de 5 p. 100 rapporte 5 000 f de revenu, d'après la formule :

$$[100\,000 \times 5]\,/\,100 = 5\,000.$$

Réciproquement une terre de 3 000 f de revenu évalué à 2 1/2 %, vaut 120 000 d'après cette autre formule :

$$[3\,000 \times 100]\,/\,2\,1/2 = 120\,000.$$

Dans le premier cas, la progression qui désigne l'accroissement de l'intérêt a pour raison 5, dans le second elle a pour raison 2 1/2.

Observation.

L'aubaine connue sous les noms de fermage, rente, intérêt, se paye tous les ans ; les loyers courent à la semaine, au mois, à l'année; les profits et bénéfices ont lieu autant de fois que l'échange. En sorte que l'aubaine est tout à la fois en raison du temps et en raison de la chose, ce qui a fait dire que l'usure croît comme chancre, *faenus serpit sicut cancer*.

2° *L'aubaine payée au propriétaire par le détenteur est chose perdue pour celui-ci.* Car si le propriétaire devait, en échange de l'aubaine qu'il perçoit, quelque chose de plus que la permission qu'il accorde, son droit de propriété ne serait pas parfait ; il ne posséderait pas *jure optimo, jure perfecto*, c'est-à-dire qu'il ne serait pas réellement propriétaire. Donc, tout ce qui passe des mains de l'occupant dans celles du propriétaire à titre d'aubaine et comme prix de la permission d'occuper, est acquis irrévocablement au second, perdu, anéanti pour le premier, à qui rien ne peut en revenir, si ce n'est comme don, aumône, salaire de services, ou prix de marchandises par lui livrées. En un mot, l'aubaine périt pour l'emprunteur, ou, comme aurait dit énergiquement le latin, *res perit solventi*.

3° *Le droit d'aubaine a lieu contre le propriétaire comme contre l'étranger.* Le seigneur de la chose, distinguant en soi le possesseur du propriétaire, s'impose à lui-même, pour l'usufruit de sa propriété, une taxe égale à celle qu'il pourrait recevoir d'un tiers ; en sorte qu'un capital porte intérêt dans les mains du capitaliste comme dans celles de l'emprunteur et du commandité. En effet, si, au lieu d'accepter 500 f de loyer de mon appartement, je préfère l'occuper et en jouir, il est clair que je deviens débiteur envers moi d'une rente égale à celle que je refuse : ce principe est universellement suivi dans le commerce, et regardé comme un axiome par les économistes. Aussi les industriels qui ont l'avantage d'être propriétaires de leur fonds de roulement, bien qu'ils ne doivent d'intérêts à personne, ne calculent-ils leurs bénéfices qu'après avoir prélevé, avec leurs appointements et leurs frais, les intérêts de leur capital. Par la même raison, les prêteurs d'argent conservent par devers eux le moins d'argent qu'ils peuvent; car tout capital portant nécessairement intérêt, si cet intérêt n'est servi par personne, il se prendra sur le capital, qui de la sorte se trouvera d'autant diminué. Ainsi par le droit d'aubaine le capital s'entame lui-même : c'est ce que Papinien aurait exprimé sans doute par cette formule aussi élégante qu'énergique : *Faenus mordet solidum.* Je demande pardon de parler si souvent latin dans cette affaire : c'est un hommage que je rends au peuple le plus usurier qui fut oncques.

PREMIÈRE PROPOSITION

La propriété est impossible, parce que de rien elle exige quelque chose

L'examen de cette proposition est le même que celui de l'origine du fermage, tant controversé par les économistes. Quand je lis ce qu'en ont écrit le plupart d'entre eux, je ne puis me défendre d'un sentiment de mépris mêlé de colère, à la vue de cet amas de niaiseries, où l'odieux le dispute à l'absurde. Ce serait l'histoire de l'éléphant dans la lune, n'était l'atrocité des conséquences. Chercher une origine rationnelle et légitime à ce qui n'est et ne peut être que vol, concussion et rapine, tel devait être le comble de la folie propriétaire, le plus haut degré d'ensorcellement où pût jeter des esprits d'ailleurs éclairés la perversité de l'égoïsme.

« Un cultivateur, dit Say, est un fabricant de blé qui, parmi les outils qui lui servent à modifier la matière dont il fait son blé, emploie un grand outil que nous avons nommé un champ. Quand il n'est pas le propriétaire du champ, qu'il n'en est que le fermier, c'est un outil dont il paye le service productif au propriétaire. Le fermier se fait rembourser à l'acheteur, celui-ci à un autre, jusqu'à ce que le produit soit parvenu au consommateur, qui rembourse la première avance accrue de toutes celles au moyen desquelles le produit est parvenu jusqu'à lui. »

Laissons de côté les avances subséquentes par lesquelles le produit arrive au consommateur, et ne nous occupons en ce moment que de la première de toutes, de la rente payée au propriétaire par le fermier. On demande sur quoi fondé le propriétaire se fait payer cette rente.

Suivant Ricardo, Maccullock et Mill, le fermage proprement dit n'est autre chose que *l'excédent du produit de la terre la plus fertile sur le produit des terres de qualité inférieure* ; en sorte que le fermage ne commence à avoir lieu sur la première que lorsqu'on est obligé, par l'accroissement de population, de recourir à la culture des secondes.

Il est difficile de trouver à cela aucun sens. Comment des différentes qualités du terrain peut-il résulter un droit sur le terrain ? Comment les variétés de *l'humus* enfanteraient-elles un principe de législation et de politique? Cette métaphysique est pour moi si subtile, ou si épaisse, que je m'y perds plus j'y pense. - Soient la terre A, capable de nourrir 10 000 habitants, et la terre B, capable seulement d'en nourrir 9 000, l'une et l'autre d'égale étendue : lorsque par l'accroissement de leur nombre, les habitants de la terre A seront forcés de cultiver la terre B, les propriétaires fonciers de la terre A se feront payer par les fermiers de cette terre une rente calculée sur le rapport de 10 à 9. Voilà bien, je pense, ce que disent Ricardo, Maccullock et Mill. Mais si la terre A nourrit autant d'habitants qu'elle peut en contenir, c'est-à-dire si les habitants de la terre A n'ont tout justement, vu leur nombre, que ce qui leur est nécessaire pour vivre, comment pourront-ils payer un fermage ?

Si l'on s'était borné à dire que la différence des terres a été *l'occasion* du fermage, mais non qu'elle en est la cause, nous aurions recueilli de cette simple observation un précieux enseignement, c'est que l'établissement du fermage aurait eu son principe dans le désir de l'égalité. En effet, si le droit de tous les hommes à la possession des bonnes terres est égal, nul ne peut, sans indemnité, être contraint de cultiver les mauvaises. Le fermage, d'après Ricardo, Maccullock et Mill, aurait donc été un dédommagement ayant pour but de compenser les profits et les peines. Ce système d'égalité pratique est mauvais, il faut en convenir ; mais enfin l'intention eût été bonne : quelle conséquence Ricardo, Maccullock et Mill pouvaient-ils en déduire en faveur de la propriété ? Leur théorie se tourne donc contre eux-mêmes et les jugule.

Malthus pense que la source du fermage est dans la faculté qu'a la terre de fournir plus de subsistances qu'il n'en faut pour alimenter les hommes qui la cultivent. je demanderai à Malthus pourquoi le succès du travail fonderait, au profit de l'oisiveté, un droit à la participation des produits ?

Mais le seigneur Malthus se trompe dans l'énoncé du fait dont il parle : oui, la terre a la faculté de fournir plus de subsistances qu'il n'en faut pour ceux qui la cultivent, si par *cultivateurs* on n'entend que les fermiers. Le tailleur aussi fait plus d'habits qu'il n'en use, et l'ébéniste plus de meubles qu'il ne lui en faut. Mais les diverses professions se supposant et se soutenant l'une l'autre, il en résulte que non seulement le laboureur, mais tous les corps d'arts et métiers, jusqu'au médecin et à l'instituteur, sont et doivent être dits *cultivant la terre*. Le principe que Malthus assigne au fermage est celui du commerce : or la loi fondamentale du commerce étant l'équivalence des produits échangés, tout ce qui détruit cette équivalence viole la loi ; c'est une erreur d'évaluation à corriger.

Buchanam, commentateur de Smith, ne voyait dans le fermage que le résultat d'un monopole, et prétendait que le travail seul est productif. En conséquence, il pensait que, sans ce monopole, les produits coûteraient moins cher, et il ne trouvait de fondement au fermage que dans la loi civile. Cette opinion est un corollaire de celle qui fait de la loi civile la base de la propriété. Mais pourquoi la loi civile, qui doit être la raison écrite, a-t-elle autorisé ce monopole ? Qui dit monopole, exclut nécessairement la justice ; or, dire que le fermage est un monopole consacré par la loi, c'est dire que l'injustice a pour principe la justice, ce qui est contradictoire.

Say répond à Buchanam que le propriétaire n'est point un monopoleur, parce que le monopoleur « est celui qui n'ajoute aucun degré d'utilité à une marchandise ».

Quel degré d'utilité les choses produites par le fermier reçoivent-elles du propriétaire ? A-t-il labouré, semé, moissonné, fauché, vanné, sarclé ? Voilà par quelles opérations le fermier et ses gens ajoutent à l'utilité des matières qu'ils consomment pour les reproduire.

« Le propriétaire foncier ajoute à l'utilité des marchandises par le moyen de son instrument, qui est une terre. Cet instrument reçoit les matières dont se compose le blé dans un état, et les rend dans un autre. L'action de la terre est une opération chimique, d'où résulte pour la matière du blé une modification telle, qu'en le détruisant elle le multiplie. Le sol est donc producteur d'une utilité ; et lorsqu'il (le sol ?) la fait payer sous la forme d'un profit ou d'un fermage pour son propriétaire, ce n'est pas sans rien donner au consommateur en échange de ce que le consommateur lui paye. Il lui donne une utilité produite, et c'est en produisant cette utilité que la terre est productive, aussi bien que le travail. »

Éclaircissons tout cela.

Le forgeron, qui fabrique pour le laboureur des instruments aratoires, le charron qui lui fait une voiture, le maçon qui bâtit sa grange, le charpentier, le vannier, etc., qui tous contribuent à la production agricole par les outils qu'ils préparent, sont producteurs d'utilité : à ce titre ils ont droit à une part des produits.

« Sans aucun doute, dit Say ; mais la terre est aussi un instrument dont le service doit être payé, donc... »

Je tombe d'accord que la terre est un instrument ; mais quel en est l'ouvrier ? Est-ce le propriétaire ? Est-ce lui qui par la vertu efficace du droit de propriété, par cette qualité morale infuse dans le sol, lui communique la vigueur et la fécondité? Voilà précisément en quoi consiste le monopole du propriétaire, que n'ayant pas fait l'instrument, il s'en fait payer le service. Que le Créateur se présente et vienne lui-même réclamer le fermage de la terre, nous compterons avec lui, ou bien que le propriétaire, soi-disant fondé de pouvoirs, montre sa procuration.

« Le service du propriétaire, ajoute Say, est commode pour lui, j'en conviens. »

L'aveu est naïf.

«Mais nous ne pouvons nous en passer. Sans la propriété, un laboureur se battrait avec un autre pour cultiver un champ qui n'aurait point de propriétaire, et le champ demeurerait en friche... »

Ainsi le rôle du propriétaire consiste à mettre les laboureurs d'accord en les dépouillant tous... 0 raison! ô justice! ô science merveilleuse des économistes! Le propriétaire, selon eux, est comme Perrin-Dandin, qui, appelé par deux voyageurs en dispute pour une huître, l'ouvre, la gruge et leur dit :

La cour vous donne à tous deux une écaille.

Était-il possible de dire plus de mal de la propriété ?

Say nous expliquerait-il comment les laboureurs qui, sans les propriétaires, se battraient entre eux pour la possession du sol, ne se battent pas aujourd'hui contre les propriétaires pour cette même possession ? C'est apparemment parce qu'ils les croient possesseurs légitimes, et que le respect d'un droit imaginaire l'emporte en eux sur la cupidité. J'ai prouvé au chapitre II que la possession sans la propriété suffit au maintien de l'ordre social : serait-il donc plus difficile d'accorder des possesseurs sans maîtres que des fermiers ayant propriétaires ? Des hommes de travail, qui respectent à leurs dépens le prétendu droit de l'oisif, violeraient-ils le droit naturel du producteur et de l'industriel ? Quoi! si le colon perdait ses droits sur la terre du moment où il cesserait de l'occuper, il en deviendrait plus avide! et l'impossibilité d'exiger une aubaine, de frapper une contribution sur le travail d'autrui, serait une source de querelles et de procès! La logique des économistes est singulière. Mais nous ne sommes pas au bout. Admettons que le propriétaire est le maître légitime de la terre.

« La terre est un instrument de production », disent-ils cela est vrai. Mais lorsque, changeant le substantif en qualificatif, ils opèrent cette conversion : « La terre est un instrument productif », ils émettent une damnable erreur.

Selon Quesnay et les anciens économistes, toute production vient de la terre ; Smith, Ricardo, de Tracy, placent au contraire la production dans le travail. Say, et la plupart de ceux qui sont venus après lui, enseignent que, ET la terre est productive, ET le travail est productif, ET les capitaux sont productifs. C'est de l'éclectisme en économie politique. La vérité est que NI la terre n'est productive, NI le travail n'est productif, NI les capitaux ne sont productifs ; la production résulte de ces trois éléments également nécessaires, mais, pris séparément, également stériles.

En effet, l'économie politique traite de la production, de la distribution et de la consommation des richesses ou des valeurs; mais de quelles valeurs ? des valeurs produites par l'industrie humaine, c'est-à-dire des transformations que l'homme fait subir à la matière pour l'approprier à son usage, et nullement des productions spontanées de la nature. Le travail de l'homme ne consistât-il qu'en une simple appréhension de la main, il n'y a pour lui valeur produite que lorsqu'il s'est donné cette peine : jusque-là le sel de la mer, l'eau des fontaines, l'herbe des champs, le bois des forêts, sont pour lui comme s'ils n'étaient pas. La mer, sans le pêcheur et ses filets, ne donne pas de poissons ; la forêt, sans le bûcheron et sa cognée, ne fournit ni bois de chauffage ni bois de service; la prairie, sans le faucheur, n'apporte ni foin ni regain. La nature est comme une vaste matière d'exploitation et de production ; mais la nature ne produit rien que pour la nature ; dans le sens économique, ses produits, à l'égard de l'homme, ne sont pas encore des produits.

Les capitaux, les outils et les machines sont pareillement improductifs. Le marteau et l'enclume, sans forgeron et sans fer, ne forgent pas ; le moulin, sans meunier et sans grain, ne moud pas, etc. Mettez ensemble des outils et des matières premières ; jetez une charrue et des semences sur un sol fertile ; montez une forge, allumez le feu et fermez la boutique, vous ne produirez pas davantage.

Cette observation a été faite par un économiste en qui le bon sens dépasse la mesure de ses confrères : « Say fait jouer aux capitaux un rôle actif que ne comporte pas

nature : ce sont des instruments inertes par eux-mêmes.» (J. DROZ, Économie politique.)

Enfin, le travail et les capitaux réunis, mais mal combinés, ne produisent encore rien. Labourez un désert de sable, battez l'eau des fleuves, passez au crible des caractères d'imprimerie, tout cela ne vous procurera ni blé, ni poissons, ni livres. Votre peine sera aussi improductive que le fut ce grand travail de l'armée de Xerxès, qui, au dire d'Hérodote, fit frapper de verges l'Hellespont pendant vingt-quatre heures par ses trois millions de soldats, pour le punir d'avoir rompu et dispersé le pont de bateaux que le grand roi avait fait construire.

Les instruments et capitaux, la terre, le travail, séparés et considérés abstractivement, ne sont productifs que par métaphore. Le propriétaire qui exige une aubaine pour prix du service de son instrument, de la force productive de sa terre, suppose donc un fait radicalement faux, savoir, que les capitaux produisent par eux-mêmes quelque chose ; et en se faisant payer ce produit imaginaire, il reçoit, à la lettre, quelque chose pour rien.

Objection. Mais si le forgeron, le charron, tout industriel en un mot, a droit au produit pour les instruments qu'il fournit, et si la terre est un instrument de production, pourquoi cet instrument ne vaudrait-il pas à son propriétaire, vrai ou suppose, une part dans les produits, comme cela a lieu pour les fabricants de charrues et de voitures ?

Réponse. C'est ici le nœud de l'énigme, l'arcane de la propriété, qu'il est essentiel de bien démêler, si l'on veut comprendre quelque chose aux étranges effets du droit d'aubaine.

L'ouvrier qui fabrique ou qui répare les instruments du cultivateur en reçoit le prix une fois, soit au moment de la livraison, soit en plusieurs payements ; et ce prix une fois payé à l'ouvrier, les outils qu'il a livrés ne lui appartiennent plus. jamais il ne réclame double salaire pour un même outil, une même réparation : si tous les ans il partage avec le fermier, c'est que tous les ans il fait quelque chose pour le fermier.

Le propriétaire, au rebours, ne cède rien de son instrument : éternellement il s'en fait payer, éternellement il le conserve.

En effet, le loyer que perçoit le propriétaire n'a pas pour objet les frais d'entretien et de réparation de l'instrument ; ces frais demeurent à la charge de celui qui loue, et ne regardent le propriétaire que comme intéressé à la conservation de la chose. S'il se charge d'y pourvoir, il a soin de se faire rembourser de ses avances.

Ce loyer ne représente pas non plus le produit de l'instrument, puisque l'instrument par lui-même ne produit rien - nous l'avons vu tout à l'heure, et nous le verrons mieux encore par les conséquences.

Pierre-Joseph Proudhon

Enfin, ce loyer ne représente pas la participation du propriétaire dans la production, puisque cette participation ne pourrait consister, comme celle du forgeron et du charron, que dans la cession de tout ou de partie de son instrument, auquel cas il cesserait d'être propriétaire, ce qui impliquerait contradiction de l'idée de propriété.

Donc entre le propriétaire et le fermier il n'y a point échange de valeurs ni de services ; donc, ainsi que nous l'avons dit dans l'axiome, le fermage est une véritable aubaine, une extorsion fondée uniquement sur la fraude et la violence d'une part, sur la faiblesse et l'ignorance de l'autre. Les produits, disent les économistes, ne s'achètent que par des produits. Cet aphorisme est la condamnation de la propriété. Le propriétaire ne produisant ni par lui-même ni par son instrument, et recevant des produits en échange de rien, est ou un parasite ou un larron. Donc, si la propriété ne peut exister que comme droit, la propriété est impossible.

Corollaires.

1° La constitution républicaine de 1793, qui a défini la propriété « le droit de jouir du fruit de son travail », s'est trompée grossièrement ; elle devait dire : La propriété est le droit de jouir et de disposer à son gré du bien d'autrui, du fruit de l'industrie et du travail d'autrui.

2° Tout possesseur de terres, maisons, meubles, machines, outils, argent monnayé, etc., qui loue sa chose pour un prix excédant les frais de réparations, lesquelles réparations sont à la charge du prêteur, et figurent les produits qu'il échange contre d'autres produits, est stellionataire, coupable d'escroquerie et de concussion. En un mot, tout loyer perçu, à titre de dommages-intérêts, mais comme prix du prêt, est un acte de propriété, un vol.

Commentaire historique.

Le tribut qu'une nation victorieuse impose à une nation vaincue est un véritable fermage. Les droits seigneuriaux, que la révolution de 1789 a abolis, les dîmes, mains-mortes, corvées, etc., étaient différentes formes du droit de propriété ; et ceux qui, sous les noms de nobles, seigneurs, prébendiers, bénéficiaires, etc., jouissaient de ces droits, n'étaient rien de plus que des propriétaires. Défendre la propriété aujourd'hui, c'est condamner la révolution.

DEUXIÈME PROPOSITION

La propriété est impossible, parce que là où elle est admise la production coûte plus qu'elle ne vaut

La proposition précédente était d'ordre législatif; celle-ci est d'ordre économique. Elle sert à prouver que la propriété, qui a pour origine la violence, a pour résultat de créer une non-valeur.

« La production, dit Say, est un grand échange : pour que l'échange soit productif, il faut que la valeur de tous les services se trouve balancée par la valeur de la chose produite. Si cette condition n'a pas été remplie, l'échange a été inégal, le producteur a plus donné qu'il n'a reçu. »

Or la valeur ayant pour base nécessaire l'utilité, il résulte que tout produit inutile est nécessairement sans valeur, qu'il ne peut être échangé, partant, qu'il ne peut servir à payer les services de la production.

Donc, si la production peut égaler la consommation, elle ne la dépassera jamais ; car il n'y a production réelle que là où il y a production d'utilité, et il n'y a utilité que là où se trouve possibilité de consommation. Ainsi tout produit qu'une abondance excessive rend inconsommable, devient, pour la quantité non consommée, inutile, sans valeur, non échangeable, partant impropre à payer quoi que ce soit ; ce n'est plus un produit.

La consommation, à son tour, pour être légitime, pour être une vraie consommation, doit être reproductive d'utilité ; car, si elle est improductive, les produits qu'elle détruit sont des valeurs annulées, des choses produites en pure perte, circonstance qui rabaisse les produits au-dessous de leur valeur. L'homme a le pouvoir de détruire, il ne consomme que ce qu'il reproduit. Dans une juste économie, il y a donc équation entre la production et la consommation.

Pierre-Joseph Proudhon

Tous ces points établis, je suppose une tribu de mille familles enfermée dans une enceinte de territoire déterminée et privée de commerce extérieur. Cette tribu nous représentera l'humanité tout entière, qui, répandue sur la face du globe, est véritablement isolée. En effet, la différence d'une tribu au genre humain étant dans les proportions numériques, les résultats économiques seront absolument les mêmes.

Je suppose donc que ces mille familles, livrées à la culture exclusive du blé, doivent payer chaque année, en nature, un revenu de 10 p. 100 sur leur produit, à cent particuliers pris parmi elles. On voit qu'ici le droit d'aubaine ressemblerait à un prélèvement fait sur la Production sociale. A quoi servira ce prélèvement ?

Ce ne peut être à l'approvisionnement de la tribu, car cet approvisionnement n'a rien de commun avec le fermage ; ce n'est point à Payer des services et des produits, car les propriétaires, en travaillant comme les autres, n'ont travaillé que pour eux. Enfin, ce prélèvement sera sans utilité pour les rentiers, qui, ayant récolté du blé en quantité suffisante pour leur consommation, et, dans une société sans commerce et sans industrie ne se pouvant procurer autre chose, perdront par le fait l'avantage de leurs revenus.

Dans une pareille société, le dixième du produit étant inconsommable, il y a un dixième du travail qui n'est pas payé : la production coûte plus qu'elle ne vaut.

Transformons actuellement 300 de nos producteurs de blé en industriels de toute espèce : 100 jardiniers et vignerons, 60 cordonniers et tailleurs, 50 menuisiers et forgerons, 80 de professions diverses, et, pour que rien n'y manque, 7 maîtres d'école, 1 maire, 1 juge, 1 curé ; chaque métier, en ce qui le concerne, produit pour toute la tribu. Or, la production totale étant 1 000 la consommation pour chaque travailleur est 1, savoir : blé, viande, céréales, 0,700 ; vin et jardinage, 0,100 ; chaussure et habillement, 0,060 ferrements et meubles, 0,050 ; produits divers, 0,080 instruction, 0,007 ; administration, 0,002 ; messe, 0,001 Total, 1.

Mais la société doit une rente de 10 p. 100 ; et nous observerons qu'il importe peu que les seuls laboureurs la payent, ou que tous les travailleurs soient solidaires, le résultat est le même. Le fermier augmente le prix de ses denrées en proportion de ce qu'il doit ; les industriels suivent le mouvement de hausse, puis, après quelques oscillations, l'équilibre s'établit, et chacun a payé une quantité à peu près égale. Ce serait une grave erreur de croire que dans une nation les seuls fermiers payent les fermages ; c'est toute la nation.

Je dis donc que, vu le prélèvement de 10 p. 100 la consommation de chaque travailleur est réduite de la manière suivante : blé, 0,630 ; vin et jardinage, 0,090 habits et chaussures, 0,054 ; meubles et fers, 0,045 autres produits, 0,072 ; écolage, 0,0063 ; administration, 0,0018 ; messe, 0,0009. Total, 0,9.

Le travailleur a produit 1, il ne consomme que 0,9 perd donc un dixième sur le prix de son travail ; sa production coûte toujours plus qu'elle ne vaut. D'autre part, le dixième perçu par les propriétaires n'en est pas moins une non-valeur ; car, étant eux-mêmes travailleurs, ils ont de quoi vivre avec les neuf dixièmes de leur produit, comme aux autres, rien ne leur manque. A quoi sert-il que leur ration de pain, vin, viande, habits, logement, etc., soit doublée, s'ils ne peuvent la consommer ni l'échanger ? Le prix du fermage reste donc, pour eux comme pour le reste des travailleurs, une non-valeur, et périt entre leurs mains. Étendez l'hypothèse, multipliez le nombre et les espèces des produits, vous ne changerez rien au résultat.

Jusqu'ici j'ai considéré le propriétaire comme prenant part à la production, non pas seulement, comme dit Say, par le service de son instrument, mais d'une manière effective et par le travail de ses mains : or, il est facile de voir qu'à de pareilles conditions la propriété n'existera jamais. Qu'arrive-t-il ?

Le propriétaire, animal essentiellement libidineux, sans vertu ni vergogne, ne s'accommode point d'une vie d'ordre et de discipline ; s'il aime la propriété, c'est pour n'en faire qu'à son aise, quand il veut et comme il veut. Sûr d'avoir de quoi vivre, il s'abandonne à la futilité, à la mollesse ; il joue, il niaise, il cherche des curiosités et des sensations nouvelles. La propriété, pour jouir d'elle-même, doit renoncer à la condition commune et vaquer à des occupations de luxe, à des plaisirs immondes.

Au lieu de renoncer à un fermage qui périssait entre leurs mains et de dégrever d'autant le travail social, nos cent propriétaires se reposent. Par cette retraite, la production absolue étant diminuée de cent, tandis que la consommation reste la même, la production et la consommation semblent se faire équilibre. Mais, d'abord, puisque les propriétaires ne travaillent plus, leur consommation est improductive d'après les principes de l'économie ; par conséquent il y a dans la société, non plus comme auparavant cent de services non payés par le produit, mais cent de produits consommés sans service ; le déficit est toujours le même, quelle que soit la colonne du budget qui l'exprime. Ou les aphorismes de l'économie politique sont faux, ou la propriété, qui les contredit, est impossible.

Les économistes, regardant toute consommation improductive comme un mal, comme un vol fait au genre humain, ne se lassent point d'exhorter les propriétaires à la modération, au travail, à l'épargne ; ils leur prêchent la nécessité de se rendre utiles, de rapporter à la production ce qu'ils en reçoivent ; ils fulminent contre le luxe et la paresse les plus terribles imprécations. Cette morale est fort belle, assurément ; c'est dommage qu'elle n'ait pas le sens commun. Le propriétaire qui travaille, ou, comme disent les économistes, *qui se rend utile*, se fait payer pour ce travail et cette utilité : en est-il moins oisif par rapport aux propriétés qu'il n'exploite pas et dont il touche les revenus ? Sa condition, quoi qu'il fasse, est l'improductivité et la *félonnerie* ; il ne peut cesser de gaspiller et de détruire qu'en cessant d'être propriétaire.

Mais ce n'est encore là que le moindre des maux que la propriété engendre. On conçoit à toute force que la société entretienne des oisifs ; elle aura toujours des aveugles, des manchots, des furieux, des imbéciles ; elle peut bien nourrir quelques paresseux. Voici où les impossibilités se compliquent et s'accumulent.

TROISIÈME PROPOSITION

**La propriété est impossible, parce que sur un capital donné, la
production est en raison du travail, non en raison de la propriété**

Pour acquitter un fermage de 100 à 10 p. 100 du produit, il faut que
le produit soit 1 000 ; pour que le produit soit 1 000, il faut une force
de 1 000 travailleurs. Il suit de là qu'en donnant congé tout à l'heure
à nos 100 travailleurs propriétaires, qui tous avaient un droit égal de
mener la vie de rentiers, nous nous sommes mis dans l'impossibilité de
leur payer leurs revenus. En effet, la force productrice, qui était d'abord
1 000, n'étant plus que 900, la production se trouve aussi réduite à
900, dont le dixième est go. Il faut donc, ou que 10 propriétaires sur
100 ne soient pas payés, si les go autres veulent avoir leur fermage
intégral ; ou que tous s'accordent à supporter une diminution de 10
p. 100. Car ce n'est point au travailleur, qui n'a failli à aucune de ses
fonctions, qui a produit comme par le passé, à pâtir de la retraite du
propriétaire ; c'est à celui-ci à subir les conséquences de son oisiveté.
Mais alors le propriétaire se trouve plus pauvre par cela même qu'il
veut jouir ; en exerçant son droit, il le perd, tellement que la propriété
semble décroître et s'évanouir à mesure que nous cherchons à la saisir
: plus on la poursuit, moins elle se laisse prendre. Qu'est-ce qu'un droit
sujet à varier d'après des rapports de nombres, et qu'une combinaison
arithmétique peut détruire ?

Le propriétaire travailleur recevait : il, comme travailleur, 0,9 de
salaire ; 20 comme propriétaire, 1 de fermage. Il s'est dit : Mon fermage
est suffisant; je n'ai pas besoin de travailler pour avoir du superflu. Et
voilà que le revenu sur lequel il comptait se trouve diminué d'un 10e,
sans qu'il imagine seulement comment s'est faite cette diminution.
C'est qu'en prenant part à la production, il était créateur lui-même de
ce 10e qu'il ne retrouve plus ; et lorsqu'il pensait ne travailler que pour
lui, il subissait, sans s'en apercevoir, dans l'échange de ses produits, une
perte dont le résultat était de lui faire payer à lui-même un 10e de son
propre fermage. Comme tout autre il produisait 1, et ne recevait que
0,9.

Si, au lieu de 900 travailleurs, il n'y en avait que 500, la totalité du fermage serait réduite à 50 ; s'il n'y en avait que 100, elle se réduirait à 10. Posons donc comme loi d'économie propriétaire l'axiome suivant : *L'aubaine doit décroître comme le nombre des oisifs augmente.*

Ce premier résultat va nous conduire à un autre bien plus surprenant : il s'agit de nous délivrer d'un seul coup de toutes les charges de la propriété, sans l'abolir, sans faire tort aux propriétaires, et par un procédé éminemment conservateur.

Nous venons de voir que si le fermage d'une société de 1 000 travailleurs est comme 100, celui de 900 serait comme go, celui de 800 comme 80, celui de 100 comme 10, etc. En sorte que si la société n'était plus que de 1 travailleur, le fermage serait de 0,10 quelles que fussent d'ailleurs l'étendue et la valeur du sol approprié. *Donc, le capital territorial étant donné, la production sera en raison du travail, non en raison de la propriété.*

D'après ce principe, cherchons quel doit être le maximum de l'aubaine pour toute propriété.

Qu'est-ce, dans l'origine, que le bail à ferme ? C'est un contrat par lequel le propriétaire cède à un fermier la possession de sa terre, moyennant une portion de ce que lui, propriétaire, en retire. Si, par la multiplication de sa famille, le fermier se trouve dix fois plus fort que son propriétaire, il produira dix fois plus : sera-ce une raison pour que le propriétaire s'en vienne décupler le fermage ? Son droit n'est pas : Plus tu produis, plus j'exige ; il est : Plus j'abandonne, plus j'exige. L'accroissement de la famille du fermier, le nombre de bras dont il dispose, les ressources de son industrie, causes de l'accroissement de production, tout cela est étranger au propriétaire ; ses prétentions doivent être mesurées, sur la force productrice qui est en lui, non sur la force productrice qui est dans les autres. La propriété est le droit d'aubaine, elle n'est pas le droit de capitation. Comment un homme, à peine capable à lui seul de cultiver quelques arpents, exigerait-il de la société, parce que sa propriété sera de 10 000 hectares, 10 000 fois ce qu'il est incapable de produire une ? Comment le prix du prêt grandirait-il en proportion du talent et de la force de l'emprunteur plutôt qu'en raison de l'utilité qu'en peut retirer le propriétaire ? Force

Chapitre IV

nous est donc de reconnaître cette seconde loi économique : *L'aubaine a pour mesure une fraction de la production du propriétaire.*

Or cette production, quelle est-elle? En d'autres termes, qu'est-ce que le seigneur et maître d'un fonds, en le prêtant à un fermier, peut dire avec raison qu'il abandonne ?

La force productrice d'un propriétaire, comme celle de tout travailleur, étant 1, le produit dont il se prive en cédant sa terre est aussi comme 1. Si donc le taux de l'aubaine est 10 p. 100, le maximum de toute aubaine sera 0,1.

Mais nous avons vu que toutes les fois qu'un propriétaire se retire de la production, la somme des produits diminue d'une unité : donc l'aubaine qui lui revient étant égale à 0,1 tandis qu'il reste parmi les travailleurs, sera par sa retraite, d'après la loi de décroissance du fermage, égale à 0,09. Ce qui nous conduit à cette dernière formule : *Le maximum de revenu d'un propriétaire est égal à la racine carrée du produit de 1 travailleur (ce produit étant exprimé par un nombre convenu) ; la diminution que souffre ce revenu, si le propriétaire est oisif, est égale à une fraction qui aurait pour numérateur l'unité, et pour dénominateur le nombre qui servirait à exprimer le produit.*

Ainsi le maximum de revenu d'un propriétaire oisif, ou travaillant pour son propre compte en dehors de la société, évalué à 10 p. 100 sur une production moyenne de 1 000 f par travailleur, sera de go f. Si donc la France compte 1 million de propriétaires jouissant, l'un portant l'autre, de 1 000 f de revenu, et les consommant improductivement, au lieu de 1 milliard qu'ils se font payer chaque année, il ne leur est dû, selon toute la rigueur du droit et le calcul le plus exact, que go millions.

C'est quelque chose qu'une réduction de 910 millions sur les charges qui accablent principalement la classe travailleuse ; cependant nous ne sommes pas à fin de comptes, et le travailleur ne connaît pas encore toute l'étendue de ses droits.

Qu'est-ce que le droit d'aubaine, réduit, comme nous venons de le faire, à sa juste mesure dans le propriétaire oisif ? Une reconnaissance du droit d'occupation. Mais le droit d'occupation étant égal pour tous, tout homme sera, au même titre, propriétaire ; tout homme aura droit à un revenu égal à une fraction de son produit. Si donc le travailleur est obligé par le droit de propriété de payer une rente au propriétaire, le propriétaire est obligé, par le même droit, de payer la même rente au travailleur; et, puisque leurs droits se balancent, la différence entre eux est zéro.

Scolie. Si le fermage ne peut être légalement qu'une fraction du produit présumé du propriétaire, quelle que soit l'étendue et l'importance de la propriété, la même chose a lieu pour un grand nombre de petits propriétaires séparés : car, bien qu'un seul homme puisse exploiter séparément chacune d'elles, le même homme ne peut les exploiter simultanément toutes.

Résumons : le droit d'aubaine, qui ne peut exister que dans des limites très restreintes, marquées par les lois de la production, s'annihile par le droit d'occupation; or, sans le droit d'aubaine, il n'y a pas de propriété ; donc la propriété est impossible.

QUATRIÈME PROPOSITION

La propriété est impossible, parce qu'elle est homicide

Si le droit d'aubaine pouvait s'assujettir aux lois de la raison et de la justice, il se réduirait à une indemnité ou reconnaissance dont le maximum ne dépasserait jamais, pour un seul travailleur, une certaine fraction de ce qu'il est capable de produire ; nous venons de le démontrer. Mais pourquoi le droit d'aubaine, ne craignons pas de le nommer par son nom, le droit du vol, se laisserait-il gouverner par la raison, avec laquelle il n'a rien de commun ? Le propriétaire ne se contente pas de l'aubaine telle que le bon sens et la nature des choses la lui assignent : il se la fait payer dix fois, cent fois, mille fois, un million de fois. Seul, il ne tirerait de sa chose que 1 de produit, et il exige que la société qu'il n'a point faite lui paye, non plus un droit proportionnel à la puissance productive de lui propriétaire, mais un impôt par tête; il taxe ses frères selon leur force, leur nombre et leur industrie. Un fils naît au laboureur : Bon, dit le propriétaire, c'est une aubaine de plus. Comment s'est effectuée cette métamorphose du fermage en capitation ? Comment nos jurisconsultes et nos théologiens, ces docteurs si retors, n'ont-ils pas réprimé cette extension du droit d'aubaine ?

Le propriétaire calculant, d'après sa capacité productive, combien il faut de travailleurs pour occuper sa propriété, la partage en autant de portions, et dit : Chacun me payera l'aubaine. Pour multiplier son revenu, il lui suffit donc de diviser sa propriété. Au lieu d'évaluer l'intérêt qui lui est dû sur son travail à lui, il l'évalue sur son capital ; et par cette substitution la même propriété qui dans les mains du maître ne peut jamais produire qu'un, vaut à ce maître comme dix, cent, mille, million. Dès lors, il n'a plus qu'à se tenir prêt à enregistrer les noms des travailleurs qui lui arrivent ; sa tâche se réduit à délivrer des permissions et des quittances.

Non content encore d'un service si commode, le propriétaire n'entend point supporter le déficit qui résulte de son inaction : il se rejette sur le producteur, dont il exige toujours la même rétribution. Le fermage d'une terre une fois élevé à sa plus haute puissance, le propriétaire n'en rabat jamais ; la cherté des subsistances, la rareté des bras, les inconvénients des saisons, la mortalité même, ne le regardent point : pourquoi souffrirait-il du malheur des temps puisqu'il ne travaille pas ?

Ici commence une nouvelle série de phénomènes.

Say, qui raisonne à merveille toutes les fois qu'il attaque l'impôt, mais qui ne veut jamais comprendre que le propriétaire exerce, à l'égard du fermier, le même acte de spoliation que le percepteur, dit, dans sa seconde à Malthus :

« Si le collecteur d'impôts, ses commettants, etc., consomment un sixième des produits, ils obligent par là les producteurs à se nourrir, à se vêtir, à vivre enfin avec les cinq sixièmes de ce qu'ils produisent. - On en convient, mais en même temps on dit qu'il est possible à chacun de vivre avec les cinq sixièmes de ce qu'il produit. J'en conviendrai moi-même, si l'on veut ; mais je demanderai à mon tour si l'on croit que le producteur vécût aussi bien, au cas que l'on vînt à lui demander au lieu d'un sixième, deux sixièmes, ou le tiers de sa production ? - Non, mais il vivrait encore. -Alors, je demanderai s'il vivrait encore au cas qu'on lui en ravît les deux tiers... puis les trois quarts ? Mais je m'aperçois qu'on ne répond plus rien. »

Si le patron des économistes français avait été moins aveuglé par ses préjugés de propriété, il aurait vu que tel est précisément l'effet produit par le fermage.

Soit une famille de paysans composée de six personnes, le père, la mère et quatre enfants, vivant à la campagne d'un petit patrimoine qu'ils exploitent. je suppose qu'en travaillant bien, ils parviennent à nouer, comme on dit, les deux bouts ; qu'eux logés, chauffés, vêtus et nourris, ils ne fassent point de dettes, mais aussi point d'économies. Bon an, mal an, ils vivent : si l'année est heureuse, le père boit un peu plus de vin, les filles s'achètent une robe, les garçons un chapeau; on mange un peu de froment, quelquefois de la viande. Je dis que ces gens-là s'enfoncent et se ruinent.

Car, d'après le troisième corollaire de notre axiome, ils se doivent à eux-mêmes un intérêt pour le capital dont ils sont propriétaires : n'évaluant ce capital qu'à 8 000 f, à 2 1 /2 p. 100, c'est 200 f d'intérêts à payer chaque année. Si donc ces 200 f, au lieu d'être prélevés sur le produit brut pour entrer dans l'épargne et s'y capitaliser, passent dans la consommation, il y a déficit annuel de 200 f sur l'actif du ménage, tellement qu'au bout de quarante ans, ces bonnes gens, qui ne se doutent de rien, ont mangé leur avoir et se sont fait banqueroute.

Ce résultat paraît bouffon : c'est une triste réalité.

La conscription arrive... Qu'est-ce que la conscription ? Un acte de propriété exercé à l'improviste par le gouvernement sur les familles, une spoliation d'hommes et d'argent. Les paysans n'aiment point à laisser partir leurs fils : en cela je trouve qu'ils n'ont point de tort. Il est difficile qu'un homme de vingt ans gagne au séjour des casernes ; quand il ne s'y corrompt pas, il s'y déteste. jugez en général de la moralité du soldat par la haine qu'il porte à l'uniforme : malheureux ou mauvais sujet, c'est la condition du Français sous les drapeaux. Cela ne devrait pas être, mais cela est. Interrogez cent mille hommes, et soyez sûr que pas un ne me démentira.

Notre paysan pour racheter ses deux conscrits débourse 4 000 f qu'il emprunte : à 5 p. 100, Voilà les 200 f dont nous parlions tout à l'heure. Si jusqu'à ce moment la production de la famille, régulièrement balancée par sa consommation, a été de 1 200 f, Soit 200 par personne, il faudra pour servir cet intérêt, ou que les six travailleurs produisent comme sept, ou qu'ils ne consomment que comme cinq. Retrancher sur la consommation ne se peut; comment retrancher du nécessaire ? Produire davantage est impossible ; on ne saurait travailler ni mieux ni plus. Essayera-t-on d'un parti mitoyen, de consommer comme cinq et demi en produisant comme six et demi ? On éprouvera bientôt qu'avec l'estomac il n'est pas de composition ; qu'au-dessous d'un certain degré d'abstinence il est impossible de descendre ; que ce qui peut être retranché du strict nécessaire sans exposer la santé est peu de chose ; et, quant au surcroît de produit, vienne une gelée, une sécheresse, une épizootie, et tout l'espoir du laboureur est anéanti. Bref, la rente ne sera pas payée, les intérêts s'accumuleront, la petite métairie sera saisie, et l'ancien possesseur chassé.

Ainsi une famille qui vécut heureuse tant qu'elle n'exerça pas le droit de propriété, tombe dans la misère aussitôt que l'exercice de ce droit devient un besoin. La propriété, pour être satisfaite, exigerait que le colon eût la double puissance d'étendre le sol et de le féconder par la parole. Simple possesseur de la terre, l'homme y trouve de quoi subsister ; prétend-il au droit du propriétaire, elle ne lui suffit plus. Ne pouvant produire que ce qu'il consomme, le fruit qu'il recueille de son labeur est la récompense de sa peine : il n'y a rien pour l'instrument.

Payer ce qu'il ne peut produire, telle est la condition du fermier après que le propriétaire s'est retiré de la production sociale pour exploiter le travailleur par de nouvelles pratiques.

Revenons maintenant à notre première hypothèse.

Les neuf cents travailleurs, sûrs d'avoir autant produit que par le passé, sont tout surpris, après avoir acquitté leur fermage, de se trouver plus pauvres d'un dixième que l'année d'auparavant. En effet, ce dixième étant produit et payé par le propriétaire-travailleur, qui participait alors à la production et aux charges publiques, maintenant ce même dixième n'a pas été produit et il a été payé ; il doit donc se trouver en moins sur la consommation du producteur. Pour combler cet incompréhensible déficit, le travailleur emprunte, avec pleine certitude de rendre, certitude qui se réduit pour l'année suivante à un nouvel emprunt augmenté des intérêts du premier. A qui emprunte-t-il ? au propriétaire. Le propriétaire prête au travailleur ce qu'il en a reçu de trop ; et ce trop perçu, qu'il devrait rendre, lui profite à nouveau sous la forme de prêt à intérêt. Alors les dettes s'accroissent indéfiniment ; le propriétaire se lasse de faire des avances à un producteur qui ne rend jamais, et celui-ci, toujours volé et toujours empruntant ce qu'on lui vole, finit par une banqueroute de tout le bien qu'on lui a pris.

Supposons qu'alors le propriétaire qui, pour jouir de ses revenus, a besoin du fermier, le tienne quitte : il aura fait un acte de haute bienfaisance pour lequel M. le curé le recommandera dans son prône ; tandis que le pauvre fermier, confus de cette inépuisable charité, instruit par son catéchisme à prier pour ses bienfaiteurs, se promettra de redoubler de courage et de privations afin de s'acquitter envers un si digne maître.

Cette fois il prend ses mesures ; il hausse le prix des grains. L'industriel en a fait autant pour ses produits ; la réaction a lieu, et, après quelques oscillations, le fermage, que le paysan a cru faire supporter à l'industriel, se trouve à peu près équilibré. Si bien que, tandis qu'il s'applaudit de son succès, il se trouve encore appauvri, mais dans une proportion un peu moindre qu'auparavant. Car, la hausse ayant été générale, le propriétaire est atteint : en sorte que les travailleurs, au lieu d'être plus pauvres d'un dixième, ne le sont plus que de neuf centièmes. Mais c'est toujours une dette pour laquelle il faudra emprunter, payer des intérêts, épargner et jeûner. jeûne pour les neuf centièmes qu'on ne devrait pas payer et qu'on paye ; jeûne pour l'amortissement des dettes ; jeûne pour leurs intérêts : que la récolte manque, et le jeûne ira jusqu'à l'inanition. On dit : il faut travailler davantage. Mais d'abord l'excès de travail tue aussi bien que le jeûne; qu'arrivera-t-il s'ils se réunissent? - *Il faut travailler davantage* ; cela signifie apparemment qu'*il faut produire davantage*. A quelles conditions s'opère la production ? Par l'action combinée du travail, des capitaux et du sol. Pour le travail, le fermier se charge de le fournir ; mais les capitaux ne se forment que par J'épargne ; or, si le fermier pouvait amasser quelque chose, il acquitterait ses dettes. Admettons enfin que les capitaux ne lui manquent pas : de quoi lui serviront-ils, si l'étendue de la terre qu'il cultive reste toujours la même ? C'est le sol qu'il faut multiplier.

Dira-t-on enfin qu'il faut travailler mieux et plus fructueusement ? Mais le fermage a été calculé sur une moyenne de production qui ne peut être dépassée : s'il en était autrement, le propriétaire augmenterait le fermage. N'est-ce pas ainsi que les grands propriétaires de terres ont successivement augmenté le prix de leurs baux, à mesure que l'accroissement de population et le développement de l'industrie leur ont appris ce que la société pouvait tirer de leurs propriétés ? Le propriétaire reste étranger à l'action sociale : mais, comme le vautour, les yeux fixés sur sa proie, il Se tient prêt à fondre sur elle et à la dévorer.

Les faits que nous avons observés sur une société de mille personnes se reproduisent en grand dans chaque nation et dans l'humanité tout entière, mais avec des variations infinies et des caractères multipliés, qu'il n'est pas de mon dessein de décrire.

En somme, la propriété, après avoir dépouillé le travailleur par l'usure, l'assassine lentement par l'exténuation; or, sans la spoliation et l'assassinat, la propriété n'est rien ; avec la spoliation et l'assassinat, elle périt bientôt faute de soutien : donc elle est impossible.

CINQUIÈME PROPOSITION

La propriété est impossible, parce qu'avec elle la société se dévore

Quand l'âne est trop chargé, il s'abat ; l'homme avance toujours. Cet indomptable courage, bien connu du propriétaire, fonde l'espoir de sa spéculation. Le travailleur libre produit 10 ; pour moi, pense le propriétaire, il produira 12.

En effet, avant de consentir à la confiscation de son champ, avant de dire adieu au toit paternel, le paysan dont nous avons raconté l'histoire tente un effort désespéré;

il prend à ferme de nouvelles terres. Il sèmera un tiers de plus, et, la moitié de ce nouveau produit étant pour lui, il récoltera un sixième en sus et il payera sa rente. Que de maux! Pour ajouter un sixième à sa production, il faut que le laboureur ajoute, non pas un sixième, mais deux sixièmes à son travail. C'est à ce prix qu'il moissonne et qu'il paye un fermage que devant Dieu il ne doit pas.

Ce que fait le fermier, l'industriel l'essaye à son tour celui-là multiplie ses labours et dépossède ses voisins celui-ci abaisse le prix de sa marchandise, s'efforce d'accaparer la fabrication et la vente, d'écraser ses concurrents. Pour assouvir la propriété, il faut d'abord que le travailleur produise au-delà de ses besoins ; puis, il faut qu'il produise au-delà de ses forces ; car, par l'émigration des travailleurs devenus propriétaires, l'un est toujours la conséquence de l'autre. Mais pour produire au-delà de ses forces et de ses besoins, il faut s'emparer de la production d'autrui, et par conséquent diminuer le nombre des producteurs : ainsi le propriétaire, après avoir fait baisser la production en se mettant à l'écart, la fait baisser encore en fomentant l'accaparement du travail. Comptons.

Le déficit éprouvé par le travailleur après le payement de la rente ayant été, comme nous l'avons reconnu, d'un dixième, cette quantité sera celle dont il cherchera à augmenter sa production. Pour cela, il ne voit d'autre moyen que d'accroître sa tâche : c'est aussi ce qu'il fait. Le mécontentement des propriétaires qui n'ont pu se faire intégralement payer, les offres avantageuses et les promesses que leur font d'autres fermiers, qu'ils supposent plus diligents, plus laborieux, plus sûrs : les tripotages secrets et les intrigues, tout cela détermine un mouvement dans la répartition des travaux et l'élimination d'un certain nombre de producteurs. Sur 900, 90 seront expulsés, afin d'ajouter un dixième à la production des autres. Mais le produit total en sera-t-il augmenté? Pas le moins du monde : il y aura 810 travailleurs produisant comme 900, tandis que c'est comme 1 000 qu'ils devraient produire. Or, le fermage ayant été établi en raison du capital territorial, non en raison du travail, et ne diminuant pas, les dettes continuent comme par le passé, avec un surcroît de fatigue. Voilà donc une société qui se décime, et se décime encore : elle s'annihilerait si les faillites, les banqueroutes, les catastrophes politiques et économiques ne venaient périodiquement rétablir l'équilibre et distraire l'attention des véritables causes de la gêne universelle.

Après l'accaparement des capitaux et des terres viennent les procédés économiques, dont le résultat est encore de mettre un certain nombre de travailleurs hors de la production. L'intérêt suivant partout le fermier et l'entrepreneur, ils se disent, chacun de son côté : J'aurais de quoi payer mon fermage et mes intérêts, si je payais moins de main-d'œuvre. Alors ces inventions admirables, destinées à rendre le travail facile et prompt, deviennent autant de machines infernales qui tuent les travailleurs par milliers.

« Il y a quelques années, la comtesse de Strafford expulsa 15 000 individus de ses terres, qu'ils faisaient valoir comme fermiers. Cet acte d'administration privée fut renouvelé en 1820 par un autre grand propriétaire écossais, à l'égard de 600 familles de fermiers. » (TISSOT, *Du suicide et de la révolte.*)

L'auteur que je cite, et qui a écrit des pages éloquentes sur l'esprit de révolte qui agite les sociétés modernes, ne dit pas s'il aurait désapprouvé une révolte de la part de ces proscrits. Pour moi, je déclare hautement qu'elle eût été à mes yeux le premier des droits et le plus saint des devoirs ; et tout ce que je souhaite aujourd'hui, c'est que ma profession de foi soit entendue.

La société se dévore : 10 par la suppression violente et périodique des travailleurs ; nous venons de le voir et nous le verrons encore ; 20 par la retenue que la propriété exerce sur la consommation du producteur. Ces deux modes de suicide sont d'abord simultanés ; mais bientôt le premier reçoit une nouvelle activité du second, la famine se joignant à l'usure pour rendre le travail tout à la fois plus nécessaire et plus rare.

D'après les principes du commerce et de l'économie politique, pour qu'une entreprise industrielle soit bonne, il faut que son produit soit égal : 1° à l'intérêt du capital ; 2° à l'entretien de ce capital ; 3° à la somme des salaires de tous les ouvriers et entrepreneurs; de plus, il faut autant que possible qu'il y ait un bénéfice quelconque de réalisé.

Admirons le génie fiscal et rapace de la propriété : autant l'aubaine prend de noms différents, autant de fois le propriétaire prétend la recevoir: 1° sous forme d'intérêt ; 2° sous celle de bénéfices. Car, dit-il, l'intérêt des capitaux fait partie des avances de fabrication. Si l'on a mis 100 000 f dans une manufacture, et que, dépenses prélevées, on recueille 5 000 f dans l'année, on n'a pas de profit, on a seulement l'intérêt du capital. Or, le propriétaire n'est pas homme à travailler pour rien : semblable au lion de la fable, il se fait payer chacun de ses titres, de manière qu'après qu'il est servi, il ne reste rien pour les associés.

> *Ego primam tollo, nominor quia leo;*
> *Secundam quia sum fortis tribuetis mihi;*
> *Tum quia plus valeo, me sequetur tertio;*
> *Malo adficietur, si quis quartam tetigerit.*

Je ne connais rien de plus joli que cette fable.

> Je suis entrepreneur, je prends la première partè
> je suis travailleur, je prends la seconde;
> je suis capitaliste, je prends la troisième;
> je suis propriétaire, je prends tout.

En quatre vers, Phèdre a résumé toutes les formes de la propriété.

Je dis que cet intérêt, à plus forte raison ce profit, est impossible.

Que sont les travailleurs les uns par rapport aux autres ? Des membres divers d'une grande société industrielle, chargés, chacun en particulier, d'une certaine partie de la production générale, d'après le principe de la division du travail et des fonctions. Supposons d'abord que cette société se réduise aux trois individus suivants : un éleveur de bétail, un tanneur, un cordonnier. L'industrie sociale consiste à faire des souliers. Si je demandais quelle doit être la part de chaque producteur dans le produit de la société, le premier écolier venu me répondrait par une règle de commerce ou de compagnie que cette part est égale au tiers du produit. Mais il ne s'agit pas ici de balancer les droits de travailleurs conventionnellement associés : il faut prouver qu'associés ou non, nos trois industriels sont forcés d'agir comme s'ils l'étaient ; que, bon gré mal gré qu'ils en aient, la force des choses, la nécessité mathématique les associe.

Trois opérations sont nécessaires pour produire des souliers : l'éducation du bétail, la préparation des cuirs, la taille et la couture. Si le cuir, sortant de l'étable du fermier, vaut 1, il vaut 2 en sortant de la fosse du tanneur, 3 en sortant de la boutique du cordonnier. Chaque travailleur a produit un degré d'utilité ; de sorte qu'en additionnant tous les degrés d'utilité produite, on a la valeur de la chose. Pour avoir une quantité quelconque de cette chose, il faut donc que chaque producteur paye, d'abord son propre travail, secondement le travail des autres producteurs. Ainsi, pour avoir 10 de cuir en souliers, le fermier donnera 30 de cuir cru, et le tanneur 20 de cuir tanné. Car 10 de cuir en souliers valent 30 de cuir cru, par les deux opérations successives qui ont eu lieu, comme 20 de cuir tanné valent aussi 30 de cuir cru par le travail du tanneur. Mais que le cordonnier exige 33 du premier et 22 du second pour 10 de sa marchandise, l'échange n'aura pas lieu ; car il s'ensuivrait que le fermier et le tanneur, après avoir payé 10 le travail du cordonnier, devraient racheter pour 11 ce qu'ils auraient eux-mêmes donné pour 10 ; ce qui est impossible.

Eh bien! c'est pourtant là ce qui arrive toutes les fois qu'un bénéfice quelconque est réalisé par un industriel, que ce bénéfice se nomme rente, fermage, intérêt ou profit. Dans la petite société dont nous parlons, si le cordonnier, pour se procurer les outils de son métier, acheter les premières fournitures de cuir et vivre quelque temps avant la rentrée de ses fonds, emprunte de l'argent à intérêt, il est clair que pour payer l'intérêt de cet argent il sera forcé de bénéficier sur le tanneur et le fermier ; mais comme ce bénéfice est impossible sans fraude, l'intérêt retombera sur le malheureux cordonnier et le dévorera lui-même.

J'ai pris pour exemple un cas imaginaire et d'une simplicité hors nature : il n'y a pas de société humaine réduite à trois fonctions. La société la moins civilisée suppose déjà des industries nombreuses ; aujourd'hui le nombre des fonctions industrielles (j'entends par fonction industrielle toute fonction utile) S'élève peut-être à plus de mille. Mais quel que soit le nombre de fonctionnaires, la loi économique reste la même : *Pour que le producteur vive, il faut que son salaire Puisse racheter son produit.*

Les économistes ne peuvent ignorer ce principe rudimentaire de leur prétendue science ; pourquoi donc s'obstinent-ils à soutenir et la propriété, et l'inégalité des salaires, et la légitimité de l'usure, et l'honnêteté du gain, toutes choses qui contredisent la loi économique et rendent impossibles les transactions ? Un entrepreneur achète pour 100 000 f de matières premières; il paye 50 000 f de salaires et de main-d'œuvre, et puis il veut retirer 200 000 f du produit, c'est-à-dire qu'il veut bénéficier et sur la matière et sur le service de ses ouvriers ; mais si le fournisseur de matières premières et les travailleurs ne peuvent, avec leurs salaires réunis, racheter ce qu'ils ont produit pour l'entrepreneur, comment peuvent-ils vivre? je vais développer ma question; les détails deviennent ici nécessaires.

Si l'ouvrier reçoit pour son travail une moyenne de 3 f par jour, pour que le bourgeois qui l'occupe gagne, en sus de ses propres appointements, quelque chose, ne fût-ce que l'intérêt de son matériel, il faut qu'en revendant, sous forme de marchandise, la journée de son ouvrier, il en tire plus de 3 f. L'ouvrier ne peut donc pas racheter ce qu'il produit au compte du maître. Il en est ainsi de tous les corps d'état sans exception : le tailleur, le chapelier, l'ébéniste, le forgeron, le tanneur, le maçon, le bijoutier, l'imprimeur, le commis, etc., etc., jusqu'au laboureur et au vigneron, ne peuvent racheter leurs produits, puisque, produisant pour un maître qui, sous une forme ou sous une autre, bénéficie, il leur faudrait payer leur propre travail plus cher qu'on ne leur en donne.

En France, 20 millions de travailleurs, répandus dans toutes les branches de la science, de l'art et de l'industrie, produisent toutes les choses utiles à la vie de l'homme ; la somme de leurs journées égale, chaque année, par hypothèse, 20 milliards ; mais, à cause du droit de propriété et de la multitude des aubaines, primes, dîmes, intérêts, pots-de-vin, profits, fermages, loyers, rentes, bénéfices de toute nature et de toute couleur, les produits sont estimés par les propriétaires et patrons

25 milliards : qu'est-ce que cela veut dire ? que les travailleurs, qui sont obligés de racheter ces mêmes produits pour vivre, doivent payer 5 ce qu'ils ont produit pour 4, ou jeûner de cinq jours l'un.

S'il y a un économiste en France capable de démontrer la fausseté de ce calcul, je le somme de se faire connaître, et je prends l'engagement de rétracter tout ce qu'à tort et méchamment j'aurai avancé contre la propriété.

Voyons maintenant les conséquences de ce bénéfice.

Si, dans toutes les professions, le salaire de l'ouvrier était le même, le déficit occasionné par le prélèvement du propriétaire se ferait sentir également partout ; mais aussi la cause du mal serait tellement évidente, qu'elle eût été dès longtemps aperçue et réprimée. Mais, comme entre les salaires, depuis celui de balayeur jusqu'à celui de ministre, il règne la même inégalité qu'entre les propriétés, il se fait un ricochet de spoliation du plus fort au plus faible, si bien que le travailleur éprouvant d'autant plus de privations qu'il est placé plus bas dans l'échelle sociale, la dernière classe du peuple est littéralement mise à nu et mangée vive par les autres.

Le peuple des travailleurs ne peut acheter ni les étoffes qu'il tisse, ni les meubles qu'il fabrique, ni les métaux qu'il forge, ni les pierreries qu'il taille, ni les estampes qu'il grave ; il ne peut se procurer ni le blé qu'il sème, ni le vin qu'il fait croître, ni la chair des animaux qu'il élève ; il ne lui est pas permis d'habiter les maisons qu'il a bâties, d'assister aux spectacles qu'il défraye, de goûter le repos que son corps réclame : et pourquoi ? Parce que pour jouir de tout cela il faudrait l'acheter au prix coûtant, et que le droit d'aubaine ne le permet pas. Sur l'enseigne de ces magasins somptueux que son indigence admire, le travailleur lit en gros caractères : C'EST TON OUVRAGE, ET TU N'EN AURAS PAS : *Sic vos non vobis* !

Tout chef de manufacture qui fait travailler 1 000 ouvriers et qui gagne sur chacun un sou par jour, est un homme qui prépare la détresse de 1 000 ouvriers ; tout bénéficiaire a juré le pacte de famine. Mais le peuple n'a pas même ce travail à l'aide duquel la propriété l'affame;

et pourquoi ? Parce que l'insuffisance du salaire force les ouvriers à l'accaparement du travail, et qu'avant d'être décimés par la disette, ils se déciment entre eux par la concurrence. Ne nous lassons point de poursuivre cette vérité.

Si le salaire de l'ouvrier ne peut acheter son produit, il s'ensuit que le produit n'est pas fait pour le producteur.

À qui donc est-il réservé? Au consommateur plus riche, c'est-à-dire à une fraction seulement de la société. Mais quand toute la société travaille, elle produit pour toute la société ; si donc une partie seulement de la société consomme, il faut que tôt ou tard une partie de la société se repose. Or, se reposer, c'est périr, tant pour le travailleur que pour le propriétaire : vous ne sortirez jamais de là.

Le plus désolant spectacle qui se puisse imaginer, c'est de voir les producteurs se raidir et lutter contre cette nécessité mathématique, contre cette puissance des nombres, que leurs préoccupations les empêchent d'apercevoir.

Si 100 000 ouvriers imprimeurs peuvent fournir à la consommation littéraire de 34 millions d'hommes, et que le prix des livres ne soit accessible qu'au tiers des consommateurs, il est évident que ces 100 000 ouvriers produiront trois fois autant que les libraires peuvent vendre. Pour que la production des premiers ne dépasse jamais les besoins de la consommation, il faut, ou qu'ils chôment deux jours sur trois, ou qu'ils se relèvent par tiers chaque semaine, chaque mois ou chaque trimestre, c'est-à-dire que pendant les deux tiers de leur vie ils ne vivent pas. Mais l'industrie, sous l'influence propriétaire, ne procède pas avec cette régularité : il est de son essence de produire beaucoup en peu de temps, parce que plus la masse des produits est grande, plus l'exécution est rapide, plus aussi le prix de revient pour chaque exemplaire diminue. Au premier signe d'épuisement, les ateliers se remplissent, tout le monde se met à l'œuvre ; alors le commerce est prospère, et gouvernants et gouvernés s'applaudissent. Mais plus on déploie d'activité, plus on se prépare de fériation ; plus on rit, plus on pleurera. Sous le régime de propriété, les fleurs de l'industrie ne servent à tresser que des couronnes funéraires : l'ouvrier qui travaille creuse son tombeau.

Quand l'atelier chôme, l'intérêt du capital court : le maître producteur cherche donc naturellement à entretenir sa production en diminuant ses frais. Alors viennent les diminutions de salaires, l'introduction des machines, l'irruption des enfants et des femmes dans les métiers d'hommes, la dépréciation de la main-d'œuvre, la mauvaise fabrication. On produit encore, parce que l'abaissement des frais de production permet d'étendre la sphère du débit; mais on ne produit pas longtemps, parce que la modicité du prix de revient étant basée sur la quantité et la célérité de la production, la puissance productive tend plus que jamais à dépasser la consommation. C'est quand la production s'arrête devant des travailleurs dont le salaire suffit à peine à la subsistance de la journée, que les conséquences du principe de propriété deviennent affreuses : là, point d'économie, point d'épargne, point de petit capital accumulé qui puisse faire vivre un jour de plus. Aujourd'hui, l'atelier est fermé ; demain, c'est jeûne sur la place publique ; après-demain, ce sera mort à l'hôpital ou repas dans la prison.

De nouveaux accidents viennent compliquer cette épouvantable situation. Par suite de l'encombrement des marchandises et de l'extrême diminution des prix, l'entrepreneur se trouve bientôt dans l'impossibilité de servir les intérêts des capitaux qu'il exploite ; alors les actionnaires effrayés s'empressent de retirer leurs fonds, la production est suspendue, le travail s'arrête. Puis on s'étonne que les capitaux désertent le commerce pour se précipiter à la Bourse ; et j'entendais un jour M. Blanqui déplorer amèrement l'ignorance et la déraison des capitalistes. La cause de ce mouvement des capitaux est bien simple ; mais par cela même un économiste ne pouvait l'apercevoir, ou plutôt ne devait pas la dire : cette cause est tout entière dans la concurrence.

J'appelle concurrence non pas seulement la rivalité de deux industries de même espèce, mais l'effort général et simultané que font toutes les industries pour se primer l'une l'autre. Cet effort est tel aujourd'hui, que le prix des marchandises peut à peine couvrir les frais de fabrication et de vente ; en sorte que les salaires de tous les travailleurs étant prélevés, il ne reste plus rien, pas même l'intérêt, pour les capitalistes.

La cause première des stagnations commerciales et industrielles est donc l'intérêt des capitaux, cet intérêt que toute l'antiquité s'est accordée à flétrir sous le nom d'usure, lorsqu'il sert à payer le prix de l'argent, mais que l'on n'a jamais osé condamner sous les dénominations de loyer, fermage ou bénéfice : comme si l'espèce des choses prêtées pouvait jamais légitimer le prix du prêt, le vol.

Telle est l'aubaine perçue par le capitaliste, telle sera la fréquence et l'intensité des crises commerciales : la première étant donnée, on peut toujours déterminer les deux autres, et réciproquement. Voulez-vous connaître le régulateur d'une société ? Informez-vous de la masse des capitaux actifs, c'est-à-dire portant intérêt, et du taux légal de cet intérêt. Le cours des événements ne sera

Plus qu'une série de culbutes, dont le nombre et le fracas seront en raison de l'action des capitaux.

En 1839, le nombre des faillites, pour la seule place de Paris, a été de 1 064 ; cette proportion s'est soutenue dans les premiers mois de 1840, et, au moment où j'écris ces lignes, la crise ne paraît pas arrivée à son terme. On affirme, en outre, que le nombre des maisons qui se liquident est de beaucoup plus considérable que celui des maisons dont les faillites sont déclarées : qu'on juge, d'après ce cataclysme, de la force d'aspiration de la trombe.

La décimation de la société est tantôt insensible et permanente, tantôt périodique et brusque : cela dépend des diverses manières dont agit la propriété. Dans un pays de propriété morcelée et de petite industrie, les droits et les prétentions de chacun se faisant contrepoids, la puissance d'envahissement s'entre-détruit : là, à vrai dire, la propriété n'existe pas, puisque le droit d'aubaine est à peine exercé. La condition des travailleurs, quant à la sécurité de la vie, est à peu près la même que s'il y avait entre eux égalité absolue ; ils sont privés de tous les avantages d'une franche et entière association, mais leur existence n'est pas du moins menacée. A part quelques victimes isolées du droit de propriété, du malheur desquelles personne n'aperçoit la cause première, la société paraît calme au sein de cette espèce d'égalité : mais prenez garde, elle est en équilibre sur le tranchant d'une épée; au moindre choc, elle tombera et sera frappée à mort.

D'ordinaire, le tourbillon de la propriété se localise d'une part, le fermage s'arrête à point fixe ; de J'autre, par l'effet des concurrences et de la surabondance de production, le prix des marchandises industrielles n'augmente pas ; en sorte que la condition du paysan reste la même et ne dépend plus guère que des saisons. C'est donc sur l'industrie que porte principalement l'action dévorante de la propriété. De là vient que nous disons communément *crises commerciales* et non pas *crises agricoles*, parce que, tandis que le fermier est lentement consumé par le droit d'aubaine, l'industriel est englouti d'un seul trait ; de là les fériations dans les manufactures, les démolitions de fortunes, le blocus de la classe ouvrière, dont une partie va régulièrement s'éteindre sur les grands chemins, dans les hôpitaux, les prisons et les bagnes.

Résumons cette proposition :

La propriété vend au travailleur le produit plus cher qu'elle ne le lui paye ; donc elle est impossible.

APPENDICE
À LA CINQUIÈME PROPOSITION

I Certains réformateurs, et la plupart même des publicistes qui, sans appartenir à aucune école, s'occupent d'améliorer le sort de la classe la plus nombreuse et la plus pauvre, comptent beaucoup aujourd'hui sur une meilleure organisation du travail. Les disciples de Fourier surtout ne cessent de nous crier : *Au phalanstère!* en même temps qu'ils se déchaînent contre la sottise et le ridicule des autres sectes. Ils sont là une demi-douzaine de génies incomparables qui ont deviné que *cinq et quatre font neuf,* ôtez deux, reste neuf, et qui pleurent sur l'aveuglement de la France, qui refuse de croire à cette incroyable arithmétique [1].

1 Fourier ayant à multiplier un nombre entier par une fraction, ne manquait jamais, dit-on, de trouver un produit beaucoup plus grand que le multiplicande. Il affirmait qu'en harmonie le mercure serait solidifié à une température au-dessus de zéro ; c'est comme s'il eût dit que les harmoniens feraient de la glace brûlante. je demandais à un phalanstérien de beaucoup d'esprit ce qu'il pensait de cette physique : Je ne sais, me

En effet, les fouriéristes s'annoncent, d'une part, comme conservateurs de la propriété, du droit d'aubaine, qu'ils ont ainsi formulé : *À chacun selon son capital, son travail et son talent*; d'autre part, ils veulent que l'ouvrier parvienne à la jouissance de tous les biens de la société, c'est-à-dire, en réduisant l'expression, à la jouissance intégrale de son propre produit. N'est-ce pas comme s'ils disaient à cet ouvrier : Travaille, tu auras 3 f par jour; tu vivras avec 55 sous, tu donneras le reste au propriétaire, et tu auras consommé 3 f ?

Si ce discours n'est pas le résumé le plus exact du système de Charles Fourier, je veux signer de mon sang toutes les folies phalanstériennes.

À quoi sert de réformer l'industrie et l'agriculture, à quoi sert de travailler, en un mot, si la propriété est maintenue, si le travail ne peut jamais couvrir la dépense ? Sans l'abolition de la propriété, l'organisation du travail n'est qu'une déception de plus. Quand on quadruplerait la production, ce qu'après tout je ne crois pas impossible, ce serait peine perdue : si le surcroît de produit ne se consomme pas, il est de nulle valeur, et le propriétaire le refuse pour intérêt ; s'il se consomme, tous les inconvénients de la propriété reparaissent. Il faut avouer que la théorie des attractions passionnelles se trouve ici en défaut, et que, pour avoir voulu harmoniser la passion de propriété, passion mauvaise, quoi qu'en dise Fourier, il a jeté une poutre dans les roues de sa charrette.

L'absurdité de l'économie phalanstérienne est si grossière que beaucoup de gens soupçonnent Fourier, malgré toutes ses révérences aux propriétaires, d'avoir été un adversaire caché de la propriété. Cette opinion se peut soutenir par des raisons spécieuses ; toutefois je ne saurais la partager. La part du charlatanisme serait trop grande chez cet homme, et celle de la bonne foi trop petite. J'aime mieux croire à l'ignorance, d'ailleurs avérée, de Fourier, qu'à sa duplicité. Quant à ses disciples, avant qu'on puisse formuler aucune opinion sur leur compte, il est nécessaire qu'ils déclarent une bonne fois, catégoriquement, et sans restriction mentale, s'ils entendent, oui ou non, conserver la propriété, et ce que signifie leur fameuse devise : *A chacun selon son capital, son travail et son talent.*

---

répondit-il, mais je crois. Le même homme ne croyait pas à la présence réelle.

Chapitre IV

II Mais, observera quelque propriétaire à demi converti, ne serait-il pas possible, en supprimant la banque, les rentes, les fermages, les loyers, toutes les usures, la propriété enfin, de répartir les produits en proportion des capacités ? C'était la pensée de Saint-Simon, ce fut celle de Fourier, c'est le vœu de la conscience humaine, et l'on n'oserait décemment faire vivre un ministre comme un paysan.

Ah! Midas, que tes oreilles sont longues! Quoi! tu ne comprendras jamais que supériorité de traitement et droit d'aubaine c'est la même chose! Certes, ce ne fut pas la moindre bévue de Saint-Simon, de Fourier et de leurs moutons, d'avoir voulu cumuler, l'un l'inégalité et la communauté, l'autre l'inégalité et la propriété : mais toi, homme de calcul, homme d'économie, homme qui sais par cœur tes tables de *logarithmes*, comment peux-tu si lourdement te méprendre ? Ne te souvient-il plus que du point de vue de l'économie politique le produit d'un homme, quelles que soient ses capacités individuelles, ne vaut jamais que le travail d'un homme, et que le travail d'un homme ne vaut aussi que la consommation d'un homme ? Tu me rappelles ce grand faiseur de constitutions, ce pauvre Pinheiro-Ferreira, le Sieyès du dix-neuvième siècle qui, divisant une nation en douze classes de citoyens, ou douze grades, comme tu voudras, assignait aux uns 100 000 f de traitement, à d'autres 80 000; Puis 25 000, 15 000, 10 000, etc., jusqu'à 1 500 et 1 000 f, minimum des appointements d'un citoyen. Pinheiro aimait les distinctions, et ne concevait pas plus un État sans grands dignitaires, qu'une armée sans tambours-majors ; et comme il aimait aussi ou croyait aimer la liberté, l'égalité, la fraternité, il faisait des biens et des maux de notre vieille société un éclectisme dont il composait une constitution. Admirable Pinheiro! Liberté jusqu'à l'obéissance passive, fraternité jusqu'à l'identité du langage, égalité jusqu'au jury et à la guillotine, tel fut son idéal de la république. Génie méconnu, dont le siècle présent n'était pas digne, et que la postérité vengera.

Écoute, propriétaire. En fait, l'inégalité des facultés existe ; en droit, elle n'est point admise, elle ne compte pour rien, elle ne se suppose pas. Il suffit d'un Newton par siècle à 30 millions d'hommes; le psychologue admire la rareté d'un si beau génie, le législateur ne voit que la rareté de la fonction. Or, la rareté de la fonction ne crée pas un privilège au bénéfice du fonctionnaire, et cela pour plusieurs raisons,

Pierre-Joseph Proudhon

toutes également péremptoires.

1° La rareté du génie n'a point été, dans les intentions du Créateur, un motif pour que la société fût à genoux devant l'homme doué de facultés éminentes, mais un moyen providentiel pour que chaque fonction fût remplie au plus grand avantage de tous.

2° Le talent est une création de la société bien plus qu'un don de la nature ; c'est un capital accumulé, dont celui qui le reçoit n'est que le dépositaire. Sans la société, sans l'éducation qu'elle donne et ses secours puissants, le plus beau naturel resterait, dans le genre même qui doit faire sa gloire, au-dessous des plus médiocres capacités. Plus vaste est le savoir d'un mortel, plus belle son imagination, plus fécond son talent, plus coûteuse aussi son éducation a été, plus brillants et plus nombreux furent ses devanciers et ses modèles, plus grande est sa dette. Le laboureur produit au sortir du berceau et jusqu'au bord de la tombe : les fruits de l'art et de la science sont tardifs et rares, souvent J'arbre périt avant qu'il mûrisse. La société, en cultivant le talent, fait un sacrifice à l'espérance.

3° La mesure de comparaison des capacités n'existe pas : l'inégalité des talents n'est même, sous des conditions égales de développement, que la spécialité des talents.

4° L'inégalité des traitements, de même que le droit d'aubaine, est économiquement impossible. je suppose le cas le plus favorable, celui où tous les travailleurs ont fourni leur maximum de production : pour que la répartition des produits entre eux soit équitable, il faut que la part de chacun soit égale au quotient de la production divisée par le nombre des travailleurs. Cette opération faite, que reste-t-il pour parfaire les traitements supérieurs ? Absolument rien.

Dira-t-on qu'il faut lever une contribution sur tous les travailleurs ? Mais alors leur consommation ne sera plus égale à leur production, le salaire ne payera pas le service productif, le travailleur ne pourra pas racheter son produit, et nous retomberons dans toutes les misères de la propriété. je ne parle pas de l'injustice faite au travailleur dépouillé, des rivalités, des ambitions excitées, des haines allumées : toutes ces considérations peuvent avoir leur importance, mais ne vont pas droit au fait.

D'une part, la tâche de chaque travailleur étant courte et facile, et les moyens de la remplir avec succès étant égaux, comment y aurait-il des grands et des petits producteurs ? D'autre part, les fonctions étant toutes égales entre elles, soit par l'équivalence réelle des talents et des capacités, soit par la coopération sociale, comment un fonctionnaire pourrait-il arguer de l'excellence de son génie pour réclamer un salaire proportionnel ?

Mais, que dis-je ? dans l'égalité les salaires sont toujours proportionnels aux facultés. Qu'est-ce que le salaire en économie ? C'est ce qui compose la consommation reproductive du travailleur. L'acte même par lequel le travailleur produit est donc cette consommation, égale à sa production, que l'on demande: quand l'astronome produit des observations, le poète des vers, le savant des expériences, ils consomment des instruments, des livres, des voyages, etc., etc. ; or, si la société fournit à cette consommation, quelle autre proportionnalité d'honoraires l'astronome, le savant, le poète, exigeraient-ils ? Concluons donc que dans l'égalité et dans l'égalité seule, l'adage de Saint-Simon, *A chacun selon sa capacité, à chaque capacité selon ses œuvres*, trouve sa pleine et entière application.

III La grande plaie, la plaie horrible et toujours béante de la propriété, c'est qu'avec elle la population, de quelque quantité qu'on la réduise, demeure toujours et nécessairement surabondante. Dans tous les temps on s'est plaint de l'excès de population ; dans tous les temps la propriété s'est trouvée gênée de la présence du paupérisme, sans s'apercevoir qu'elle seule en était cause : aussi rien n'est plus curieux que la diversité des moyens qu'elle a imaginés pour l'éteindre. L'atroce et l'absurde s'y disputent la palme.

L'exposition des enfants fut la pratique constante de l'antiquité. L'extermination en gros et en détail des esclaves, la guerre civile et étrangère, prêtèrent aussi leurs secours. A Rome, où la propriété était forte et inexorable, ces trois moyens furent si longtemps et si efficacement employés, qu'à la fin l'empire se trouva sans habitants.

Pierre-Joseph Proudhon

Quand les Barbares arrivèrent, ils ne trouvèrent personne : les campagnes n'étaient plus cultivées ; l'herbe poussait dans les rues des cités italiennes.

A la Chine, de temps immémorial, c'est la famine qui est chargée du balayage des pauvres. Le riz étant presque la subsistance du petit peuple, un accident fait-il manquer la récolte, en quelques jours la faim tue les habitants par myriades ; et le mandarin historiographe écrit dans les annales de l'Empire du Milieu, qu'en telle année de tel empereur, une disette emporta 20, 30, 50, 100 000 habitants. Puis on enterre les morts, on se remet à faire des enfants, jusqu'à ce qu'une autre disette ramène un même résultat. Telle paraît avoir été de tout temps l'économie confucéenne.

J'emprunte les détails suivants à un économiste moderne.

« Dès le quatorzième et le quinzième siècle, l'Angleterre est dévorée par le paupérisme ; on porte des lois de sang contre les mendiants. » (Cependant sa population n'était pas le quart de ce qu'elle est aujourd'hui.)

« Édouard défend de faire l'aumône, sous peine d'emprisonnement... Les ordonnances de 1547 et 1656 présentent des dispositions analogues, en cas de récidive. - Élisabeth ordonne que chaque paroisse nourrira ses pauvres. Mais qu'est-ce qu'un pauvre ? Charles II décide qu'une résidence non contestée de quarante jours constate l'établissement dans la commune ; mais on conteste, et le nouvel arrivé est forcé de déguerpir. Jacques II modifie cette décision, modifiée de nouveau par Guillaume. Au milieu des examens, des rapports, des modifications, le paupérisme grandit, l'ouvrier languit et meurt.

« La taxe des pauvres, en 1774, dépasse 40 millions de francs ; 1783, 1784, 1785, ont coûté, année commune, 53 millions; 1813, plus de 187 500 000 f; 1816, 250 millions ; en 1817, on la suppose de 317 millions.

« En 1821, la masse des pauvres inscrits dans les paroisses était évaluée à 4 millions, du tiers au quart de la population.

Chapitre IV

« *France*. En 1544, François 1er institue une taxe d'aumône pour les pauvres, avec contrainte pour l'acquittement. 1566, 1586 rappellent le principe en l'appliquant à tout le royaume.

« Sous Louis XIV, 40 000 pauvres infestaient la capitale (autant, à proportion, qu'aujourd'hui). Des ordonnances sévères furent rendues sur la mendicité. En 1740, le parlement de Paris reproduit pour son ressort la cotisation forcée.

« La Constituante, effrayée de la grandeur du mal et des difficultés du remède, ordonne le *statu quo*.

« La Convention proclame comme *dette nationale* l'assistance à la pauvreté. - Sa loi reste sans exécution.

« Napoléon veut aussi remédier au mal : la pensée de sa loi est la réclusion. « Par là, disait-il, je préserverai les « riches de l'importunité des mendiants et de l'image « dégoûtante des infirmités de la haute misère. » 0 grand homme!

De ces faits, que je pourrais multiplier bien davantage, il résulte deux choses : l'une que le paupérisme est indépendant de la population, l'autre que tous les remèdes essayés pour l'éteindre sont restés sans efficacité.

Le catholicisme fonda des hôpitaux, des couvents, commanda l'aumône, c'est-à-dire encouragea la mendicité: son génie, parlant par ses prêtres, n'alla pas plus loin.

Le pouvoir séculier des nations chrétiennes ordonna tantôt des taxes sur les riches, tantôt l'expulsion et l'incarcération des pauvres, c'est-à-dire d'un côté la violation du droit de propriété, de l'autre la mort civile et l'assassinat.

Les modernes économistes s'imaginant que la cause du paupérisme gît tout entière dans la surabondance de population, se sont attachés surtout à comprimer son essor. Les uns veulent qu'on interdise le mariage au pauvre, de sorte qu'après avoir déclamé contre le célibat religieux, on propose un célibat forcé, qui nécessairement deviendra un célibat libertin.

Les autres n'approuvent pas ce moyen, trop violent, et qui ôte, disent-ils, au pauvre *le seul plaisir qu'il connaisse au monde*. Ils voudraient seulement qu'on lui recommandât la prudence : c'est l'opinion de MM. Malthus, Sismondi, Say, Droz, Duchâtel, etc. Mais si l'on veut que le pauvre soit prudent, il faut que le riche lui en donne l'exemple : pourquoi l'âge de se marier serait-il fixé à 18 ans pour celui-ci et à 30 pour celui-là ?

Puis, il serait à propos de s'expliquer catégoriquement sur cette prudence matrimoniale que l'on recommande si instamment à l'ouvrier ; car ici la plus fâcheuse des équivoques est à redouter, et je soupçonne les économistes de ne s'être pas parfaitement entendus. «Des ecclésiastiques peu éclairés s'alarment lorsqu'on parle de porter la prudence dans le mariage ; ils craignent qu'on ne s'élève contre l'ordre divin, *croissez et multipliez*. Pour être conséquents, ils devraient frapper d'anathème les célibataires. » (J. DROZ, *Économie politique*.)

M. Droz est trop honnête homme et trop peu théologien pour avoir compris la cause des alarmes des casuistes, et cette chaste ignorance est le plus beau témoignage de la pureté de son cœur. La religion n'a jamais encouragé la précocité des mariages, et l'espèce de *prudence* qu'elle blâme est celle exprimée dans ce latin de Sanchez : *An licet ob metum liberorum semen extra vas ejicere ?*

Destutt de Tracy paraît ne s'accommoder ni de l'une ni de l'autre prudence ; il dit : « J'avoue que je ne partage pas plus le zèle des moralistes pour diminuer et gêner nos plaisirs, que celui des politiques pour accroître notre fécondité et accélérer notre multiplication. » Son opinion est donc qu'on fasse l'amour et se marie tant qu'on pourra. Mais les suites de l'amour et du mariage sont de faire pulluler la misère ; notre philosophe ne s'en tourmente pas. Fidèle au dogme de la nécessité du mal, c'est du mal qu'il attend la solution de tous les problèmes. Aussi ajoute-t-il : « La multiplication des hommes continuant dans toutes les classes de la société, le superflu des premières est successivement rejeté dans les classes inférieures, et celui de la dernière est nécessairement détruit par la misère. » Cette philosophie compte peu de partisans avoués ; mais elle a sur toute autre l'avantage incontestable d'être démontrée par la pratique. C'est aussi celle que la France a entendu professer naguère à la chambre des députés, lors de la discussion sur la réforme électorale : *Il y aura toujours des pauvres* : tel est l'aphorisme politique avec lequel le ministre a pulvérisé l'argumentation de M. Arago. *Il y aura toujours des pauvres !* oui, avec la propriété.

Les fouriéristes, *inventeurs* de tant de merveilles, ne pouvaient, en cette occasion, mentir à leur caractère. Ils ont donc inventé quatre moyens d'arrêter, à volonté, l'essor de la population :

1° *La vigueur des femmes.* L'expérience leur est contraire sur ce point ; car si les femmes vigoureuses ne sont pas toujours les plus promptes à concevoir, du moins ce sont elles qui font les enfants les plus viables, en sorte que l'avantage de maternité leur demeure.

2° *L'exercice intégral*, ou développement égal de toutes les facultés physiques. Si ce développement est égal, comment la puissance de reproduction en serait-elle amoindrie ?

3° *Le régime gastrosophique*, en français, philosophie de la gueule. Les fouriéristes affirment qu'une alimentation luxuriante et plantureuse rendrait les femmes stériles, comme une surabondance de sève rend les fleurs plus riches et plus belles en les faisant avorter. Mais l'analogie est fausse : l'avortement des fleurs vient de ce que les étamines ou organes mâles sont changés en pétales, comme on peut s'en assurer à l'inspection d'une rose, et de ce que par l'excès d'humidité la poussière fécondante a perdu sa vertu prolifique. Pour que le régime gastrosophique produise les résultats qu'on en espère, il ne suffit donc pas d'engraisser les femelles, il faut rendre impuissants les mâles.

4° *Les moeurs phanérogames*, ou le concubinage public j'ignore pourquoi les phalanstériens emploient des mots grecs pour des idées qui se rendent très bien en français. Ce moyen, ainsi que le précédent, est imité des procédés civilisés : Fourier cite lui-même en preuve l'exemple des filles publiques. Or, la plus grande incertitude règne encore sur les faits qu'il allègue ; c'est ce que dit formellement Parent Duchâtelet, dans son livre *De la prostitution*.

D'après les renseignements que j'ai pu recueillir, les remèdes au paupérisme et à la fécondité, indiqués par l'usage constant des nations, par la philosophie, par l'économie politique et par les réformateurs les plus récents, sont compris dans la liste suivante : Masturbation, onanisme, pédérastie, tribadie, polyandrie [1], prostitution, castration, réclusion, avortement, infanticide [2].

L'insuffisance de tous ces moyens étant prouvée, reste la proscription.

Malheureusement la proscription, en détruisant les pauvres, ne ferait qu'en accroître la proportion. Si l'intérêt prélevé par le propriétaire sur le produit est seulement égal au vingtième de ce produit (d'après la loi, il est égal au vingtième du capital), il s'ensuit que 20 travailleurs ne produisent que pour 19, parce qu'il y en a un parmi eux qu'on appelle propriétaire, et qui mange la part de deux. Supposons que le 20e travailleur, l'indigent, soit tué, la production de l'année suivante sera diminuée d'un 20e ; par conséquent, ce sera au 19e à céder sa portion et à périr. Car, comme ce n'est pas le 20e du produit de 19 qui doit être payé au propriétaire, mais le 20e du produit de 20 (voyez 3e proposition), c'est un 20e plus un 400e de son produit que chaque travailleur survivant doit se retrancher; en d'autres termes, c'est un homme sur 19 qu'il faut occire. Donc avec la propriété, plus on tue de pauvres, plus il en renaît à proportion.

Malthus, qui a si savamment prouvé que la population croît dans une progression géométrique, tandis que la production n'augmente qu'en progression arithmétique, n'a pas remarqué cette puissance

---

1 Polyandrie, pluralité de maris.

2 L'infanticide vient d'être publiquement demandé en Angleterre, dans une brochure dont l'auteur se donne pour disciple de Malthus. Il propose un massacre annuel des innocents dans toutes les familles dont la progéniture dépasserait le nombre fixé par la loi : et il demande qu'un cimetière magnifique, orné de statues, de bosquets, de jets d'eau, de fleurs, soit destiné à la sépulture spéciale des enfants surnuméraires. Les mères iraient dans ce lieu de délices rêver au bonheur de ces petits anges, et toutes consolées reviendraient en faire d'autres qu'on y enverrait à leur tour.

paupérifiante de la propriété. Sans cette omission, il eût compris qu'avant de chercher à réprimer notre fécondité, il faut commencer par abolir le droit d'aubaine, parce que là où ce droit est toléré, quelles que soient l'étendue et la richesse du sol, il y a toujours trop d'habitants.

On demandera peut-être quel moyen le proposerais pour maintenir l'équilibre de population ; car tôt ou tard ce problème devra être résolu. Ce moyen, le lecteur me permettra de ne pas le nommer ici. Car, selon moi, ce n'est rien dire si l'on ne prouve : or, pour exposer dans toute sa vérité le moyen dont je parle, il ne me faudrait pas moins qu'un traité dans les formes. C'est quelque chose de si simple et de si grand, de si commun et de si noble, de si vrai et de si méconnu, de si saint et de si profane, que le nommer, sans développement et sans preuves, ne servirait qu'à soulever le mépris et l'incrédulité. Qu'il nous suffise d'une chose : établissons l'égalité, et nous verrons paraître ce remède; car les vérités se suivent, de même que les erreurs et les crimes.

SIXIÈME PROPOSITION

La propriété est impossible, parce qu'elle est mère de tyrannie

Qu'est-ce que le gouvernement ? Le gouvernement est l'économie publique, l'administration suprême des travaux et des biens de toute la nation.

Or, la nation est comme une grande société dans laquelle tous les citoyens sont actionnaires : chacun a voix délibérative à l'assemblée, et, si les actions sont égales, dispose d'un suffrage. Mais, sous le régime de propriété, les mises des actionnaires sont entre elles d'une extrême inégalité ; donc tel peut avoir droit à plusieurs centaines de voix, tandis que tel autre n'en aura qu'une. Si, par exemple, je jouis d'un million de revenu, c'est-à-dire si je suis propriétaire d'une fortune de 30 à 40 millions en biens fonds, et que cette fortune compose à elle seule la 30 000e partie du capital national, il est clair que la haute administration de mon bien forme la 30 000e partie du gouvernement, et, si la nation compte 34 millions d'individus, que je vaux moi seul autant que 1 133 actionnaires simples.

Ainsi, quand M. Arago demande le suffrage électoral pour tous les gardes nationaux, il est parfaitement dans le droit, puisque tout citoyen est inscrit pour au moins une action nationale, laquelle lui donne droit à une voix; mais l'illustre orateur devait en même temps demander que chaque électeur eût autant de voix qu'il possède d'actions, comme nous voyons qu'il se pratique dans les sociétés de commerce. Car autrement ce serait prétendre que la nation a droit de disposer des biens des particuliers sans les consulter, ce qui est contre le droit de propriété. Dans un pays de propriété, l'égalité des droits électoraux est une violation de la propriété.

Or, si la souveraineté ne peut et ne doit être attribuée à chaque citoyen qu'en raison de sa propriété, il s'ensuit que les petits actionnaires sont à la merci des plus forts, qui pourront, dès qu'ils en auront envie, faire de ceux-là leurs esclaves, les marier à leur gré, leur prendre leurs femmes, faire eunuques leurs garçons, prostituer leurs filles, jeter les vieux aux lamproies, et seront même forcés d'en venir là, si mieux ils n'aiment se taxer eux-mêmes pour nourrir leurs serviteurs. C'est le cas où se trouve aujourd'hui la Grande-Bretagne: John Bull, peu curieux de liberté, d'égalité, de dignité, préfère servir et mendier: mais toi, bonhomme Jacques ?

La propriété est incompatible avec l'égalité politique et civile, donc la propriété est impossible.

Commentaire historique.

1° Lorsque le doublement du tiers fut décrété par les états généraux de 1789, une grande violation de la propriété fut commise. La noblesse et le clergé possédaient à eux seuls les trois quarts du sol français ; la noblesse et le clergé devaient former les trois quarts de la représentation nationale. Le doublement du tiers était juste, dit-on, parce que le peuple payait presque seul les impôts. Cette raison serait bonne, s'il ne se fût agi que de voter sur des impôts : mais on parlait de réformer le gouvernement et la constitution ; dès lors le doublement du tiers était une usurpation et une attaque à la propriété.

2° Si les représentants actuels de l'opposition radicale arrivaient au pouvoir, ils feraient une réforme par laquelle tout garde national serait électeur, et tout électeur éligible attaque à la propriété.

Ils convertiraient la rente : attaque à la propriété.

Ils feraient, dans l'intérêt général, des lois sur l'exportation des bestiaux et des blés : attaque à la propriété.

Ils changeraient l'assiette de l'impôt : attaque à la propriété.

Ils répandraient gratuitement l'instruction parmi le peuple : conjuration contre la propriété.

Ils organiseraient le travail, c'est-à-dire qu'ils assureraient le travail à l'ouvrier et le feraient participer aux bénéfices : abolition de la propriété.

Or ces mêmes radicaux sont défenseurs zélés de la propriété, preuve radicale qu'ils ne savent ni ce qu'ils font ni ce qu'ils veulent.

3° Puisque la propriété est la grande cause du privilège et du despotisme, la formule du serment républicain doit être changée. Au lieu de : *Je jure haine à la royauté*, désormais le récipiendaire d'une société secrète doit dire : *Je jure haine à la propriété*.

SEPTIÈME PROPOSITION

La propriété est impossible, parce qu'en consommant ce qu'elle reçoit elle le perd, qu'en l'épargnant elle l'annule, qu'en le capitalisant elle le tourne contre la production

I Si nous considérons, avec les économistes, le travailleur comme une machine vivante, le salaire qui lui est alloué nous apparaîtra comme la dépense nécessaire à l'entretien et à la réparation de cette machine. Un chef de manufacture qui a des ouvriers et des employés à 3, 5, 10 et 15 f par jour, et qui s'adjuge à lui-même 20 f pour sa haute direction, ne regarde pas tous ses déboursés comme perdus, parce qu'il sait qu'ils lui rentreront sous forme de produits. Ainsi, travail et *consommation* *reproductive,* c'est même chose.

Qu'est-ce que le propriétaire ? C'est une machine qui ne fonctionne pas, ou qui, en fonctionnant pour son plaisir et selon son caprice, ne produit rien.

Qu'est-ce que consommer propriétairement ? C'est consommer sans travailler, consommer sans reproduire. Car, encore une fois, ce que le propriétaire consomme comme travailleur, il se le fait rembourser ; il ne donne pas son travail en échange de sa propriété, puisqu'il cesserait par là même d'être propriétaire. A consommer comme travailleur, le propriétaire gagne, ou du moins ne perd rien, puisqu'il se recouvre ; à consommer propriétairement, il s'appauvrit. Pour jouir de la propriété, il faut donc la détruire ; pour être effectivement propriétaire, il faut cesser d'être propriétaire.

Le travailleur qui consomme son salaire est une machine qui se sépare et qui reproduit ; le propriétaire qui consomme son aubaine est un gouffre sans fond, un sable qu'on arrose, une pierre sur laquelle on sème. Tout cela est si vrai que le propriétaire, ne voulant ou ne sachant produire, et sentant bien qu'à mesure qu'il use de sa propriété il la détruit irréparablement, a pris le parti de faire produire quelqu'un à sa place : c'est ce que l'économie politique, d'immortelle justice, appelle *produire par son capital, produire par son instrument.* Et c'est ce qu'il faut appeler *produire par un esclave, produire en larron et en tyran.* Lui, le propriétaire, produire!... Le voleur peut aussi dire: Je produis.

La consommation propriétaire a été nommée luxe par opposition à la consommation *utile.* D'après ce qui vient d'être dit, on comprend qu'il peut régner un grand luxe dans une nation sans qu'elle en soit plus riche; qu'elle sera même d'autant plus pauvre qu'on y verra plus de luxe, et vice versa. Les économistes, il faut leur rendre cette justice, ont inspiré une telle horreur du luxe, qu'aujourd'hui un très grand nombre de propriétaires, pour ne pas dire presque tous, honteux de leur oisiveté, travaillent, épargnent, capitalisent. C'est tomber de fièvre en chaud mal.

Je ne saurais trop le redire : le propriétaire qui croit mériter ses

Chapitre IV

revenus en travaillant, et qui reçoit des appointements pour son travail, est un fonctionnaire qui se fait payer deux fois : voilà toute la différence qu'il y a du propriétaire oisif au propriétaire qui travaille. Par son travail, le propriétaire ne produit que ses appointements, il ne produit pas ses revenus. Et comme sa condition lui offre un avantage immense pour se pousser aux fonctions les plus lucratives, on peut dire que le travail du propriétaire est encore plus nuisible qu'utile à la société. Quoi que fasse le propriétaire, la consommation de ses revenus est une perte réelle, que ses fonctions salariées ne réparent ni ne justifient, et qui anéantirait la propriété, si elle n'était sans cesse réparée par une production étrangère.

II Le propriétaire qui consomme annihile donc le produit : c'est bien pis quand il s'avise d'épargner. Les choses qu'il met de côté passent dans un autre monde ; on ne revoit plus rien, pas même le *caput mortuum*, le fumier. S'il existait des moyens de transport pour voyager dans la lune, et qu'il prît fantaisie aux propriétaires d'y porter leurs épargnes, au bout d'un certain temps notre planète terraquée serait transportée par eux dans son satellite.

Le propriétaire qui épargne empêche les autres de jouir sans jouir lui-même ; pour lui, ni possession ni propriété. Comme l'avare, il couve son trésor : il n'en use pas. Qu'il en repaisse ses yeux, qu'il le couche avec lui, qu'il s'endorme en l'embrassant : il aura beau faire, les écus n'engendrent pas les écus. Point de propriété entière sans jouissance, point de jouissance sans consommation, point de consommation sans perte de la propriété : telle est l'inflexible nécessité dans laquelle le jugement de Dieu a placé le propriétaire. Malédiction sur la propriété!

III Le propriétaire qui, au lieu de consommer son revenu, le capitalise, le tourne contre la production, et par là rend l'exercice de son droit impossible. Car plus il augmente la somme des intérêts à payer, plus il est forcé de diminuer le salaire ; or, plus il diminue les salaires, c'est-à-dire plus il retranche sur 1 1 entretien et la réparation des machines, plus il diminue et la quantité de travail, et avec la quantité de travail la quantité de produit, et avec la quantité de produit la source même des revenus. C'est ce que l'exemple suivant va rendre sensible.

Soit un domaine consistant en terres labourables, prés, vignes, maison de maître et de fermier, et valant, avec tout le matériel d'exploitation, 100 000 f, d'après estimation faite à 3 P. 100 de revenu. Si, au lieu de consommer son revenu, le propriétaire l'appliquait non à l'agrandissement de son domaine, mais à son embellissement, pourrait-il exiger de son fermier 90 f de plus chaque année pour les 3 000 f qu'il capitaliserait de la sorte ? Évidemment non : car, à de pareilles conditions, le fermier, ne produisant pas davantage, serait bientôt obligé de travailler pour rien, que dis-je ? de mettre encore du sien pour tenir à cheptel.

En effet, le revenu ne peut s'accroître que par l'accroissement du fonds productif; il ne servirait à rien de s'enclore de murailles de marbre et de labourer avec des charrues d'or. Mais comme il n'est pas possible d'acquérir sans cesse, de joindre domaine à domaine, de continuer ses possessions, comme disaient les Latins, et que, cependant, il reste toujours au propriétaire de quoi capitaliser, il s'ensuit que l'exercice de son droit devient, à la fin, de toute nécessité impossible.

Eh bien! malgré cette impossibilité, la propriété capitalise et en capitalisant multiplie ses intérêts ; et, sans m'arrêter à la foule des exemples particuliers que m'offriraient le commerce, l'industrie manufacturière et la banque, je citerai un fait plus grave et qui touche tous les citoyens : je veux parler de l'accroissement indéfini du budget.

L'impôt augmente chaque année : il serait difficile de dire précisément dans quelle partie des charges publiques se fait cette augmentation, car qui peut se flatter de connaître quelque chose à un budget? Tous les jours nous voyons les financiers les plus habiles en désaccord : que penser, je le demande, de la science gouvernementale, quand les maîtres de cette science ne peuvent s'entendre sur des chiffres ? Quoi qu'il en soit des causes immédiates de cette progression budgétaire, les impôts n'en vont pas moins un train d'augmentation qui désespère : tout le monde le voit, tout le monde le dit, il semble que personne n'en aperçoive la cause première [1]. Or, je dis que cela ne peut

---

1 « La position financière du gouvernement anglais a été mise à nu dans la séance de la chambre des lords du 23 janvier ; elle n'est pas brillante. Depuis plusieurs années les dépenses dépassent les recettes, et le ministère ne rétablit la balance qu'à l'aide d'emprunts renouvelés tous les ans. Le déficit, officiellement constaté pour 1838 et 1839, se monte seul à 47 500 000 f. En 1840, l'excédent prévu des dépenses sur les

être autrement, et que cela est nécessaire, inévitable.

Une nation est comme la fermière d'un grand propriétaire qu'on appelle le gouvernement, à qui elle paye, pour l'exploitation du sol, un fermage connu sous le nom d'*impôt*. Chaque fois que le gouvernement fait une guerre, perd une bataille ou la gagne, change le matériel de l'armée, élève un monument, creuse un canal, ouvre une route ou un chemin de fer, il fait un emprunt d'argent, dont les contribuables payent l'intérêt, c'est-à-dire que le gouvernement, sans accroître le fond de production, augmente son capital actif; en un mot capitalise précisément comme le propriétaire dont je parlais tout à l'heure.

Or, l'emprunt du gouvernement une fois formé, et l'intérêt stipulé, le budget n'en peut être dégrevé ; car pour cela il faudrait, ou que les rentiers fissent remise de leurs intérêts, ce qui ne se peut sans l'abandon de la propriété, ou que le gouvernement fît banqueroute, ce qui serait une négation frauduleuse du principe politique, ou qu'il remboursât la dette, ce qui ne se peut que par un autre emprunt, ou qu'il économisât sur les dépenses, ce qui ne se peut, puisque si l'emprunt a été formé, c'est que les recettes ordinaires étaient insuffisantes, ou que l'argent dépensé par le gouvernement fût reproductif, ce qui ne peut avoir lieu qu'en étendant le fonds de production; or, cette extension est contre l'hypothèse : ou bien, enfin, il faudrait que les contribuables subissent un nouvel impôt pour rembourser la dette, chose impossible ; car si la répartition de ce nouvel impôt est égale entre tous les citoyens, la moitié, ou même plus, des citoyens ne pourront la payer ; si elle ne frappe que les riches, ce sera une contribution forcée, une atteinte à la propriété. Depuis longtemps, la pratique des finances a montré que la voie des emprunts, bien qu'excessivement dangereuse, est encore la plus commode, la plus sûre et la moins coûteuse ; on emprunte donc, c'est-à-dire on capitalise sans cesse, on augmente le budget.

Donc un budget, bien loin qu'il puisse jamais être diminué, doit nécessairement et toujours s'accroître ; c'est là un fait si simple, si

revenus sera de 22 500 000 f. C'est lord Ripon qui a posé ces chiffres. Lord Melbourne lui a répondu : , Le noble comte a eu « malheureusement raison de déclarer que les dépenses publiques vont toujours croissant, et, comme lui, je dois dire qu'il n'y a pas lieu d'espérer qu'il pourra être apporté des diminutions ou un remède à « ces dépenses. » (National du 26 janvier 1840.)

Pierre-Joseph Proudhon

palpable, qu'il est étonnant que les économistes, avec toutes leurs lumières, ne l'aient pas aperçu. S'ils l'ont aperçu, pourquoi ne l'ont-ils pas dénoncé ?

Commentaire historique.

On se préoccupe fort aujourd'hui d'une opération de finances dont on espère un grand résultat pour le dégrèvement du budget ; il s'agit de la conversion de la rente 5 p. 100. Laissant de côté la question politico-légale pour ne voir que la question financière, n'est-il pas vrai que, lorsqu'on aura converti le 5 p. 100 en 4 P. 100, il faudra plus tard, par les mêmes raisons et les mêmes nécessités, convertir le 4 en 3, puis le 3 en 2, Puis le 2 en 1, puis enfin abolir toute espèce de rente ? Mais ce sera, par le fait, décréter l'égalité des conditions et l'abolition de la propriété : or, il me semblerait digne d'une nation intelligente d'aller au-devant d'une révolution inévitable, plutôt que de s'y laisser traîner au char de l'inflexible nécessité.

HUITIÈME PROPOSITION

La propriété est impossible, parce que sa puissance d'accumulation est infinie et qu'elle ne s'exerce que sur des quantités finies

Si les hommes, constitués en égalité, accordaient à l'un d'eux le droit exclusif de propriété, et que ce propriétaire unique plaçât sur l'humanité, à intérêts composés, une somme de 100 f, remboursable à ses descendants à la vingt-quatrième génération, au bout de six cents ans, cette somme de 100 f, placée à 5 p. toc, s'élèverait à 107 854 010 777 600 f, somme égale à 2 696 fois et un tiers le capital de la France, en supposant ce capital de 40 milliards. C'est plus de vingt fois ce que vaut le globe terrestre, meubles et immeubles.

D'après nos lois, un homme qui, sous le règne de saint Louis, aurait emprunté la même somme de 100 f, et aurait refusé, lui et ses héritiers après lui, de la rendre, s'il était reconnu que lesdits héritiers ont tous été possesseurs de mauvaise foi, et que la prescription a toujours été interrompue en temps utile, le dernier héritier pourrait être condamné à rendre ces 100 f avec intérêts et intérêts des intérêts, ce qui, comme on vient de voir, ferait un remboursement de près de 108 000 milliards.

Tous les jours, on voit des fortunes dont la progression est incomparablement plus rapide : l'exemple précédent suppose le bénéfice égal au vingtième du capital : il n'est pas rare qu'il égale le dixième, le cinquième, la moitié du capital et le capital lui-même.

Les fouriéristes, irréconciliables ennemis de l'égalité, dont ils traitent les partisans de requins, se font fort, en quadruplant la production, de satisfaire à toutes les exigences du capital, du travail et du talent. Mais quand la production serait quadruplée, décuplée, centuplée, la propriété, par sa puissance d'accumulation et ses effets de capitalisation, absorberait bien vite et les produits et les capitaux, et la terre, et jusqu'aux travailleurs. Sera-t-il défendu au phalanstère de capitaliser et de placer à intérêt? Qu'on explique alors ce qu'on entend par propriété ?

Je ne pousserai pas plus loin ces calculs, que chacun peut varier à l'infini, et sur lesquels il serait puéril à moi d'insister; je demande seulement, lorsque des juges dans un procès au possessoire accordent des intérêts, d'après quelle règle ils les adjugent ? Et, reprenant la question de plus haut, je demande :

Le législateur, en introduisant dans la République le principe de propriété, en a-t-il pesé toutes les conséquences ? A-t-il connu la loi du possible ? S'il l'a connue, pourquoi le Code n'en parle-t-il pas, pourquoi cette latitude effrayante laissée au propriétaire dans l'accroissement de sa propriété et la pétition de ses intérêts ; au juge, dans la reconnaissance et la fixation du domaine de propriété ; à l'État, dans la puissance d'établir sans cesse de nouveaux impôts ? Hors de quelles limites le peuple a-t-il droit de refuser le budget, le fermier son fermage, l'industriel les intérêts de son capital ? jusqu'à quel point l'oisif peut-il exploiter le travailleur ? OÙ commence le droit de spoliation, où finit-il ? Quand est-ce que le producteur peut dire au propriétaire : je ne te dois plus rien ? Quand est-ce que la propriété est satisfaite? Quand n'est-il plus permis de voler ?

Si le législateur a connu la loi du possible, et qu'il n'en ait tenu compte, que devient sa justice ? S'il ne l'a pas connue, que devient sa sagesse ? Inique ou imprévoyante, comment reconnaîtrions-nous son autorité ?

Si nos chartes et nos codes n'ont pour principe qu'une hypothèse absurde, qu'enseigne-t-on dans les écoles de droit ? Qu'est-ce qu'un arrêt de la cour de cassation ? Sur quoi délibèrent nos chambres ? Qu'est-ce que *politique* ? Qu'appelons-nous *homme d'État* ? Que signifie *jurisprudence* ? N'est-ce pas *jurisignorance* que nous devrions dire?

Si toutes nos institutions ont pour principe une erreur de calcul, ne s'ensuit-il pas que ces institutions sont autant de mensonges ? Et si l'édifice social tout entier est bâti sur cette impossibilité absolue de la propriété, n'est-il pas vrai que le gouvernement sous lequel nous vivons est une chimère, et la société actuelle une utopie ?

NEUVIÈME PROPOSITION

La propriété est impossible, parce qu'elle est impuissante contre la propriété

I D'après le troisième corollaire de notre axiome, l'intérêt court contre le propriétaire comme contre l'étranger; ce principe d'économie est universellement reconnu. Rien de plus simple au premier coup d'œil; cependant, rien de plus absurde, de plus contradictoire dans les termes et d'une plus absolue impossibilité.

L'industriel, dit-on, se paye à lui-même le loyer de sa maison et de ses capitaux; *il se paye*, c'est-à-dire il se fait payer par le public qui achète ses produits : car supposons que ce bénéfice, que l'industriel a l'air de faire sur sa propriété, il veuille le faire également sur ses marchandises, peut-il se payer 1 f ce qui lui coûte go centimes et gagner sur le marché ? Non: une semblable opération ferait passer l'argent du marchand de sa main droite à sa main gauche, mais sans aucun bénéfice pour lui.

Or, ce qui est vrai d'un seul individu trafiquant avec lui-même, est vrai aussi de toute société de commerce. Formons une chaîne de dix, quinze, vingt producteurs, aussi longue qu'on voudra : si le producteur

A prélève un bénéfice sur le producteur B, d'après les principes économiques, B doit se faire rembourser par C, C par D, et ainsi de suite jusqu'à Z.

Mais par qui Z se fera-t-il rembourser du bénéfice prélevé au commencement par A ? *Par le consommateur*, répond Say. Misérable Escobar! Ce consommateur est-il donc autre que A, B, C, D, etc., ou Z ? Par qui Z se fera-t-il rembourser ? S'il se fait rembourser par le premier bénéficiaire A, il n'y a plus de bénéfice pour personne, ni par conséquent de propriété. Si, au contraire, Z supporte ce bénéfice, dès ce moment il cesse de faire partie de la société, puisqu'elle lui refuse le droit de propriété et de bénéfice qu'elle accorde aux autres associés.

Puis donc qu'une nation, comme l'humanité tout entière, est une grande société industrielle qui ne peut agir hors d'elle-même, il est démontré que nul homme ne peut s'enrichir sans qu'un autre s'appauvrisse. Car, pour que le droit de propriété, le droit d'aubaine soit respecté dans A, il faut qu'il soit refusé à Z ; par où l'on voit comme l'égalité des droits, séparée de il égalité des conditions, peut être une vérité. L'iniquité de l'économie politique à cet égard est flagrante. « Lorsque moi, entrepreneur d'industrie, j'achète le service d'un ouvrier, je ne compte pas son salaire dans le produit net de mon entreprise, au contraire, je l'en déduis ; mais l'ouvrier le compte dans son produit net... » (SAY, *Économie politique*.)

Cela signifie que tout ce que gagne l'ouvrier est *produit net* ; mais que, dans ce que gagne l'entrepreneur, cela seul est *produit net*, qui dépasse ses appointements. Mais pourquoi l'entrepreneur a-t-il seul le droit de bénéficier ? Pourquoi ce droit, qui est au fond le droit même de propriété, est-il refusé à l'ouvrier ? Aux termes de la science économique, l'ouvrier est un capital ; or tout capital, outre ses frais de réparation et d'entretien, doit porter un intérêt; c'est ce que le propriétaire a le soin de faire pour ses capitaux et pour lui-même: pourquoi n'est-il pas permis à l'ouvrier de prélever semblablement un intérêt sur son capital qui est lui ?

La propriété est donc l'inégalité des droits ; car si elle n'était pas l'inégalité des droits, elle serait l'égalité des biens, elle ne serait pas. Or la charte constitutionnelle garantit à tous l'égalité des droits, donc, avec la charte constitutionnelle, la propriété est impossible.

II Le propriétaire d'un domaine A peut-il, par cela seul qu'il est le propriétaire de ce domaine, s'emparer du champ B son riverain ? - Non, répondent les propriétaires; mais qu'a cela de commun avec le droit de propriété ? C'est ce que vous allez voir par une série de propositions identiques.

L'industriel C, marchand de chapeaux, a-t-il droit de forcer D son voisin, aussi marchand de chapeaux, à fermer sa boutique et à cesser son commerce ? - Pas le moins du monde.

Mais C veut gagner 1 f par chapeau, tandis que D se contente de 50 centimes ; il est évident que la modération de D nuit aux prétentions de C : celui-ci a-t-il droit d'empêcher le débit de D ? -Non, assurément.

Puisque D est maître de vendre ses chapeaux à 50 centimes meilleur marché que C, à son tour C est libre de diminuer les siens de 1 f. Or D est pauvre, tandis que C est riche; tellement qu'au bout d'un ou deux ans, D est ruiné par cette concurrence insoutenable, et C se trouve maître de toute la vente. Le propriétaire D a-t-il quelque recours contre le propriétaire C ? Peut-il former contre lui une action en revendication de son commerce, de sa propriété ? - Non, car D avait le droit de faire la même chose que C, s'il avait été le plus riche.

Par la même raison, le grand propriétaire A Peut dire au petit propriétaire B Vends-moi ton champ, sinon tu ne vendras pas ton blé et cela, sans lui faire le moindre tort, sans que celui-ci ait droit de se plaindre. Si bien que, moyennant une volonté efficace, A dévorera B, par cette seule raison que A est plus grand que B. Ainsi ce n'est point par le droit de propriété que A et C auront dépouillé B et D, c'est par le droit de la force. Par le droit de propriété, les deux aboutissants A et B, de même que les négociants C et D, ne se pouvaient rien ; ils ne pouvaient ni se déposséder ni se détruire, ni s'accroître aux dépens l'un de l'autre : c'est le droit du plus fort qui a consommé l'acte d'envahissement.

Mais c'est aussi par le droit du plus fort que le manufacturier obtient sur les salaires la réduction qu'il demande, que le négociant riche et le propriétaire approvisionné vendent leurs produits ce qu'ils veulent. L'entrepreneur dit à l'ouvrier : Vous êtes maître de porter ailleurs vos services, comme je le suis de les accepter ; je vous offre tant. - Le marchand dit à la pratique : C'est à prendre ou à laisser; vous êtes maître de votre argent, comme je le suis de ma marchandise : j'en veux tant. Qui cédera ? le plus faible.

Donc, sans la force, la propriété est impuissante contre la propriété, puisque sans la force elle ne peut s'accroître par l'aubaine ; donc, sans la force, la propriété est nulle.

Commentaire historique. La question des sucres coloniaux et indigènes nous fournit un exemple frappant de cette impossibilité de la propriété. Abandonnez à elles-mêmes les deux industries, le fabricant indigène sera ruiné par le colon. Pour soutenir la betterave, il faut grever la canne : pour maintenir la propriété de l'un, il faut faire injure à la propriété de l'autre. Ce qu'il y a de plus remarquable dans cette affaire est précisément ce à quoi l'on a fait le moins attention, savoir : que, de façon ou d'autre, la propriété devait être violée. Imposez à chaque industrie un droit proportionnel, de manière à les équilibrer sur le marché, vous créez un *maximum*, vous portez à la propriété une double atteinte d'une part, votre taxe entrave la liberté du commerce de l'autre, elle méconnaît l'égalité des propriétaires. Indemnisez la betterave, vous violez la propriété du contribuable. Exploitez, au compte de la nation, les deux qualités de sucre, comme on cultive diverses qualités de tabac, vous abolissez une espèce de propriété. Ce dernier parti serait le plus simple et le meilleur : mais pour y amener la nation, il faudrait un concours d'esprits habiles et de volontés généreuses, impossible à réaliser aujourd'hui.

La concurrence, autrement dite la liberté du commerce, en un mot la propriété dans les échanges, sera longtemps encore le fondement de notre législation commerciale, qui, du point de vue économique, embrasse toutes les lois civiles et tout le gouvernement. Or, qu'est-ce que la concurrence? Un duel en champ clos, dans lequel le droit se décide par les armes.

Pierre-Joseph Proudhon

Qui ment, de l'accusé ou du témoin, disaient nos barbares ancêtres ? - Qu'on les fasse battre, répondait le juge encore plus barbare ; le plus fort aura raison.

Qui de nous deux vendra des épices au voisin ? - Qu'on les mette en boutique, s'écrie l'économiste : le plus fin ou le plus fripon sera le plus honnête homme et le meilleur marchand.

C'est tout l'esprit du Code Napoléon.

DIXIÈME PROPOSITION

La propriété est impossible, parce qu'elle est la négation de l'égalité

Le développement de cette proposition sera le résumé des précédentes.

1° Le principe du droit économique est que *les produits ne s'achètent que par des produits*; la propriété, ne pouvant être défendue que comme productrice d'utilité et ne produisant rien, est dès ce moment condamnée ;

2° C'est une loi d'économie que *le travail doit être balancé par le produit* ; c'est un fait qu'avec la propriété, la production coûte plus qu'elle ne vaut ;

3° Autre loi d'économie : *Le capital étant donné, la production se mesure non plus à la grandeur du capital, mais à la force productrice* ; la propriété, exigeant que le revenu soit toujours proportionnel au capital, sans considération du travail, méconnaît ce rapport d'égalité de l'effet à la cause ;

4° et 5° Comme l'insecte qui file sa soie, le travailleur ne produit jamais que pour lui-même ; la propriété, demandant produit double et ne pouvant l'obtenir, dépouille le travailleur et le tue ;

6° La nature n'a donné à chaque homme qu'une raison, un esprit, une volonté ; la propriété, accordant au même individu pluralité de suffrages, lui suppose pluralité d'âmes ;

7° Toute consommation qui n'est pas reproductrice d'utilité est une destruction ; la propriété, soit qu'elle consomme, soit qu'elle épargne, soit qu'elle capitalise, est productrice d'*inutilité*, cause de stérilité et de mort ;

8° Toute satisfaction d'un droit naturel est une équation ; en d'autres termes, le droit à une chose est nécessairement rempli par la possession de cette chose. Ainsi, entre le droit à la liberté et la condition d'homme libre il y a balance : équation ; entre le droit d'être père et la paternité, équation ; entre le droit à la sûreté et la garantie sociale, équation. Mais entre le droit d'aubaine et la perception de cette aubaine, il n'y a jamais équation ; car à mesure que l'aubaine est perçue, elle donne droit à une autre, celle-ci à une troisième, etc., ce qui n'a plus de terme. La propriété n'étant jamais adéquate à son objet est un droit contre la nature et la raison ; go Enfin, la propriété n'existe pas par elle-même; pour se produire, pour agir, elle a besoin d'une cause étrangère, qui est la *force* ou la *fraude* ; en d'autres termes, la propriété n'est point égale à la propriété, c'est une négation, un mensonge, RIEN.

Chapitre V

Exposition Psychologique de l'idée de juste et d'injuste, et détermination du principe du gouvernement et du droit

La propriété est impossible; l'égalité n'existe pas. La première nous est odieuse, et nous la Voulons : la seconde domine toutes nos pensées, et nous ne savons la réaliser. Qui nous expliquera cet antagonisme profond de notre conscience et de notre volonté ? Qui montrera les causes de cette erreur funeste devenue le principe le plus sacré de la justice et de la société ?

J'ose l'entreprendre et j'espère d'y réussir.

Mais avant d'expliquer comment l'homme a violé la justice, il est nécessaire de déterminer la justice.

PREMIÈRE PARTIE
§ 1er - Du sens moral dans l'homme et dans les animaux

Les philosophes ont souvent agité la question de savoir quelle est la ligne précise qui sépare l'intelligence de l'homme de celle des animaux; et, selon leur habitude, ils ont débité force sottises avant de se résoudre au seul parti qu'ils eussent à prendre, à l'observation. Il était réservé à un savant modeste, qui peut-être ne se piquait point de philosophie, de mettre fin à d'interminables controverses par une simple distinction, mais par une de ces distinctions lumineuses qui valent à elles seules plus qu'un système : Frédéric Cuvier a séparé l'instinct de l'intelligence.

Mais personne encore ne s'est proposé ce problème

Le sens moral, dans l'homme et dans la brute, diffère-t-il par la nature ou seulement par le degré ?

Si quelqu'un se fût autrefois avisé de soutenir la seconde partie de cette proposition, sa thèse aurait paru scandaleuse, blasphématoire, offensant la morale et la religion ; les tribunaux ecclésiastiques et séculiers l'eussent condamné à l'unanimité. Et de quel style on eût flétri l'immoral paradoxe ! « La conscience, se serait-on écrié, la conscience, cette gloire de l'homme, n'a été donnée qu'à lui seul ; la notion du juste et de l'injuste, du mérite et du démérite, est son noble privilège ; à l'homme seul, à ce roi de la création, la sublime faculté de résister à ses terrestres penchants, de choisir entre le bien et le mal, et de se rendre de plus en plus semblable à Dieu, par la liberté et la justice... Non, la sainte image de la vertu ne fut jamais gravée que dans le cœur de l'homme. » Paroles pleines de sentiment, mais vides de sens.

L'homme est un animal parlant et social, *zôon logikon kaï politikon*, a dit Aristote. Cette définition vaut mieux que toutes celles qui ont été données depuis : je n'en excepte pas même la définition célèbre de M. de Bonald, *l'homme est une intelligence servie par des organes*, définition qui a le double défaut d'expliquer le connu par l'inconnu, c'est-à-dire l'être vivant par l'intelligence, et de se taire sur la qualité essentielle de l'homme, l'animalité.

L'homme est donc un animal vivant en société. Qui dit société dit ensemble de rapports, en un mot système. Or, tout système ne subsiste qu'à de certaines conditions : quelles sont donc les conditions, quelles sont les lois de la société humaine ?

Qu'est-ce que le *droit* entre les hommes, qu'est-ce que la justice ?

Il ne sert à rien de dire, avec les philosophes des diverses écoles : C'est un instinct divin, une immortelle et céleste voix, un guide donné par la nature, une lumière révélée à tout homme venant au monde, une loi gravée dans nos cœurs ; c'est le cri de la conscience, le dictamen de la raison, l'inspiration du sentiment, le penchant de la sensibilité ; c'est l'amour de soi dans les autres, l'intérêt bien entendu; ou bien c'est une notion innée, c'est l'impératif catégorique de la raison pratique, lequel a sa source dans les idées de la raison pure ; c'est une attraction passionnelle, etc., etc. Tout cela peut être vrai autant qu'il semble beau ; mais tout cela est parfaitement insignifiant. Quand on prolongerait cette kyrielle pendant dix pages (on l'a délayée dans mille volumes) la question n'avancerait pas d'une ligne.

Pierre-Joseph Proudhon

La justice est l'utilité commune, dit Aristote ; cela est vrai, mais c'est une tautologie. « Le principe que le bonheur public doit être l'objet du législateur, dit M. Ch. Comte, Traité de législation, ne saurait être combattu par aucune. bonne raison ; mais lorsqu'on l'a énoncé et démontré, on n'a pas fait faire à la législation plus de progrès qu'on n'en ferait faire à la médecine en disant que la guérison des malades doit être l'objet des médecins. »

Prenons une autre route. Le *droit* est l'ensemble des principes qui régissent la société ; la justice, dans l'homme, est le respect et l'observation de ces principes. Pratiquer la justice, c'est obéir à l'instinct social ; faire acte de justice, c'est faire un acte de société. Si donc nous observons la conduite des hommes entre eux dans un certain nombre de circonstances différentes, il nous sera facile de reconnaître quand ils font société et quand ils ne font pas société; le résultat nous donnera, par induction, la loi.

Commençons par les cas les plus simples et les moins douteux.

La mère qui défend son fils au péril de sa vie, et se prive de tout pour le nourrir, fait société avec lui : c'est une bonne mère ; celle, au contraire, qui abandonne son enfant est infidèle à l'instinct social, dont l'amour maternel est une des formes nombreuses : c'est une mère dénaturée. Si je me jette à la nage pour retirer un homme en danger de périr, je suis son frère, son associé ; si, au lieu de le secourir, je l'enfonce, je suis son ennemi, son assassin.

Quiconque fait l'aumône, traite l'indigent comme son associé, non, il est vrai, comme son associé en tout et pour tout, mais comme son associé pour la quantité de bien qu'il partage avec lui ; quiconque ravit par la force ou par adresse ce qu'il n'a pas produit, détruit en soi-même la sociabilité, c'est un brigand.

Le samaritain qui relève le voyageur étendu dans le chemin, qui panse ses blessures, le réconforte et lui donne de l'argent, se déclare son associé, son prochain ; le prêtre qui passe auprès du même voyageur sans se détourner, reste à son égard inassocié, ennemi.

Chapitre V

Dans tous ces cas, l'homme est mû par un attrait intérieur pour son semblable, par une secrète sympathie, qui le fait aimer, conjouir et condouloir : en sorte que, pour résister à cet attrait, il faut un effort de la volonté contre la nature.

Mais tout cela n'établit aucune différence tranchée entre l'homme et les animaux. Chez eux, tant que la faiblesse des petits les rend chers à leurs mères, en un mot les leur associe, on voit celles-ci les défendre au péril de leurs jours avec un courage qui rappelle nos héros mourant pour la patrie. Certaines espèces se réunissent pour la chasse, se cherchent, s'appellent, un poète dirait s'invitent à partager une proie ; dans le danger, on les voit se porter secours, se défendre, s'avertir : l'éléphant sait aider son compagnon à sortir de la fosse où celui-ci est tombé ; les vaches se forment en cercle, les cornes en dehors, leurs veaux placés au milieu d'elles, pour repousser les attaques des loups ; les chevaux et les porcs accourent au cri de détresse poussé par l'un d'eux. Quelles descriptions je ferais de leurs mariages, de la tendresse des mâles pour leurs femelles, et de la fidélité de leurs amours! Ajoutons cependant, pour être juste en tout, que ces démonstrations si touchantes de société, de fraternité, d'amour du prochain, n'empêchent pas les animaux de se quereller, de se battre et de se déchirer à belles dents pour leur nourriture et leurs galanteries ; la ressemblance entre eux et nous est parfaite.

L'instinct social, dans l'homme et dans la bête, existe du plus au moins : sa nature est la même. L'homme est plus nécessairement, plus constamment associé ; l'animal paraît plus robuste contre la solitude. Dans l'homme, les besoins de société sont plus impérieux, plus complexes ; dans la bête, ils semblent moins profonds, moins variés, moins regrettés. La société, en un mot, a pour but, chez l'homme, la conservation de l'espèce et de l'individu ; chez les animaux, beaucoup plus la conservation de l'espèce.

Jusqu'à présent nous ne découvrons rien que l'homme puisse revendiquer pour lui seul ; l'instinct de société, le sens moral, lui est commun avec la brute; et quand il s'imagine, pour quelques oeuvres de charité, de justice et de dévouement, devenir semblable à Dieu, il ne s'aperçoit pas qu'il n'a fait qu'obéir à une impulsion tout animale.

Pierre-Joseph Proudhon

Nous sommes bons, aimants, compatissants, justes, en un mot, comme nous sommes colères, gourmands, luxurieux et vindicatifs, c'est-à-dire comme des bêtes. Nos vertus les plus hautes se réduisent, en dernière analyse, aux excitations aveugles de l'instinct : quel sujet de canonisation et d'apothéose!

Il y a pourtant une différence entre nous autres bimanobipèdes et le reste des vivants ; quelle est-elle ?

Un écolier de philosophie se hâterait de répondre : Cette différence consiste en ce que nous avons conscience de notre sociabilité, et que les animaux n'ont pas conscience de la leur ; en ce que nous réfléchissons et raisonnons sur les opérations de notre instinct social, et que rien de semblable n'a lieu chez les animaux.

J'irai plus loin : c'est par la réflexion et le raisonnement dont nous paraissons exclusivement doués que nous savons qu'il est nuisible, d'abord aux autres, ensuite à nous-mêmes de résister à l'instinct de société qui nous gouverne, et que nous appelons justice ; c'est la raison qui nous apprend que l'homme égoïste, voleur, assassin, traître à la société, en un mot, pèche contre la nature, et se rend coupable envers les autres et envers lui-même lorsqu'il fait le mal avec connaissance ; c'est enfin le sentiment de notre instinct social d'une part et de notre raison de l'autre qui nous fait juger que l'être semblable à nous doit porter la responsabilité de ses actes. Tel est le principe du remords, de la vengeance et de la justice pénale.

Mais tout cela fonde entre les animaux et l'homme une diversité d'intelligence et nullement une diversité d'affections ; car, si nous raisonnons nos relations avec nos semblables, nous raisonnons de même nos actions les plus triviales, le boire, le manger, le choix d'une femme, l'élection d'un domicile ; nous raisonnons sur toutes les choses de la terre et du ciel ; il n'est rien à quoi notre faculté de raisonnement ne s'applique. Or, de même que la connaissance que nous acquérons des phénomènes extérieurs n'influe pas sur leurs causes et sur leurs lois, tout de même la réflexion, en illuminant notre instinct, nous éclaire sur notre nature sensible, mais sans en altérer le caractère ; elle nous instruit de notre moralité, mais ne la change ni la modifie. Le mécontentement que nous ressentons de nous-mêmes après une faute, l'indignation qui nous saisit à la vue de l'injustice, l'idée du châtiment mérité et de la satisfaction due, sont des effets de réflexion, et non pas des effets immédiats de l'instinct et des passions affectives. L'intelligence, je ne dis pas exclusive, car les animaux ont aussi le sentiment d'avoir méfait, et s'irritent lorsqu'un des leurs est attaqué, mais l'intelligence infiniment supérieure que nous avons de nos devoirs sociaux, la conscience du bien et du mal, n'établit pas, relativement à la moralité, une différence essentielle entre l'homme et les bêtes.

§ 2. - *Du premier et du second degré de la sociabilité*

J'insiste sur le fait que je viens de signaler, et qui est l'un des plus importants de l'anthropologie.

L'attrait de sympathie qui nous provoque à la société est de sa nature aveugle, désordonné, toujours prêt à s'absorber dans l'impulsion du moment, sans égard pour des droits antérieurs, sans distinction de mérite ni de priorité. C'est le chien bâtard qui suit indifféremment tous ceux qui l'appellent ; c'est l'enfant à la mamelle qui prend tous les hommes pour des papas, et chaque femme pour sa nourrice ; c'est tout être vivant qui, privé de la société d'animaux de son espèce, s'attache à un compagnon de solitude. Ce caractère fondamental de l'instinct social rend insupportable et même odieuse l'amitié des personnes légères, sujettes à s'engouer de chaque nouveau visage, obligeantes à tort et à travers, et qui, pour une liaison de passade, négligent les plus anciennes et les plus respectables affections. Le défaut de pareils êtres n'est pas dans le cœur ; il est dans le jugement. La sociabilité, à ce degré, est une sorte de magnétisme que la contemplation d'un être semblable à nous réveille, mais dont le flux ne sort jamais de celui qui l'éprouve ; qui peut être réciproque, non communiqué : amour, bienveillance, pitié, sympathie, qu'on le nomme comme on voudra, il n'a rien qui mérite l'estime, rien qui élève l'homme au-dessus de l'animal.

Le second degré de la sociabilité est la justice, que l'on peut définir, *reconnaissance en autrui d'une personnalité égale à la nôtre.* Elle nous est commune avec les animaux, quant au sentiment; quant à la connaissance, nous seuls pouvons nous faire une idée complète du juste, ce qui, comme je le disais tout à l'heure, ne change pas l'essence de la moralité. Nous verrons bientôt comment l'homme s'élève à un troisième degré de sociabilité auquel les animaux sont incapables de parvenir. Mais je dois auparavant démontrer métaphysiquement que *société, justice, égalité,* sont trois termes équivalents, trois expressions qui se traduisent, et dont la conversion mutuelle est toujours légitime.

Si, parmi le tumulte d'un naufrage, échappé dans une barque avec quelques provisions, j'aperçois un homme luttant contre les flots, suis-je obligé de lui porter secours ? - Oui, j'y suis obligé, sous peine de me rendre coupable envers lui de lèse-société, d'homicide.

Mais suis-je également obligé de partager avec lui mes provisions ?

Pour résoudre cette question, il faut en changer les termes : Si la société est obligatoire pour la barque, est-elle obligatoire aussi pour les vivres ? Sans aucun doute ; le devoir d'associé est absolu ; l'occupation des choses de la part de l'homme est postérieure à sa nature sociale et y reste subordonnée ; la possession ne peut devenir exclusive que de l'instant où permission égale d'occuper est donnée à tous. Ce qui rend ici notre devoir obscur, c'est notre faculté de prévision, qui, nous faisant craindre un danger éventuel, nous pousse à l'usurpation, et nous rend voleurs et assassins. Les animaux ne calculent pas le devoir de l'instinct, non plus que les inconvénients qui en peuvent résulter pour eux-mêmes : il serait étrange que l'intelligence devînt pour l'homme, pour le plus sociable des animaux, un motif de désobéir à la loi. Celuilà ment à la société qui prétend n'en user qu'à son avantage; mieux vaudrait que Dieu nous retirât la prudence, si elle devait servir d'instrument à notre égoïsme.

Quoi! direz-vous, il faudra que je partage mon pain, le pain que j'ai gagné, qui est mien, avec l'étranger que je ne connais pas, que je ne reverrai jamais, qui peut-être me payera d'ingratitude! Si du moins ce pain avait été gagné en commun, si cet homme avait fait quelque chose pour l'obtenir, il pourrait demander sa part, puisque son droit serait dans sa coopération, mais qu'y a-t-il de lui à moi ? Nous n'avons pas produit ensemble; nous ne mangerons pas ensemble.

Le vice de ce raisonnement consiste dans la supposition fausse que tel producteur n'est pas nécessairement l'associé de tel autre producteur.

Lorsque entre deux ou plusieurs particuliers une société a été authentiquement formée, que les bases en ont été convenues, écrites, signées, dès lors point de difficulté sur les conséquences. Tout le monde convient que deux hommes s'associant par exemple, pour la pêche, si l'un d'eux ne rencontre pas le poisson, il n'en a pas moins droit à la pêche de son associé. Si deux négociants forment une société de commerce, tant que la société dure, les pertes et les profits sont communs ; chacun produisant, non pour soi, mais pour la Société, lorsque vient le moment du partage, ce n'est pas le producteur que l'on considère, c'est l'associé. Voilà pourquoi l'esclave, à qui le planteur donne la paille et le riz ; l'ouvrier civilisé, à qui le capitaliste paye un salaire toujours trop petit, n'étant pas les associés de leurs patrons, bien que produisant avec eux, n'entrent pas dans le partage du produit. Ainsi le cheval qui traîne nos diligences, et le bœuf qui tire nos charrues, produisent avec nous, mais ne sont pas nos associés ; nous prenons leur produit, mais nous ne partageons pas. La condition des animaux et des ouvriers qui nous servent est égale : lorsque nous faisons du bien aux uns et aux autres, ce n'est pas par justice, c'est par pure bienveillance [1].

Mais se peut-il que nous, hommes, nous ne soyons pas tous associés ? Rappelons-nous ce qui a été dit aux deux chapitres précédents, quand même nous voudrions n'être point associés, la force des choses, les besoins de notre consommation, les lois de la production, le principe mathématique de l'échange, nous associent. Un seul cas fait exception à la règle, c'est celui du propriétaire, qui produisant par son droit d'aubaine n'est l'associé de personne, par conséquent n'est obligé de partager son produit avec personne, comme aussi nul n'est tenu de lui faire part du sien. Hormis le propriétaire, nous travaillons tous les uns pour les autres, nous ne pouvons rien par nous-mêmes sans l'assistance des autres, nous faisons entre nous des échanges continuels de produits

---

1 Exercer un acte de bienfaisance envers le prochain se dit en hébreu faire justice ; en grec faire compassion ou miséricorde (éléemosinen, d'où le français aumône) ; en latin faire amour ou charité ; en français faire l'aumône. La dégradation du principe est sensible à travers ces diverses expressions : la première désigne le devoir ; la seconde seulement la sympathie ; la troisième l'affection, vertu de conseil, non d'obligation ; la quatrième le bon plaisir.

Pierre-Joseph Proudhon

et de services : qu'est-ce que tout cela, sinon des actes de société ?

Or une société de commerce, d'industrie, d'agriculture ne peut être conçue en dehors de l'égalité ; l'égalité est sa condition nécessaire d'existence : de telle sorte que, dans toutes les choses qui concernent cette société, manquer à la société, manquer à la justice, manquer à l'égalité, c'est exactement la même chose. Appliquez ce principe à tout le genre humain; après ce que vous avez lu, je vous suppose, lecteur, assez d'habileté pour vous passer de moi.

D'après cela, l'homme qui se met en possession d'un champ, et dit : Ce champ est à moi, ne sera pas injuste aussi longtemps que les autres hommes auront tous la faculté de posséder comme lui ; il ne sera pas injuste non plus si, voulant s'établir ailleurs, il échange ce champ contre un équivalent. Mais si, mettant un autre à sa place, il lui dit : Travaille pour moi pendant que je me repose ; alors il devient injuste, inassocié, *inégal* : c'est un propriétaire.

Réciproquement, le fainéant, le débauché, qui, sans accomplir aucune tâche sociale, jouit comme un autre, et souvent plus qu'un autre, des produits de la société, doit être poursuivi comme voleur et parasite : nous nous devons à nous-mêmes de ne lui donner rien; mais puisque néanmoins il faut qu'il vive, de le mettre en surveillance et de le contraindre au travail.

La sociabilité est comme l'attraction des êtres sensibles la justice est cette même attraction, accompagnée de réflexion et de connaissance. Mais sous quelle idée générale, sous quelle catégorie de l'entendement percevons-nous la justice ? Sous la catégorie des quantités égales. De là l'ancienne définition de la justice : *Justum aequale est, injustum inaequale.*

Qu'est-ce donc que pratiquer la justice ? C'est faire à chacun part égale des biens, sous la condition égale du travail ; c'est agir sociétairement. Notre égoïsme a beau murmurer; il n'y a point de subterfuge contre l'évidence et la nécessité.

Qu'est-ce que le droit d'occupation ? C'est un mode naturel de partager la terre en juxtaposant les travailleurs à mesure qu'ils se présentent : ce droit disparaît devant l'intérêt général qui, étant l'intérêt social, est aussi celui de l'occupant.

Qu'est-ce que le droit du travail ? C'est le droit de se faire admettre à la participation des biens en remplissant les conditions requises ; c'est le droit de société, c'est le droit d'égalité.

La justice, produit de la combinaison d'une idée et d'un instinct, se manifeste dans l'homme aussitôt qu'il est capable de sentir et d'avoir des idées : de là vient qu'on l'a prise pour un sentiment inné et primordial, opinion fausse, logiquement et chronologiquement. Mais la justice, par sa composition, si j'ose ainsi dire, hybride, la justice, née d'une faculté affective et d'une intellectuelle, me semble une des plus fortes preuves de l'unité et de la simplicité du moi, l'organisme ne pouvant par lui-même produire de tels mélanges, pas plus que du sens de l'ouïe et du sens de la vue il ne se forme un sens binaire, semi-auditif et semi-visuel.

La justice, par sa double nature, nous donne la raison définitive de toutes les démonstrations qu'on a vues aux chapitres II, III et IV. D'une part, l'idée de justice étant identique à celle de société, et la société impliquant nécessairement l'égalité, l'égalité devait se trouver au fond de tous les sophismes inventés pour défendre la propriété ; car la propriété ne pouvant être défendue que comme juste et sociale, et la propriété étant inégalité, pour prouver que la propriété est conforme à la société, il fallait soutenir que l'injuste est juste, que l'inégal est égal, toutes propositions contradictoires. D'autre part, la notion d'égalité, second élément de la justice, nous étant donnée par les proportions mathématiques des choses, la propriété, ou, la distribution inégale des biens entre les travailleurs, en détruisant l'équilibre nécessaire du travail, de la production et de la consommation, devait se trouver impossible.

Tous les hommes sont donc associés, tous se doivent la même justice, tous sont égaux; s'ensuit-il que les préférences de l'amour et de l'amitié soient injustes ?

Ceci demande explication.

Pierre-Joseph Proudhon

Tout à l'heure je supposais le cas d'un homme en danger et que je serais à même de secourir; je suppose maintenant que je sois simultanément appelé par deux hommes exposés à périr: m'est-il permis, m'est-il même commandé de courir d'abord à celui qui me touche de plus près par le sang, l'amitié, la reconnaissance ou l'estime, au risque de laisser périr l'autre ? Oui. Et pourquoi ? parce qu'au sein de l'universalité sociale il existe pour chacun de nous autant de sociétés particulières qu'il y a d'individus, et qu'en vertu du principe même de sociabilité, nous devons remplir les obligations qu'elles nous imposent, selon l'ordre de proximité où elles se sont formées autour de nous. D'après cela, nous devons préférer à tous autres nos père, mère, enfants, amis, alliés, etc. Mais en quoi consiste cette préférence ?

Un juge doit se prononcer dans une cause entre son ami et son ennemi ; est-ce le cas pour lui de préférer son *associé proche* à son *associé éloigné*, et de donner à son ami gain de cause, malgré la vérité contrairement prouvée? Non, car s'il favorisait l'injustice de cet ami, il deviendrait complice de son infidélité au pacte social ; il formerait, en quelque sorte avec lui, une ligue contre la masse des sociétaires. La faculté de préférence n'a lieu que pour les choses qui nous sont propres et personnelles, comme l'amour, l'estime, la confiance, l'intimité, et que nous ne pouvons accorder à tous à la fois. Ainsi, dans un incendie, un père doit courir à son enfant avant de songer à celui de son voisin; mais la reconnaissance d'un droit n'étant pas personnelle et facultative dans le juge, il n'est pas maître de favoriser l'un au préjudice de l'autre.

Cette théorie des sociétés particulières, formées, pour ainsi dire, concentriquement par chacun de nous au sein de la grande société, donne la clef de tous les problèmes que les diverses espèces de devoirs sociaux peuvent soulever par leur opposition et leur conflit, problèmes qui firent le principal ressort des tragédies anciennes.

La justice des animaux est en quelque sorte négative ; excepté les cas de la défense des petits, de la chasse et de la maraude en troupe, de la défense commune, et quelquefois d'une assistance particulière, elle consiste moins à faire qu'à ne pas empêcher. Le malade qui ne peut se lever, l'imprudent tombé dans un précipice, ne recevront ni remèdes ni aliments ; s'ils ne peuvent pas d'eux-mêmes guérir et se tirer d'embarras, leur vie est en danger ; on ne les soignera pas au lit, on ne les nourrira pas en prison. L'insouciance de leurs semblables vient autant de l'imbécillité de leur intelligence que de la pauvreté de leurs ressources. Du reste, les distinctions de proximité que les hommes observent entre eux ne sont pas inconnues aux animaux ; ils ont des amitiés d'habitude, de bon voisinage, de parenté, et des préférences. Comparativement à nous, le souvenir chez eux en est faible, le sentiment obscur, l'intelligence à peu près nulle ; mais l'identité dans la chose existe, et notre supériorité sur eux à cet égard vient tout entière de notre entendement.

C'est par l'étendue de notre mémoire et la pénétration de notre jugement que nous savons multiplier et combiner les actes que nous inspire l'instinct de société ; que nous apprenons à les rendre plus efficaces et à les distribuer selon le degré et l'excellence des droits. Les bêtes qui vivent en société pratiquent la justice, mais elles ne la connaissent point et n'en raisonnent pas; elles obéissent à leur instinct sans spéculation ni philosophie. Leur moi ne sait pas unir le sentiment social à la notion d'égalité qu'elles n'ont pas, parce que cette notion est abstraite. Nous, au contraire, partant du principe que la société implique partage égal, nous pouvons, par notre faculté de raisonnement, nous entendre et nous accorder sur le règlement de nos droits ; nous avons même poussé très loin notre judiciaire. Mais dans tout cela notre conscience joue le moindre rôle, et ce qui le prouve, c'est que l'idée du droit, qui paraît comme une lueur dans certains animaux les plus voisins de nous par l'intelligence, semble partir du même niveau dans quelques sauvages, pour s'élever à la plus grande hauteur chez les Platon et les Franklin. Qu'on suive le développement du sens moral dans les individus, et le progrès des lois dans les nations, et l'on se convaincra que l'idée du juste et de la perfection législative sont partout en raison directe de l'intelligence. La notion du juste, que les philosophes ont crue simple, est donc véritablement complexe ; elle est fournie par l'instinct social d'une part, et par l'idée de mérite égal de l'autre; de même que la notion de culpabilité est donnée par le sentiment de la justice violée et par l'idée d'élection volontaire.

En résumé, l'instinct n'est point modifié par la connaissance qui s'y joint, et les faits de société que nous avons jusqu'à présent observés sont d'une sociabilité bestiale. Nous savons ce que c'est que la justice, ou la sociabilité conçue sous la raison d'égalité ; nous n'avons rien qui nous sépare des animaux.

§ 3. - *Du troisième degré de la sociabilité*

Le lecteur n'a pas oublié peut-être ce que j'ai dit au chapitre III sur la division du travail et la spécialité des aptitudes. Entre les hommes, la somme des talents et des capacités est égale, et leur nature similaire - tous, tant que nous sommes, nous naissons poètes, mathématiciens, philosophes, artistes, artisans, laboureurs ; mais nous ne naissons pas également tout cela, et, d'un homme à l'autre, dans la société, d'une faculté à une autre faculté dans le même homme, les proportions sont infinies. Cette variété de degré dans les mêmes facultés, cette prédominance de talent pour certains travaux, est, avons-nous dit, le fondement même de notre société. L'intelligence et le génie naturel ont été répartis par la nature avec une telle économie et une si grande providence, que l'organisme social n'a jamais à redouter ni surabondance ni disette de talents spéciaux, et que chaque travailleur, en s'attachant à sa fonction, peut toujours acquérir le degré d'instruction nécessaire pour jouir des travaux et des découvertes de tous ses coassociés. Par cette précaution si simple de la nature et si sage, le travailleur ne reste pas isolé à sa tâche ; il est, par la pensée, en communication avec ses semblables, avant de leur être uni par le cœur, en sorte que pour lui l'amour naît de l'intelligence.

Il n'en est pas de même des sociétés des animaux. Dans chaque espèce, les aptitudes, très bornées d'ailleurs, et pour le nombre, et même, quand elles ne relèvent pas de l'instinct, pour l'énergie, sont égales entre les individus : chacun sait faire ce que font tous les autres et aussi bien que les autres, chercher sa nourriture, échapper à l'ennemi, creuser un terrier, construire un nid, etc. Nul, parmi eux, étant libre et dispos, n'attend ni ne requiert le secours de son voisin, qui de son côté se passe également de lui.

Les animaux associés vivent les uns à côté des autres sans aucun commerce de pensées, sans conversation intime : faisant tous les mêmes choses, n'ayant rien à apprendre ni à retenir, ils se voient, ils se sentent, ils sont en contact, ils ne se pénètrent pas. L'homme fait avec l'homme un échange perpétuel d'idées et de sentiments, de produits et de services. Tout ce qui s'apprend et s'exécute dans la société lui est nécessaire ; mais de cette immense quantité de produits et d'idées, ce qui est donné à chacun de faire et d'acquérir seul, est comme un atome devant le soleil. L'homme n'est homme que par la société, laquelle, de son côté, ne se soutient que par l'équilibre et l'harmonie des forces qui la composent.

La société, chez les animaux, est en mode *simple*; chez l'homme elle est en mode *composé*. L'homme est associé à l'homme par le même instinct qui associe l'animal à l'animal; mais l'homme est autrement associé que l'animal : c'est cette différence d'association qui fait toute la différence de moralité.

J'ai démontré, trop longuement peut-être, par l'esprit des lois mêmes qui supposent la propriété comme base de l'état social, et par l'économie politique, que l'inégalité des conditions ne peut se justifier ni par l'antériorité d'occupation, ni par la supériorité de talent, de service, d'industrie et de capacité. Mais si l'égalité des conditions est une conséquence nécessaire du droit naturel, de la liberté, des lois de la production, des bornes de la nature physique, et du principe même de société, cette égalité n'arrête pas l'essor du sentiment social sur la limite du doit et de l'avoir ; l'esprit de bienfaisance et d'amour s'étend au-delà; et, quand l'économie a fait sa balance, l'âme commence à jouir de sa propre justice, et le coeur s'épanouit dans l'infini de ses affections.

Le sentiment social prend alors, selon les rapports des personnes, un nouveau caractère : dans le fort, c'est le plaisir de la générosité ; entre égaux, c'est la franche et cordiale amitié ; dans le faible, c'est le bonheur de l'admiration et de la reconnaissance.

L'homme supérieur par la force, le talent ou le courage, sait qu'il se doit tout entier à la société, sans laquelle il n'est et ne peut rien ; il sait qu'en le traitant comme le dernier de ses membres, la société est quitte envers lui. Mais il ne saurait en même temps méconnaître l'excellence de ses facultés ; il ne peut échapper à la conscience de sa force et de sa grandeur: et c'est par l'hommage volontaire qu'il fait alors de lui-même à l'humanité, c'est en s'avouant l'instrument de la nature, qui seule doit être en lui glorifiée et bénie ; c'est, dis-je, par cette confession simultanée du cœur et de l'esprit, véritable adoration du grand Être, que l'homme se distingue, s'élève et atteint un degré de moralité sociale auquel il n'est pas donné à la bête de parvenir. Hercule terrassant les monstres et punissant les brigands pour le salut de la Grèce, Orphée instruisant les Pélasges grossiers et farouches, tous deux ne voulant rien pour prix de leurs services, voilà les plus nobles créations de la poésie, voilà l'expression la plus haute de la justice et de la vertu.

Les joies du dévouement sont ineffables.

Si j'osais comparer la société humaine au cœur des tragédies grecques, je dirais que la phalange des esprits sublimes et des grandes âmes figure la *strophe*, et que la multitude des petits et des humbles est l'*antistrophe*. Chargés des travaux pénibles et vulgaires, tout-puissants par leur nombre et par l'ensemble harmonique de leurs fonctions, ceux-ci exécutent ce que les autres imaginent. Guidés par eux, ils ne leur doivent rien : ils les admirent cependant et leur prodiguent les applaudissements et les éloges.

La reconnaissance a ses adorations et ses enthousiasmes.

Mais l'égalité plaît à mon cœur. La bienfaisance dégénère en tyrannie, l'admiration en servilisme : l'amitié est fille de l'égalité. 0 mes amis, que je vive au milieu de vous sans émulation et sans gloire ; que l'égalité nous assemble, que le sort marque nos places. Que je meure avant de connaître celui d'entre vous que je dois estimer le plus.

L'amitié est précieuse au cœur des enfants des hommes.

La générosité, la reconnaissance (j'entends ici celle-là seulement qui naît de l'admiration d'une puissance supérieure) et l'amitié, sont trois nuances distinctes d'un sentiment unique que je nommerai *équité* ou *proportionnalité sociale* [1]. L'équité ne change pas la justice : mais,

---

1 J'entends ici par équité ce que les Latins appelaient humanitas, c'est-à-dire l'espèce de sociabilité qui est le propre de l'homme. L'humanité, douce et affable envers tous,

prenant toujours J'équité pour base, elle y surajoute l'estime, et forme par là dans l'homme un troisième degré de sociabilité. Par l'équité, c'est pour nous tout à la fois un devoir et une volupté d'aider l'être faible qui a besoin de nous, et de le faire notre égal ; de payer au fort un juste tribut de reconnaissance et d'honneur, sans nous constituer son esclave; de chérir notre prochain, notre ami, notre égal, pour ce que nous recevons de lui, même à titre d'échange. L'équité est la sociabilité élevée par la raison et la justice jusqu'à l'idéal ; son caractère le plus ordinaire est *l'urbanité* ou la *politesse,* qui, chez certains peuples, résume à elle seule presque tous les devoirs de société.

Or, ce sentiment est inconnu des bêtes, qui aiment, s'attachent et témoignent quelques préférences, mais qui ne comprennent pas l'estime, et dans lesquelles on ne remarque ni générosité, ni admiration, ni cérémonial.

Ce sentiment ne vient pas de l'intelligence, qui par elle-même calcule, suppute, balance, mais n'aime point ; qui voit et ne sent pas. Comme la justice est un produit mixte de l'instinct social et de la réflexion, de même l'équité est un produit mixte de la justice et du goût, je veux dire de notre faculté d'apprécier et d'idéaliser.

Ce produit, troisième et dernier degré de la sociabilité dans l'homme, est déterminé par notre mode d'association composée, dans lequel l'inégalité, ou pour mieux dire la divergence des facultés et la spécialité des fonctions, tendant par elle-même à isoler les travailleurs, exigeait un accroissement d'énergie dans la sociabilité.

Voilà pourquoi la force qui opprime en protégeant est exécrable; pourquoi l'ignorance imbécile qui voit du même oeil les merveilles de l'art et les produits de la plus grossière industrie soulève un indicible mépris ; pourquoi la médiocrité orgueilleuse, qui triomphe en disant : *Je t'ai payé, je ne te dois rien*, est souverainement haïssable.

Sociabilité, justice, équité, telle est, à son triple degré, l'exacte définition de la faculté instinctive qui nous fait rechercher le commerce

---

sait distinguer sans faire d'injure, les rangs, les vertus et les capacités : c'est la justice distributive de la sympathie sociale et de l'amour universel.

Pierre-Joseph Proudhon

de nos semblables, et dont le mode physique de manifestation s'explique par la formule: *Égalité dans les produits de la nature et du travail.*

Ces trois degrés de sociabilité se soutiennent et se supposent : l'équité, sans la justice, n'est pas ; la société, sans la justice, est un non-sens. En effet si, pour récompenser le talent, je prends le produit de l'un pour le donner à l'autre, en dépouillant injustement le premier, je ne fais pas de son talent l'estime que je dois ; si, dans une société, je m'adjuge une part plus forte qu'à mon associé, nous ne sommes point véritablement associés. La justice est la sociabilité se manifestant par l'admission en participation des choses physiques, seules susceptibles de poids et de mesure ; l'équité est une justice accompagnée d'admiration et d'estime, choses qui ne se mesurent pas.

De là se déduisent plusieurs conséquences.

1° Si nous sommes libres d'accorder notre estime à l'un plus qu'à l'autre, et à tous les degrés imaginables, nous ne le sommes pas de lui faire sa part plus grande dans les biens communs, parce que le devoir de justice nous étant imposé avant celui d'équité, le premier doit toujours marcher avant le second. Cette femme, admirée des anciens, qui, forcée par un tyran d'opter entre la mort de son frère et celle de son époux, abandonna celui-ci, sous prétexte qu'elle pouvait retrouver un mari mais non pas un frère, cette femme-là, dis-je, en obéissant au sentiment d'équité qui était en elle, manqua à la justice et fit une action mauvaise, parce que la société conjugale est de droit plus étroite que la société fraternelle, et que la vie du prochain n'est pas une chose qui nous appartienne.

D'après le même principe, l'inégalité des salaires ne peut être admise dans la législation sous prétexte d'inégalité de talents, parce que la répartition des biens relevant de la justice est du ressort de l'économie, non de celui de l'enthousiasme.

Enfin, en ce qui concerne les donations, testaments et successions, la société, ménageant à la fois les affections familiales et ses propres droits, ne doit pas permettre que l'amour et la faveur détruisent jamais la justice ; et tout en se plaisant à croire que le fils depuis longtemps associé aux travaux de son père, est plus capable qu'un autre d'en poursuivre la tâche ; que le citoyen surpris par la mort dans l'accomplissement de son oeuvre saura, par un goût naturel et de prédilection pour son ouvrage, désigner son plus digne successeur, tout en laissant à l'héritier discerner par plusieurs le droit d'opter entre divers héritages, la société ne peut tolérer aucune concentration de capitaux et d'industrie au profit d'un seul homme, aucun accaparement du travail, aucun envahissement [1].

2° L'équité, la justice, la société, ne peuvent exister dans un être vivant que relativement aux individus de son espèce : elles ne sauraient avoir lieu d'une race à l'autre, par exemple du loup à la chèvre, de la chèvre à l'homme, de l'homme à Dieu, encore moins de Dieu à l'homme. L'attribution de la justice, de l'équité, de l'amour à l'Être

---

1 La justice et l'équité n'ont jamais été comprises.

« Supposons qu'il y ait à partager ou à distribuer entre Achille et Ajax un butin de 12 pris sur l'ennemi. Si les deux personnes étaient égales, le butin devrait être aussi arithmétiquement égal. Achille aurait 6, Ajax 6 : et si l'on suivait cette égalité arithmétique, Thersite lui-même aurait une part égale à celle d'Achille, ce qui serait souverainement injuste et révoltant. Pour éviter cette injustice, comparons la valeur des personnes, afin de leur donner des parts proportionnellement à leur valeur. Supposons que la valeur d'Achille soit double de celle d'Ajax : la part du premier sera 8, celle d'Ajax 4. Il n'y aura pas égalité arithmétique, mais égalité proportionnelle. C'est cette comparaison des mérites, rationum, qu'Aristote appelle justice distributive ; elle a lieu selon la proportion géométrique. » (TOULLIER, Droit français selon l'ordre du Code.)

Achille et Ajax sont-ils associés, ou ne le sont-ils pas ? Toute la question est là. Si Achille et Ajax, loin d'être associés, sont eux-mêmes au service d'Agamemnon qui les solde, il n'y a rien à dire à la règle d'Aristote : le maître qui commande des esclaves peut promettre double ration d'eau-de-vie à qui fera double corvée. C'est la loi du despotisme, c'est le droit de la servitude. Mais si Ajax et Achille sont associés, ils sont égaux. Qu'importe qu'Achille soit fort comme quatre, et Ajax seulement fort comme deux! Celui-ci peut toujours répondre qu'il est libre ; que si Achille est fort comme quatre, cinq le tueront ; enfin, qu'en servant de sa personne, lui, Ajax, risque autant qu'Achille. Le même raisonnement est applicable à Thersite : s'il ne sait pas se battre qu'on en fasse un cuisinier, un pourvoyeur, un sommelier ; s'il n'est bon à rien, qu'on le mette à l'hôpital : en aucun cas on ne peut lui faire violence et lui imposer des lois.

Il n'y a pour l'homme que deux états possibles : être dans la société ou hors de la société. Dans la société, les conditions sont nécessairement égales, sauf le degré d'estime et de considération auquel chacun peut atteindre. Hors de la société, l'homme est une matière exploitable, un instrument capitalisé, souvent un meuble incommode et inutile.

Pierre-Joseph Proudhon

suprême est un pur anthropomorphisme ; et les épithètes de juste, clément, miséricordieux et autres que nous donnons à Dieu, doivent être rayées de nos litanies. Dieu ne peut être considéré comme juste, équitable et bon que relativement à un dieu ; or Dieu est unique et solitaire ; par conséquent il ne saurait éprouver d'affections sociales, telles que sont la bonté, l'équité, la justice. Dit-on que le. berger est juste envers ses moutons et ses chiens ? non ; mais s'il voulait tondre autant de laine sur un agneau de six mois que sur un bélier de deux ans, s'il exigeait qu'un jeune chien fît le service du troupeau comme un vieux dogue, on ne dirait pas de lui qu'il est injuste, on dirait qu'il est fou ; c'est qu'entre l'homme et la bête il n'y a pas société, bien qu'il puisse y avoir affection ; l'homme aime les animaux comme *choses*, comme *choses sensibles*, si l'on veut, non comme *personnes*. La philosophie, après avoir éliminé de l'idée de Dieu les passions que la superstition lui a prêtées, sera donc forcée d'en éliminer encore ces vertus dont notre libérale piété le gratifie [1].

Si Dieu descendait sur la terre et venait habiter parmi nous, nous ne pourrions J'aimer, s'il ne se faisait notre semblable; ni lui rien donner, s'il ne produisait quelque bien; ni l'écouter, s'il ne prouvait que nous nous trompons ; ni l'adorer, s'il ne nous manifestait sa puissance. Toutes les lois de notre être, affectives, économiques, intellectuelles, nous prescriraient de le traiter comme nous faisons des autres hommes, c'est-à-dire selon la raison, la justice et l'équité. je tire de là cette conséquence, que si jamais Dieu se met en communication immédiate avec l'homme, il devra se faire homme.

Or, si les rois sont les images de Dieu et les ministres de ses volontés, ils ne peuvent recevoir de nous l'amour, la richesse, l'obéissance et la gloire, qu'à la condition de travailler comme nous, de se rendre sociables pour nous, de produire en proportion de leur dépense, de raisonner

---

1 Entre la femme et l'homme il peut exister amour, passion, lien d'habitude et tout ce qu'on voudra, il n'y a pas véritablement société. L'homme et la femme ne vont pas de compagnie. La différence des sexes élève entre eux une séparation de même nature que celle que la différence des races met entre les animaux. Aussi, bien loin d'applaudir à ce qu'on appelle aujourd'hui émancipation de la femme, inclinerais-je bien plutôt, s'il fallait en venir à cette extrémité, à mettre la femme en réclusion.

    Le droit de la femme et ses rapports avec l'homme sont encore à déterminer ; la législation matrimoniale, de même que la législation civile, est à faire.

avec leurs serviteurs, et de faire seuls de grandes choses. A plus forte raison si, comme aucuns le prétendent, les rois sont des fonctionnaires publics, l'amour qui leur est dû se mesure sur leur amabilité personnelle ; l'obligation de leur obéir, sur la démonstration de leurs ordres ; leur liste civile, sur la totalité de la production sociale, divisée par le nombre des citoyens.

Ainsi tout s'accorde à nous donner la loi d'égalité jurisprudence, économie politique, psychologie. Le droit et le devoir, la récompense due au talent et au travail, les élans de l'amour et de l'enthousiasme, tout est réglé d'avance sur un inflexible mètre, tout relève du nombre et de l'équilibre. L'égalité des conditions, voilà le principe des sociétés, la solidarité universelle, voilà la sanction de cette loi.

L'égalité des conditions n'a jamais été réalisée, grâce à nos passions et notre ignorance; mais notre opposition à cette loi en fait ressortir de plus en plus la nécessité : c'est ce dont l'histoire rend un perpétuel témoignage, et que toute la suite des événements nous révèle. La société marche d'équation en équation ; les révolutions des empires ne présentent, aux yeux de l'observateur économiste, tantôt que la réduction de quantités algébriques qui s'entre-déduisent ; tantôt que le dégagement d'une inconnue, amené par l'opération infaillible du temps. Les nombres sont la providence de l'histoire. Sans doute le progrès de l'humanité a d'autres éléments ; mais dans la multitude des causes secrètes qui agitent les Peuples, il n'en est pas de plus puissantes, de plus régulières, de moins méconnaissables, que les explosions périodiques du prolétariat contre la propriété. La propriété, agissant tout à la fois par l'exclusion et l'envahissement en même temps que la population se multiplie, a été le principe générateur et la cause déterminante de toutes les révolutions. Les guerres de religion et de conquête, quand elles n'allèrent pas jusqu'à l'extermination des races, furent seulement des perturbations accidentelles et bientôt réparées dans la progression toute mathématique de la vie des peuples. Telle est la puissance d'accumulation de la propriété, telle est la loi de dégradation et de mort des sociétés.

Voyez, au moyen âge, Florence, république de marchands et de courtiers, toujours déchirée par ses factions si connues sous les noms de

Guelfes et de Gibelins, et qui n'étaient après tout que le petit peuple et l'aristocratie propriétaire armés l'un contre l'autre ; Florence, dominée par les banquiers, et succombant à la fin sous le poids des dettes ⬚ : voyez dans l'antiquité, Rome, dès sa naissance, dévorée par l'usure, florissante néanmoins tant que le monde connu fournit du travail à ses terribles prolétaires, ensanglantée par la guerre civile à chaque intervalle de repos, et mourant d'épuisement quand le peuple eut perdu, avec son ancienne énergie, jusqu'à la dernière étincelle de sens moral ; Carthage, ville de commerce et d'argent, sans cesse divisée par des concurrences intestines; Tyr, Sidon, Jérusalem, Ninive, Babylone, ruinées tour à tour par des rivalités de commerce, et, comme nous dirions aujourd'hui, par le manque de débouchés : tant d'exemples fameux ne montrent-ils pas assez quel sort attend les nations modernes, si le peuple, si la France, faisant éclater sa voix puissante, ne proclame, avec des cris de réprobation, l'abolition du régime propriétaire ?

Ici devrait finir ma tâche. J'ai prouvé le droit du pauvre, j'ai montré l'usurpation du riche ; je demande justice : l'exécution de l'arrêt ne me regarde pas. Si, pour prolonger de quelques années une jouissance illégitime, on alléguait qu'il ne suffit pas de démontrer l'égalité, qu'il faut encore l'organiser, qu'il faut surtout l'établir sans déchirements, je serais en droit de répondre : Le soin de l'opprimé passe avant les embarras des ministres ; l'égalité des conditions est une loi primordiale, de laquelle l'économie publique et la jurisprudence relèvent. Le droit au travail et à la participation égale des biens ne peut fléchir devant les anxiétés du pouvoir: ce n'est point au prolétaire à concilier les contradictions des codes, encore moins à pâtir des erreurs du gouvernement ; c'est à la puissance civile et administrative, au contraire, à se réformer sur le principe d'égalité politique et bonitaire. Le mal connu doit être condamné et détruit ; le législateur ne peut exciper de son ignorance de l'ordre à établir en faveur de l'iniquité patente. On ne temporise pas avec la restitution. justice, justice; reconnaissance du droit ; réhabilitation du prolétaire - après cela, juges et consuls, vous aviserez à la police, et vous pourvoirez au gouvernement de la République.

Au reste, je ne pense pas qu'un seul de mes lecteurs me reproche de savoir détruire, mais de ne savoir pas édifier. En démontrant le principe d'égalité, j'ai posé la première pierre de l'édifice social ; j'ai fait plus, j'ai donné l'exemple de la marche à suivre dans la solution des Problèmes de politique et de législation. Quant à la science elle-même, je déclare que je n'en connais rien de plus que le principe, et je ne sache pas que personne aujourd'hui puisse se flatter d'avoir pénétré plus avant. Beaucoup de gens crient: Venez à moi, et je vous enseignerai la vérité : ces gens-là prennent pour la vérité leur opinion intime, leur conviction ardente ; ils ne se trompent ordinairement que de toute la vérité. La science de la société, comme toutes les sciences humaines, sera à tout jamais inachevée : la profondeur et la variété des questions qu'elle embrasse sont infinies. Nous sommes à peine à l'A B C de cette science : la preuve, c'est que nous n'avons pas encore franchi la période des systèmes, et que nous ne cessons de mettre l'autorité des majorités délibérantes à la place des faits. Certaine société grammaticale décidait les questions de linguistique à la pluralité des suffrages ; les débats de nos chambres, si les résultats n'en étaient pas si funestes, seraient encore plus ridicules. La tâche du vrai publiciste, au temps où nous vivons, est d'imposer silence aux inventeurs et aux charlatans, et d'accoutumer le public à ne se payer que de démonstrations, non de symboles et de programmes. Avant de discourir sur la science, il faut en déterminer l'objet, en trouver la méthode et le principe : il faut débarrasser la place des préjugés qui l'encombrent. Telle doit être la mission du dix-neuvième siècle.

Pour moi, j'en ai fait le serment, je serai fidèle à mon oeuvre de démolition, je ne cesserai de poursuivre la vérité à travers les ruines et les décombres. Je hais la besogne à demi faite ; et l'on peut croire, sans que j'aie besoin d'en avertir, que si j'ai osé porter la main sur l'arche sainte, je ne me contenterai pas d'en avoir fait tomber le couvercle. Il faut que les mystères du sanctuaire d'iniquité soient dévoilés, les tables de la vieille alliance brisées, et tous les objets de l'ancien culte jetés en litière aux pourceaux. Une charte nous a été donnée, résumé de toute la science politique, symbole de vingt législatures ; un code a été écrit, orgueil d'un conquérant, sommaire de la sagesse antique : eh bien! de cette charte et de ce code il ne restera pas article sur article ; les doctes peuvent en prendre leur parti dès maintenant et se préparer à une reconstruction.

Cependant l'erreur détruite supposant nécessairement une vérité contraire, le ne terminerai pas ce mémoire sans avoir résolu le premier problème de la science politique, celui qui préoccupe aujourd'hui toutes les intelligences

La propriété abolie, quelle sera la forme de la société Sera-ce la communauté ?

DEUXIÈME PARTIE

§ 1er. - *Des causes de nos erreurs : origine de la propriété*

La détermination de la véritable forme de la société humaine exige la solution préalable de la question suivante:

La propriété n'étant pas notre condition naturelle, comment s'est-elle établie ? Comment l'instinct de société, si sûr chez les animaux, a-t-il failli dans l'homme ? Comment l'homme, né pour la société, n'est-il pas encore associé ?

J'ai dit que l'homme est associé en mode composé : lors même que cette expression manquerait de justesse, le fait qu'elle m'a servi à caractériser n'en serait pas moins vrai, savoir l'engrenage des talents et des capacités. Mais qui ne voit que ces talents et ces capacités deviennent à leur tour, par leur variété infinie, causes d'une infinie variété dans les volontés, que le caractère, les inclinations, et si j'ose ainsi dire, la forme du moi, en sont inévitablement altérés : de sorte que dans l'ordre de la liberté, de même que dans l'ordre de l'intelligence, on a autant de types que d'individus, autant d'originaux que de têtes, dont les goûts, les humeurs, les penchants, modifiés par des idées dissemblables, nécessairement ne peuvent s'accorder ? L'homme, par sa nature et son instinct, est prédestiné à la société, et sa personnalité, toujours inconstante et multiforme, s'y oppose.

Dans les sociétés d'animaux, tous les individus font exactement les mêmes choses : un même génie les dirige, une même volonté les anime. Une société de bêtes est un assemblage d'atomes ronds, crochus, cubiques ou triangulaires, mais toujours parfaitement identiques ; leur personnalité est unanime, on dirait qu'un seul moi les gouverne tous. Les travaux que les animaux exécutent, soit seuls, soit en société, reproduisent trait pour trait leur caractère : de même que l'essaim d'abeilles se compose d'unités abeilles de même nature et d'égale valeur, de même le rayon de miel est formé de l'unité alvéole, constamment et invariablement répétée.

Mais l'intelligence de l'homme, calculée tout à la fois pour la destinée sociale et pour les besoins de la personne, est d'une tout autre facture, et c'est ce qui rend, par une conséquence facile à concevoir, la volonté humaine prodigieusement divergente. Dans l'abeille, la volonté est constante et uniforme, parce que l'instinct qui la guide est inflexible, et que cet instinct unique fait la vie, le bonheur et tout l'être de l'animal ; dans l'homme le talent varie, la raison est indécise, partant la volonté multiple et vague : il cherche la société, mais il fuit la contrainte et la monotonie : il est imitateur, mais amoureux de ses idées et fou de ses ouvrages.

Si, comme l'abeille, chaque homme apportait en naissant un talent tout formé, des connaissances spéciales parfaites, une science infuse, en un mot des fonctions qu'il devra remplir, mais qu'il fût privé de la faculté de réfléchir et de raisonner, la société s'organiserait d'elle-même. On verrait un homme labourer un champ, un autre construire des maisons, celui-ci forger des métaux, celui-là tailler des habits, quelques-uns emmagasiner les produits et présider à la répartition. Chacun, sans chercher la raison de son travail, sans s'inquiéter s'il fait plus ou moins que sa tâche, suivrait son ordon, apporterait son produit, recevrait son salaire, se reposerait aux heures, et tout cela sans compter, sans jalouser personne, sans se plaindre du répartiteur, qui ne commettrait jamais d'injustice. Les rois gouverneraient et ne régneraient pas, parce que régner c'est être *propriétaire* à l'engrais, comme disait Bonaparte ; et, n'ayant rien à commander, puisque chacun serait à son poste, ils serviraient plutôt de centres de ralliement que d'autorités et de conseils. Il y aurait communauté engrenée, il n'y aurait pas société réfléchie et librement acceptée.

Mais l'homme ne devient habile qu'à force d'observations et d'expériences. Il réfléchit donc, puisque observer, expérimenter, c'est réfléchir ; il raisonne, puisqu'il ne peut pas ne pas raisonner ; et en réfléchissant il se fait illusion ; en raisonnant, il se trompe, et il croit avoir raison, il s'obstine, il abonde dans son sens, il s'estime lui-même et méprise les autres. Dès lors il s'isole, car il ne pourrait se soumettre à la majorité qu'en faisant abnégation de sa volonté et de sa raison, c'est-à-dire qu'en se reniant lui-même, ce qui est impossible. Et cet isolement, cet égoïsme rationnel, cet individualisme d'opinion enfin, durent aussi longtemps que la vérité ne lui est pas démontrée par l'observation de l'expérience.

Une dernière comparaison rendra tous ces faits encore plus sensibles.

Si tout à coup, à l'instinct aveugle, mais convergent et harmonique d'un essaim d'abeilles, venait se joindre la réflexion et le raisonnement, la petite société ne pourrait subsister. D'abord les abeilles ne manqueraient pas d'essayer de quelque procédé industriel nouveau, par exemple, de faire leurs alvéoles rondes ou carrées. Les systèmes et les inventions iraient leur train, jusqu'à ce qu'une longue pratique, aidée d'une savante géométrie, eût démontré que la figure hexagone est la plus avantageuse. Puis il y aurait des insurrections : on dirait aux bourdons de se pourvoir, aux reines de travailler ; la jalousie se mettrait parmi les ouvrières, les discordes éclateraient, chacun voudrait bientôt produire pour son propre compte, finalement la ruche serait abandonnée et les abeilles périraient. Le mal, comme un serpent caché sous les fleurs, se serait glissé dans la république mellifère par cela même qui devait en faire la gloire, par le raisonnement et la raison.

Ainsi le mal moral, c'est-à-dire, dans la question qui nous occupe, le désordre dans la société s'explique naturellement par notre faculté de réfléchir. Le paupérisme, les crimes, les révoltes, les guerres, ont eu pour mère l'inégalité des conditions, qui fut fille de la propriété, qui naquit de l'égoïsme, qui fut engendrée du sens privé, qui descend en ligne directe de l'autocratie de la raison. L'homme n'a commencé ni par le crime, ni par la sauvagerie, mais par l'enfance, l'ignorance, l'inexpérience. Doué d'instincts impérieux, mais placés sous la condition du raisonnement, d'abord il réfléchit peu et raisonne mal; puis, à force de mécomptes, peu à peu ses idées se redressent et sa raison se perfectionne. C'est, en premier lieu, le sauvage qui sacrifie tout à une bagatelle, et puis qui se repent et pleure ; c'est Ésaü changeant son droit d'aînesse contre des lentilles, et voulant plus tard annuler le marché ; c'est l'ouvrier civilisé, travaillant à titre précaire et demandant perpétuellement une augmentation de salaire, parce que ni lui ni son patron ne comprennent que hors de l'égalité le salaire est toujours insuffisant. Puis c'est Naboth mourant pour défendre son héritage Caton déchirant ses entrailles pour n'être point esclave Socrate défendant la liberté de la pensée jusqu'à la coupe fatale ; c'est le tiers état de 89 revendiquant la liberté ; ce sera bientôt le peuple exigeant l'égalité dans les moyens de production et dans les salaires.

L'homme est né sociable, c'est-à-dire qu'il cherche dans toutes ses relations l'égalité et la justice; mais il aime l'indépendance et l'éloge : la difficulté de satisfaire en même temps à ces besoins divers est la première cause du despotisme de la volonté et de l'appropriation qui en est la suite. D'un autre côté, l'homme a continuellement besoin d'échanger ses produits ; incapable de balancer des valeurs sous des espèces différentes, il se contente d'en juger par approximation, selon sa passion et son caprice ; et il se livre à un commerce infidèle, dont le résultat est toujours l'opulence et la misère. Ainsi, les plus grands maux de l'humanité lui viennent de sa sociabilité mal exercée, de cette même justice dont elle est si fière, et qu'elle applique avec une si déplorable ignorance. La pratique du juste est une science dont la découverte et la propagation finiront tôt ou tard le désordre social, en nous éclairant sur nos droits et nos devoirs.

Cette éducation progressive et douloureuse de notre instinct, cette lente et insensible transformation de nos perceptions spontanées en connaissances réfléchies ne se remarque point chez les animaux, dont l'instinct reste fixe et ne s'éclaire jamais.

Selon Frédéric Cuvier, qui a si nettement séparé dans les animaux l'instinct de l'intelligence, « l'instinct est une force primitive et propre, comme la sensibilité, comme l'irritabilité, comme l'intelligence. Le loup et le renard, qui reconnaissent les pièges où ils sont tombés et qui les évitent, le chien et le cheval, qui apprennent jusqu'à la signification de plusieurs de nos mots et qui nous obéissent, font cela par intelligence. Le chien, qui cache les restes de son repas, l'abeille, qui construit sa cellule, l'oiseau, qui construit son nid, n'agissent que par instinct. Il y a de l'instinct jusque dans l'homme ; c'est par un instinct particulier que l'enfant tette en venant au monde. Mais dans l'homme, presque tout se fait par intelligence, et l'intelligence y supplée à l'instinct. L'inverse a lieu pour les animaux, l'instinct leur a été donné comme supplément de l'intelligence ». (FLOURENS, *Résumé analytique des observations de F. Cuvier.*)

« On ne peut se faire d'idée claire de l'instinct qu'en admettant que les animaux ont dans leur *sensorium* des images ou sensations innées et constantes qui les déterminent à agir comme les sensations ordinaires et accidentelles déterminent communément. C'est une sorte de rêve ou de vision qui les poursuit toujours ; et dans tout ce qui a rapport à leur instinct, on peut les regarder comme des somnambules. » (F. CUVIER, *Introduction au règne animal.*)

L'intelligence et l'instinct étant donc communs, quoique à divers degrés, aux animaux et à l'homme, qu'est-ce qui distingue celui-ci ? Selon F. Cuvier, c'est la réflexion ou *la faculté de considérer intellectuellement, par un retour sur nous-mêmes, nos propres modifications.*

Ceci manque de netteté et demande explication.

Si l'on accorde l'intelligence aux animaux, il faut aussi leur accorder, à un degré quelconque, la réflexion ; car la première n'existe pas sans la seconde, et F. Cuvier lui-même l'a prouvé par une foule d'exemples. Mais remarquons que le savant observateur définit l'espèce de réflexion qui nous distingue des animaux, *faculté de considérer nos propres modifications.* C'est ce que je vais m'efforcer de faire entendre, en suppléant de mon mieux au laconisme du naturaliste philosophe.

L'intelligence acquise des animaux ne leur fait jamais modifier les opérations qu'ils accomplissent d'instinct ; elle ne leur est même donnée qu'afin de pourvoir aux accidents imprévus qui pourraient troubler ces opérations. Dans l'homme, au contraire, l'action instinctive se change continuellement en action réfléchie. Ainsi l'homme est sociable d'instinct, et, chaque jour, il le devient par raisonnement et par élection: il a créé au commencement sa parole d'instinct [1], il a été poète par inspiration ; il fait aujourd'hui de la grammaire une science et de la poésie un art ; il croit en Dieu et à une vie future par une notion spontanée et que j'ose appeler instinctive ; et cette notion, il l'a exprimée tour à tour sous des formes monstrueuses, bizarres, élégantes, consolantes ou terribles ; tous ces cultes divers, dont la frivole impiété du dix-huitième siècle s'est moquée, sont les langues qu'a parlées le sentiment religieux; l'homme s'expliquera un jour ce qu'est ce Dieu que cherche sa pensée, ce qu'il peut espérer de cet autre monde auquel son âme aspire.

Tout ce qu'il accomplit d'instinct, l'homme n'en fait aucun cas et le méprise ; ou, s'il l'admire, ce n'est pas comme sien, c'est comme ouvrage de la nature de là l'oubli qui couvre les noms des premiers inventeurs de là notre indifférence pour la religion, et le ridicule où sont tombées ses pratiques. L'homme n'estime que les produits de la réflexion et du raisonnement. Les oeuvres les plus admirables de l'instinct ne sont à ses yeux que d'heureuses trouvailles ; il donne le nom de *découvertes*, j'ai presque dit de créations, aux oeuvres de l'intelligence. C'est l'instinct qui produit les passions et l'enthousiasme ; C'est l'intelligence qui fait le crime et la vertu.

Pour développer son intelligence, l'homme profite non seulement

---

1 Le problème de l'origine du langage est résolu par la distinction que Frédéric Cuvier a faite de l'instinct et de l'intelligence. Le langage n'est point une invention préméditée, arbitraire ou conventionnelle ; il ne nous vient de Dieu ni par communication ni par révélation : le langage est une création instinctive et indélibérée de l'homme, comme la ruche est une création instinctive et irréfléchie de l'abeille. En ce sens on peut dire que le langage n'est pas l'œuvre de l'homme, puisqu'il n'est pas l'œuvre de sa raison; aussi le mécanisme des langues parait-il d'autant plus admirable et ingénieux que la réflexion y a moins de part. Ce fait est l'un des plus curieux et des moins contestables que la philologie ait observés. Voir entre autres une dissertation latine de F.-G. Bergmann, Strasbourg, 1839, dans laquelle le savant auteur explique comment le germe phonétique s'engendre de la sensation; comment le langage se développe en trois périodes successives; pourquoi l'homme, doué en naissant de la faculté instinctive de créer sa langue, perd cette faculté à mesure que sa raison se développe ; comment enfin l'étude des langues est une véritable histoire naturelle, une science. La France possède aujourd'hui plusieurs philologues de premier ordre, d'un talent rare et d'une philosophie profonde : savants modestes, créant la science presque à l'insu du public, et dont le dévouement à des études honteusement dédaignées semble fuir les applaudissements avec autant de soin que d'autres les recherchent.

Pierre-Joseph Proudhon

de ses propres observations, mais encore de celles des autres il tient registre des expériences, il conserve des annales en sorte qu'il y a progrès de l'intelligence et dans les personnes et dans l'espèce. Chez les animaux, il ne se fait aucune transmission de connaissances; les souvenirs de chaque individu périssent avec lui.

Il serait donc insuffisant de dire que ce qui nous distingue des animaux, c'est la réflexion, si l'on n'entendait par là *la tendance constante de notre instinct à devenir intelligence*. Tant que l'homme est soumis à l'instinct, il n'a aucune conscience de ce qu'il fait ; il ne se tromperait jamais, et il n'y aurait pour lui ni erreur, ni mal, ni désordre si, de même que les animaux, il n'avait que l'instinct pour moteur. Mais le Créateur nous a doués de réflexion, afin que notre instinct devînt intelligence ; et, comme cette réflexion et la connaissance qui en résulte ont des degrés, il arrive que dans les commencements notre instinct est contrarié plutôt que guidé par la réflexion ; par conséquent, que notre faculté de penser nous fait agir contrairement à notre nature et à notre fin ; que, nous trompant, nous faisons le mal et nous en souffrons, jusqu'à ce que l'instinct qui nous porte au bien, et la réflexion qui nous fait trébucher dans le mal, soient remplacés par la science du bien et du mal, qui nous fasse avec certitude chercher l'un et éviter l'autre.

Ainsi le mal, c'est-à-dire l'erreur et ses suites, est fils premier-né du mélange de deux facultés antagonistes, l'instinct et la réflexion ; le bien, ou la vérité, doit en être le second et inévitable fruit. Pour continuer la figure, le mal est le produit d'un inceste entre deux puissances contraires ; le bien sera tôt ou tard l'enfant légitime de leur sainte et mystérieuse union.

La propriété, née de la faculté de raisonner, se fortifie par les comparaisons. Mais, de même que la réflexion et le raisonnement sont postérieurs à la spontanéité, l'observation à la sensation, l'expérience à l'instinct, de même la propriété est postérieure à la communauté. La communauté, ou association en mode simple, est le but nécessaire, l'essor primordial de la sociabilité, le mouvement spontané par lequel elle se manifeste et se pose : c'est, pour l'homme, la première phase de civilisation. Dans cet état de société, que les jurisconsultes ont appelé *communauté négative*, l'homme s'approche de l'homme, partage avec lui les fruits de la terre, le lait et la chair des animaux ; peu à peu cette communauté, de négative qu'elle est tant que l'homme ne produit rien, tend à devenir positive et engrenée par le développement du travail et de l'industrie. Mais c'est alors que l'autonomie de la pensée, et la terrible faculté de raisonner du mieux et du pire, apprennent à l'homme que si l'égalité est la condition nécessaire de la société, la communauté est la première espèce de servitude.

Pour rendre tout cela par une formule hégélienne, je dirai :

La communauté, premier mode, première détermination de la sociabilité, est le premier terme du développement social, *la thèse* ; la propriété, expression contradictoire de la communauté, fait le second terme, *l'antithèse*. Reste à découvrir le troisième terme, la *synthèse*, et nous aurons la solution demandée. Or, cette synthèse résulte nécessairement de la correction de la thèse par l'antithèse ; donc il faut, par un dernier examen de leurs caractères, en éliminer ce qu'elles renferment d'hostile à la sociabilité ; les deux restes formeront, en se réunissant, le véritable mode d'association humanitaire.

§ 2. – *Caractères de la communauté et de la propriété*

I Je ne dois pas dissimuler que, hors de la propriété ou de la communauté, personne n'a conçu de société possible : cette erreur à jamais déplorable a fait toute la vie de la propriété. Les inconvénients de la communauté sont d'une telle évidence, que les critiques n'ont jamais dû employer beaucoup d'éloquence pour en dégoûter les hommes. L'irréparabilité de ses injustices, la violence qu'elle fait aux sympathies et aux répugnances, le joug de fer qu'elle impose à la volonté, la torture morale où elle tient la conscience, l'atonie où elle plonge la société, et, pour tout dire enfin, l'uniformité béate et stupide par laquelle elle enchaîne la personnalité libre, active, raisonneuse, insoumise de l'homme, ont soulevé le bon sens général, et condamné irrévocablement la communauté.

Les autorités et les exemples qu'on allègue en sa faveur, se tournent contre elle : la république communiste de Platon suppose l'esclavage ; celle de Lycurgue se faisait servir par les ilotes, qui;

chargés de tout produire pour leurs maîtres, leur permettaient de se livrer exclusivement aux exercices gymnastiques et à la guerre. Aussi J.-J. Rousseau, confondant la communauté et l'égalité, a-t-il dit quelque part que, sans l'esclavage, il ne concevait pas l'égalité des conditions possible. Les communautés de l'Église primitive ne purent aller jusqu'à la fin du premier siècle, et dégénérèrent bientôt en moineries; dans celles des jésuites du Paraguay, la condition des noirs a paru à tous les voyageurs aussi misérable que celle des esclaves ; et il est de fait que les bons pères étaient obligés de s'enclore de fossés et de murailles pour empêcher leurs néophytes de s'enfuir. Les babouvistes, dirigés par une horreur exaltée de la propriété, plutôt que par une croyance nettement formulée, sont tombés par l'exagération de leurs principes ; les saint-simoniens, cumulant la communauté et l'inégalité, ont passé comme une mascarade. Le plus grand danger auquel la société soit exposée aujourd'hui, c'est de faire encore une fois naufrage contre cet écueil.

Chose singulière! la communauté systématique, négation réfléchie de la propriété, est conçue sous l'influence directe du préjugé de propriété ; et c'est la propriété qui se retrouve au fond de toutes les théories des communistes.

Les membres d'une communauté, il est vrai, n'ont rien en propre ; mais la communauté est propriétaire, et propriétaire non seulement des biens, mais des personnes et des volontés. C'est d'après ce principe de propriété souveraine que dans toute communauté le travail, qui ne doit être pour l'homme qu'une condition imposée par la nature, devient un commandement humain, par là même odieux ; que l'obéissance passive, inconciliable avec une volonté réfléchissante, est rigoureusement prescrite ; que la fidélité à des règlements toujours défectueux, quelque sages qu'on les suppose, ne souffre aucune réclamation ; que la vie, le talent, toutes les facultés de l'homme sont propriétés de l'État, qui a droit d'en faire, pour l'intérêt général, tel usage qu'il lui plaît ; que les sociétés particulières doivent être sévèrement défendues, malgré toutes les sympathies et antipathies de talents et de caractères, parce que les tolérer serait introduire de petites communautés dans la grande, et par conséquent des propriétés ; que le fort doit faire la tâche du faible, bien que ce devoir soit de bienfaisance, non d'obligation, de conseil, non de précepte ; le diligent, celle du paresseux, bien que ce soit injuste

; l'habile, celle de l'idiot, bien que ce soit absurde : que l'homme enfin dépouillant son *moi*, sa spontanéité, son génie, ses affections, doit s'anéantir humblement devant la majesté et l'inflexibilité de la commune.

La communauté est inégalité, mais dans le sens inverse de la propriété. La propriété est l'exploitation du faible par le fort ; la communauté est l'exploitation du fort par le faible. Dans la propriété, l'inégalité des conditions résulte de la force, sous quelque nom qu'elle se déguise : force physique et intellectuelle ; force des événements, hasard, *fortune* ; force de propriété acquise, etc. Dans la communauté, l'inégalité vient de la médiocrité du talent et du travail, glorifiée à l'égal de la force. Cette équation injurieuse révolte la conscience et fait murmurer le mérite ; car, si ce peut être un devoir au fort de secourir le faible, il veut le faire par générosité, il ne supportera jamais la comparaison. Qu'ils soient égaux par les conditions du travail et du salaire, mais que jamais le soupçon réciproque d'infidélité à la tâche commune n'éveille leur jalousie.

La communauté est oppression et servitude. L'homme veut bien se soumettre à la loi du devoir, servir sa patrie, obliger ses amis ; mais il veut travailler à ce qui lui plaît, quand il lui plaît, autant qu'il lui plaît ; il veut disposer de ses heures, n'obéir qu'à la nécessité, choisir ses amitiés, ses récréations, sa discipline ; rendre service par raison, non par ordre ; se sacrifier par égoïsme, non par une obligation servile. La communauté est essentiellement contraire au libre exercice de nos facultés, à nos penchants les plus nobles, à nos sentiments les plus intimes : tout ce qu'on imaginerait pour la concilier avec les exigences de la raison individuelle et de la volonté, n'aboutirait qu'à changer la chose en conservant le nom ; or, si nous cherchons la vérité de bonne foi, nous devons éviter les disputes de mots.

Ainsi, la communauté viole l'autonomie de la conscience et l'égalité : la première, en comprimant la spontanéité de l'esprit et du cœur, le libre arbitre dans l'action et dans la pensée ; la seconde, en récompensant par une égalité de bien-être le travail et la paresse, le talent et la bêtise, le vice même et la vertu. Du reste, si la propriété est impossible par l'émulation d'acquérir, la communauté le deviendrait bientôt par l'émulation de fainéantise.

II La propriété, à son tour, viole l'égalité par le droit d'exclusion et d'aubaine, et le libre arbitre par le despotisme. Le premier effet de la propriété ayant été suffisamment développé dans les trois chapitres précédents, je me contenterai d'établir ici, par un dernier rapprochement, sa parfaite identité avec le vol.

Voleur se dit en latin *fur* et *latro*, le premier pris du grec *phôr*, de *pherô*, latin *fero*, j'emporte ; le second de *lathroô*, je fais le brigand, dont le primitif est *léthô*, latin *lateo*, je me cache. Les Grecs ont encore *kleptês*, de *kleptô*, je dérobe, dont les consonnes radicales sont les mêmes que celles de *kaluptô*, je couvre, je cache. D'après ces étymologies, l'idée de voleur est celle d'un homme qui cache, emporte, distrait une chose qui ne lui appartient pas, de quelque manière que ce soit.

Les Hébreux exprimaient la même idée par le mot *gannab*, voleur, du verbe *ganab*, qui signifie mettre à part, détourner : *lo thi-gnob* (DÉCALOGUE, 8e commandement), tu ne voleras pas, c'est-à-dire, tu ne retiendras, tu ne mettras de côté rien pour toi. C'est l'acte d'un homme qui, entrant dans une société où il promet d'apporter tout ce qu'il a, en réserve secrètement une partie, comme fit le célèbre disciple Ananie.

L'étymologie de notre verbe voler est encore plus significative. Voler, ou faire la vole, du latin *vola*, paume de la main, c'est faire toutes les levées au jeu d'hombre ; en sorte que le voleur est comme un bénéficiaire qui prend tout, qui fait le partage du lion. Il est probable que ce verbe voler doit son origine à l'argot des voleurs, d'où il aura passé dans le langage familier, et, par suite, jusque dans le style des lois.

Le vol s'exerce par une infinité de moyens, que les législateurs ont très habilement distingués et classés, selon leur degré d'atrocité ou de mérite, afin que dans les uns le vol fût honoré, et dans les autres puni.

On vole : 1° en assassinant sur la voie publique ; 2° seul ou en bande ; 3° par effraction ou escalade 4° par soustraction; 5° par banqueroute frauduleuse 6° par faux en écriture publique ou privée ; 7° par fabrication de fausse monnaie.

Cette espèce comprend tous les voleurs qui exercent le métier sans autre secours que la force et la fraude ouverte : bandits, brigands, pirates, écumeurs de terre et de mer, les anciens héros se glorifiaient de porter ces noms honorables, et regardaient leur profession comme aussi noble que lucrative. Nemrod, Thésée, Jason et ses Argonautes ; Jephté, David, Cacus, Romulus, Clovis et tous ses descendants mérovingiens ; Robert Guiscard, Tancrède de Hauteville, Bohémond et la plupart des héros normands, furent brigands et voleurs. Le caractère héroïque du voleur est exprimé dans ce vers d'Horace parlant d'Achille :

Jura neget sibi nata, nihil non arroget armis

et par ces paroles du testament de Jacob (Genèse, ch. 48), que les juifs appliquent à David, et les chrétiens à leur Christ : Manus ejus contra omnes ; Sa main fait le vol, ou la vole, sur tous. De nos jours, le voleur, le fort armé des anciens, est poursuivi à outrance ; son métier, aux termes du Code, entraîne peine afflictive et infamante, depuis la réclusion jusqu'à l'échafaud. Triste retour des opinions d'ici-bas!

On vole : 8° par filouterie ; 9° par escroquerie ; 10° par abus de confiance; 11° par jeux et loteries.

Cette seconde espèce était encouragée par les lois de Lycurgue, afin d'aiguiser la finesse d'esprit et d'invention dans les jeunes gens ; c'est celle des Ulysse, des Solon, des Sinon, des juifs anciens et modernes, depuis Jacob jusqu'à Deutz; des Bohémiens, des Arabes, et de tous les sauvages. Sous Louis XIII et Louis XIV, on n'était pas déshonoré pour tricher au jeu, cela faisait, en quelque sorte, partie des règles, et beaucoup d'honnêtes gens ne se faisaient aucun scrupule de corriger, par un adroit escamotage, les caprices de la fortune. Aujourd'hui même, et par tous pays, c'est un genre de mérite très considéré chez les paysans, dans le haut et le bas commerce, de *savoir faire un marché*, ce qui veut dire, duper son homme : cela est tellement accepté, que celui qui se laisse surprendre n'en veut pas à l'autre. On sait avec quelle peine notre gouvernement s'est résolu à l'abolition des loteries ; il sentait qu'un coup de poignard était porté à la propriété. Le filou, l'escroc, le charlatan, fait surtout usage de la dextérité de sa main, de la subtilité de son esprit, du prestige de l'éloquence et d'une grande fécondité d'invention ; quelquefois il présente un appât à la cupidité : aussi le Code pénal, pour qui l'intelligence est de beaucoup préférable à la vigueur musculaire, a-t-il cru devoir faire des quatre variétés ci-mentionnées une seconde catégorie, passible seulement de peines correctionnelles non infamantes. Qu'on accuse, à présent, la loi d'être matérialiste et athée.

On vole : 12° par usure.

Cette espèce, devenue si odieuse depuis la publication de l'Évangile, et si sévèrement punie, forme transition entre les vols défendus et les vols autorisés. Aussi donne-t-elle lieu, par sa nature équivoque, à une foule de contradictions dans les lois et dans la morale, contradictions exploitées fort habilement par les gens de palais, de finance et de commerce. Ainsi l'usurier, qui prête sur hypothèque à 10, 12 et 15 p. 100, encourt une amende énorme, quand il est atteint ; le banquier, qui perçoit le même intérêt, non, il est vrai, à titre de prêt, mais à titre de change ou d'escompte, c'est-à-dire de vente, est protégé par privilège royal. Mais la distinction du banquier et de l'usurier est purement nominale ; comme l'usurier, qui prête sur un meuble ou immeuble, le banquier prête sur du papier-valeur ; comme l'usurier, il prend son intérêt d'avance ; comme l'usurier, il conserve son recours contre l'emprunteur, si le gage vient à périr, c'est-à-dire si le billet n'est pas acquitté, circonstance qui fait de lui précisément un prêteur d'argent, non un vendeur d'argent. Mais le banquier prête à courte échéance, tandis que la durée du prêt usuraire peut être annuelle, bisannuelle, triennale, novennale, etc. ; or, une différence dans la durée du prêt, et quelques variétés de forme dans l'acte, ne changent pas la nature du contrat. Quant aux capitalistes, qui placent leurs fonds, soit sur l'État, soit dans le commerce, à 3, 4, 5 p. 100, c'est-à-dire qui perçoivent une usure moins forte que celle des banquiers et usuriers, ils sont la fleur de la société, la crème des honnêtes gens. La modération dans le vol est toute la vertu.

On vole : 13° par constitution de rente, par fermage, loyer, amodiation.

L'auteur des *Provinciales* a beaucoup amusé les honnêtes chrétiens du dix-septième siècle avec le jésuite Escobar et le contrat Mohatra. «Le contrat Mohatra, disait Escobar, est celui par lequel on achète des étoffes, chèrement et à crédit, pour les revendre, au même instant, à la même personne, argent comptant et à meilleur marché. » Escobar avait trouvé des raisons qui justifiaient cette espèce d'usure. Pascal et tous les jansénistes se moquaient de lui. Mais qu'auraient dit le satirique Pascal, et le docte Nicole, et l'invincible Arnaud, si le père Antoine Escobar de Valladolid leur eût poussé cet argument : Le bail à loyer est un contrat par lequel on achète un immeuble, chèrement et à crédit, pour le revendre au bout d'un certain temps, à la même personne, à meilleur marché ; seulement, pour simplifier l'opération, l'acheteur se contente de payer la différence de la première vente à la seconde. Ou niez l'identité du bail à loyer et du Mohatra, et je vous confonds à l'instant; ou si vous reconnaissez la parité, reconnaissez aussi l'exactitude de ma doctrine, sinon vous proscrirez du même coup les rentes et le fermage.

À cette effroyable argumentation de jésuite, le sire de Montalte eût sonné le tocsin et se fût écrié que la société était en péril, que les jésuites la sapaient jusque dans ses fondements.

On vole : 14° par le commerce, lorsque le bénéfice du commerçant dépasse le salaire légitime de sa fonction.

La définition du commerce est connue : *Art d'acheter 3 f ce qui en vaut 6, et de vendre 6 f ce qui en vaut 3.* Entre le commerce ainsi défini et le vol à l'américaine, toute la différence est dans la proportion relative des valeurs échangées, en un mot, dans la grandeur du bénéfice.

On vole: 15° en bénéficiant sur son produit, en acceptant une sinécure, en se faisant allouer de gros appointements.

Le fermier qui vend au consommateur son blé tant, et qui au moment du mesurage plonge sa main dans le boisseau et détourne une poignée de grains, vole; le professeur, dont l'État paye les leçons, et qui par l'entremise d'un libraire les vend au public une seconde fois, vole; le sinécuriste, qui reçoit en échange de sa vanité un très gros produit, vole ; le fonctionnaire, le travailleur, quel qu'il soit, qui ne produisant que comme 1 se fait payer comme 4, comme 100, comme 1 000, vole ; l'éditeur de ce livre et moi, qui en suis l'auteur, nous volons, en le faisant payer le double de ce qu'il vaut.

En résumé :

La justice, au sortir de la communauté négative, appelée par les anciens poètes *âge d'or*, a commencé par être le droit de la force. Dans une société qui cherche son organisation, l'inégalité des facultés réveille l'idée de mérite ; l'équité suggère le dessein de proportionner non seulement l'estime, mais encore les biens matériels au mérite personnel; et comme le premier et presque le seul mérite reconnu est alors la force physique, c'est le plus fort, aristos, qui étant par là même le plus méritant, le meilleur, aristos, a droit à la meilleure part ; et si on la lui refuse, tout naturellement il s'en empare. De là à s'arroger le droit de propriété sur toutes choses, il n'y a qu'un pas.

Tel fut le droit héroïque, conservé, du moins par tradition, chez les Grecs et chez les Romains, jusqu'aux derniers temps de leurs républiques. Platon, dans le Gorgias, introduit un nommé Calliclès, qui soutient avec beaucoup d'esprit le droit de la force, et que Socrate, défenseur de l'égalité, *tou isou*, réfute sérieusement. On raconte du grand Pompée qu'il rougissait volontiers, et que cependant il lui échappa de dire un jour : *Que je respecte les lois, quand j'ai les armes à la main !* Ce trait peint l'homme en qui le sens moral et l'ambition se combattent, et qui cherche à justifier sa violence par une maxime de héros et de brigand.

Du droit de la force sont dérivées l'exploitation de l'homme par l'homme, autrement dite le servage, l'usure, ou le tribut imposé par le vainqueur à l'ennemi vaincu, et toute cette famille si nombreuse d'impôts, gabelles, régales, corvées, tailles, fermages, loyers, etc., etc., en un mot la propriété.

Au droit de la force succéda le droit de la ruse, seconde manifestation de la justice ; droit détesté des héros, qui n'y brillaient pas et perdaient trop. C'est toujours la force, mais transportée de l'ordre des facultés corporelles dans celui des facultés psychiques. L'habileté à tromper un ennemi par des propositions insidieuses parut mériter aussi récompense : cependant les forts vantèrent toujours la bonne foi. En ces temps-là le respect de la parole et l'observation du serment étaient d'une rigueur littérale plutôt que logique : *Uti lingua nuncupassit, ita jus esto*, comme la langue a parlé, ainsi soit le droit, dit la loi des Douze Tables. La ruse, disons mieux, la perfidie, fit presque toute la politique de l'ancienne Rome. Entre autres exemples, Vico cite celui-ci, rapporté aussi par Montesquieu : Les Romains avaient assuré aux Carthaginois la conservation de leurs biens et de leur ville, employant à dessein le mot *civitas*, c'est-à-dire la société, l'État ; les Carthaginois, au contraire, avaient entendu la ville matérielle, *urbs*, et s'étant mis à relever leurs murailles, ils furent attaqués pour cause d'infraction au traité par les Romains, qui, suivant en cela le droit héroïque, ne crurent pas, en surprenant leurs ennemis par une équivoque, faire une guerre injuste.

Du droit de la ruse sont issus les bénéfices de l'industrie, du commerce et de la banque ; les fraudes mercantiles, les prétentions de tout ce que l'on décore des beaux noms de talent et de génie, et que l'on devrait regarder comme le plus haut degré de la fourbe et de la piperie ; enfin toutes les espèces d'inégalités sociales.

Dans le vol, tel que les lois le défendent, la force et la ruse sont employées seules et à découvert ; dans le vol autorisé, elles se déguisent sous une utilité produite, dont elles se servent comme d'engin pour dévaliser leur victime.

L'usage direct de la violence et de la ruse a été de bonne heure et d'une voix unanime repoussé ; aucune nation n'est encore parvenue à se délivrer du vol dans son union avec le talent, le travail et la possession. De là toutes les incertitudes de la casuistique et les contradictions innombrables de la jurisprudence.

Le droit de la force et le droit de la ruse, célébrés par les rapsodes dans les poèmes de l'Iliade et de l'Odyssée, inspirèrent toutes les législations grecques et remplirent de leur esprit les lois romaines, desquelles ils ont passé dans nos mœurs et dans nos codes. Le christianisme n'y a rien changé ; n'en accusons pas l'Évangile, que les prêtres, aussi mal inspirés que les légistes, n'ont jamais su ni expliquer ni entendre. L'ignorance des conciles et des pontifes, sur tout ce qui regarde la morale, a égalé celle du forum et des préteurs ; et cette ignorance profonde du droit, de la justice, de la société, est ce qui tue l'Église et déshonore à jamais son enseignement. L'infidélité de l'Église romaine et des autres Églises chrétiennes est flagrante ; toutes ont méconnu le précepte de Jésus-Christ ; toutes ont erré dans la morale et dans la doctrine ; toutes sont coupables de propositions fausses, absurdes, pleines d'iniquité et d'homicide. Qu'elle demande pardon à Dieu et aux hommes, cette Église qui se disait infaillible, et qui a corrompu sa morale ; que ses sœurs réformées s'humilient... et le peuple, désabusé, mais religieux et clément, avisera.

Le développement du droit, dans ses diverses expressions, a suivi la même gradation que la propriété dans ses formes ; partout on voit la justice chasser le vol devant elle et le resserrer dans des limites de plus en plus étroites. jusqu'à présent les conquêtes du juste sur l'injuste, de l'égal sur l'inégal, se sont accomplies d'instinct et par la seule force des choses ; mais le dernier triomphe de notre sociabilité sera dû à notre réflexion, sinon nous retomberons dans un autre chaos féodal : cette gloire est réservée à notre intelligence, ou cet abîme de misère à notre indignité.

Le second effet de la propriété est le despotisme. Or, comme le despotisme se lie nécessairement dans l'esprit à l'idée d'autorité légitime, en exposant les causes naturelles du premier, je dois faire connaître le principe de la seconde.

Quelle forme de gouvernement allons-nous préférer ? - Eh! pouvez-vous le demander, répond sans doute quelqu'un de mes plus jeunes lecteurs ; vous êtes républicain. - Républicain, oui ; mais ce mot ne précise rien. Res publica, c'est la chose publique ; or, quiconque veut la chose publique, sous quelque forme de gouvernement que ce soit, peut se dire républicain. Les rois aussi sont républicains. - Eh bien! vous êtes démocrate ? - Non. - Quoi! vous seriez monarchique ? - Non. -Constitutionnel ? - Dieu m'en garde. - Vous êtes donc aristocrate ? - Point du tout. - Vous voulez un gouvernement mixte ? - Encore moins.

Chapitre V

- Qu'êtes-vous donc ? - je suis anarchiste.

- Je vous entends - vous faites de la satire ; ceci est à l'adresse du gouvernement. - En aucune façon : vous venez d'entendre ma profession de foi sérieuse et mûrement réfléchie ; quoique très ami de l'ordre, je suis, dans toute la force du terme, anarchiste. Écoutez-moi.

Dans les espèces d'animaux sociables, « la faiblesse des jeunes est le principe de leur obéissance pour les anciens qui ont déjà la force ; et l'habitude, qui pour eux est une espèce particulière de conscience, est la raison pour laquelle le pouvoir reste au plus âgé, quoiqu'il devienne à son tour le plus faible. Toutes les fois que la société est sous la conduite d'un chef, ce chef est presque toujours, en effet, le plus âgé de la troupe. je dis presque toujours, car l'ordre établi peut être troublé par des passions violentes. Alors l'autorité passe à un autre ; et après avoir de nouveau commencé par la force, elle se conserve ensuite de même par l'habitude. Les chevaux sauvages vont par troupes ; ils ont un chef qui marche à leur tête, qu'ils suivent avec confiance, qui leur donne le signal de la fuite et du combat.

« Le mouton que nous avons élevé nous suit, mais il suit également le troupeau au milieu duquel il est né. Il ne voit dans l'homme que *le chef de sa troupe*... L'homme n'est pour les animaux domestiques qu'un membre de leur société ; tout son art se réduit à se faire accepter par eux comme associé ; il devient bientôt leur chef, leur étant aussi supérieur qu'il l'est par l'intelligence. Il ne change donc pas l'état naturel de ces animaux, comme l'a dit Buffon ; il profite au contraire de cet état naturel. En d'autres termes, il avait trouvé les animaux sociables; il les rend domestiques, en devenant leur associé, leur chef. *La domesticité* des animaux n'est ainsi qu'un cas particulier, qu'une simple modification, qu'une conséquence déterminée de la *sociabilité*. Tous les animaux domestiques sont de leur nature des animaux sociables... » (FLOURENS, *Résumé des observations de F. Cuvier.*)

Les animaux sociables suivent un chef d'*instinct* ; mais remarquons ce que F. Cuvier a omis de dire, que le rôle de ce chef est tout d'intelligence. Le chef n'apprend pas aux autres à s'associer, à se réunir sous sa conduite, à se reproduire, à fuir et à se défendre : sur chacun de ces points, il trouve ses subordonnés aussi savants que lui. Mais c'est le chef qui, par son expérience acquise, pourvoit à l'imprévu ; c'est lui dont l'intelligence privée supplée, dans les circonstances difficiles, à l'instinct général; c'est lui qui délibère, qui décide, qui mène ; c'est lui, en un mot, dont la prudence éclairée gouverne la routine nationale pour le plus grand bien de tous.

L'homme, vivant naturellement en société, suit naturellement aussi un chef. Dans l'origine, ce chef est le père, le patriarche, l'ancien, c'est-à-dire le prud'homme, le sage, dont les fonctions, par conséquent, sont toutes de réflexion et d'intelligence. L'espèce humaine, comme les autres races d'animaux sociables, a ses instincts, ses facultés innées, ses idées générales, ses catégories du sentiment et de la raison : les chefs, législateurs ou rois, jamais n'ont rien inventé, rien supposé, rien imaginé; ils n'ont fait que guider la société selon leur expérience acquise, mais toujours en se conformant aux opinions et aux croyances.

Les philosophes qui, portant dans la morale et dans l'histoire leur sombre humeur de démagogues, affirment que le genre humain n'a eu dans le principe ni chefs ni rois, ne connaissent rien à la nature de l'homme. La royauté, et la royauté absolue, est, aussi bien et plus que la démocratie, une forme primitive de gouvernement. Parce qu'on voit, dès les temps les plus reculés, des héros, des brigands, des chevaliers d'aventures, gagner des couronnes et se faire rois, on confond ces deux choses, la royauté et le despotisme : mais la royauté date de la création de l'homme ; elle a subsisté dans les temps de communauté négative ; l'héroïsme, et le despotisme qu'il engendre, n'a commencé qu'avec la première détermination de l'idée de justice, c'est-à-dire avec le règne de la force. Dès que, par la comparaison des mérites, le plus fort fut jugé le meilleur, l'ancien dut lui céder la place, et la royauté devint despotique.

L'origine spontanée, instinctive, et, pour ainsi dire, physiologique de la royauté, lui donna, dans les commencements, un caractère surhumain ; les peuples la rapportèrent aux dieux, de qui, disaient-ils, descendaient les premiers rois : de là les généalogies divines des familles royales, les incarnations des dieux, les fables messiaques ; de là les doctrines de droit divin, qui conservent encore de si singuliers champions.

Chapitre V

La royauté fut d'abord élective, parce que, dans un temps où l'homme produisant peu ne possède rien, la propriété est trop faible pour donner l'idée d'hérédité et pour garantir au fils la royauté de son père : mais lorsqu'on eut défriché des champs et bâti des villes, chaque fonction fut, comme toute autre chose, appropriée; de là les royautés et les sacerdoces héréditaires ; de là l'hérédité portée jusque dans les professions les plus communes, circonstance qui entraîna les distinctions de castes, l'orgueil du rang, l'abjection de la roture, et qui confirme ce que j'ai dit du principe de succession patrimoniale, que c'est un mode indiqué par la nature de pourvoir aux fonctions vacantes et de parfaire une oeuvre commencée.

De temps en temps l'ambition fit surgir des usurpateurs, des *supplanteurs* de rois, ce qui donna lieu de nommer les uns rois de droit, rois légitimes, et les autres tyrans. Mais il ne faut pas que les noms nous imposent : il y eut d'exécrables rois et des tyrans très supportables. Toute royauté peut être bonne, quand elle est la seule forme possible de gouvernement; pour légitime, elle ne l'est jamais. Ni l'hérédité, ni l'élection, ni le suffrage universel, ni l'excellence du souverain, ni la consécration de la religion et du temps, ne font la royauté légitime. Sous quelque forme qu'elle se montre, monarchique, oligarchique, démocratique, la royauté, ou le gouvernement de l'homme par l'homme, est illégale et absurde.

L'homme, pour arriver à la plus prompte et à la plus parfaite satisfaction de ses besoins, cherche la règle : dans les commencements, cette règle est pour lui vivante, visible et tangible ; c'est son père, son maître, son roi. Plus l'homme est ignorant, plus son obéissance, plus sa confiance dans son guide est absolue. Mais l'homme, dont la loi est de se conformer à la règle, c'est-à-dire de la découvrir par la réflexion et le raisonnement, l'homme raisonne sur les ordres de ses chefs : or, un pareil raisonnement est une protestation contre l'autorité, un commencement de désobéissance. Du moment que l'homme cherche les motifs de la volonté souveraine, de ce moment-là l'homme est révolté. S'il n'obéit plus parce que le roi commande, mais parce que le roi prouve, on peut affirmer que désormais il ne reconnaît plus aucune autorité, et qu'il s'est fait lui-même son propre roi. Malheur à qui osera le conduire, et ne lui offrira, pour sanction de ses lois, que le respect

Pierre-Joseph Proudhon

d'une majorité : car, tôt ou tard, la minorité se fera majorité, et ce despote imprudent sera renversé et toutes ses lois anéanties.

À mesure que la société s'éclaire, l'autorité royale diminue : c'est un fait dont toute l'histoire rend témoignage. A la naissance des nations, les hommes ont beau réfléchir et raisonner : sans méthodes, sans principes, ne sachant pas même faire usage de leur raison, ils ne savent s'ils voient juste ou s'ils se trompent ; alors l'autorité des rois est immense, aucune connaissance acquise ne venant la contredire. Mais peu à peu l'expérience donne des habitudes, et celles-ci des coutumes ; puis les coutumes se formulent en maximes, se posent en principes, en un mot, se traduisent en lois, auxquelles le roi, la loi vivante, est forcé de rendre hommage. Vient un temps où les coutumes et les lois sont si multipliées, que la volonté du prince est pour ainsi dire enlacée par la volonté générale ; qu'en prenant la couronne il est obligé de jurer qu'il gouvernera conformément aux coutumes et aux usages, et qu'il n'est lui-même que la puissance exécutive d'une société dont les lois se sont faites sans lui.

Jusque-là, tout se passe d'une manière instinctive, et pour ainsi dire à l'insu des parties : mais voyons le terme fatal de ce mouvement.

A force de s'instruire et d'acquérir des idées, l'homme finit par acquérir l'idée de science, c'est-à-dire l'idée d'un système de connaissance conforme à la réalité des choses et déduit de l'observation. Il cherche donc la science ou le système des corps bruts, le système des corps organisés, le système de l'esprit humain, le système du monde : comment ne chercherait-il pas aussi le système de la société ? Mais, arrivé à ce sommet, il comprend que la vérité ou la science politique est chose tout à fait indépendante de la volonté souveraine, de l'opinion des majorités et des croyances populaires ; que rois, ministres, magistrats et peuples, en tant que volontés, ne sont rien pour la science et ne méritent aucune considération. Il comprend du même coup que si l'homme est né sociable, l'autorité de son père sur lui cesse du jour où sa raison étant formée et son éducation faite, il devient l'associé de son père ; que son véritable chef et son roi est la vérité démontrée ; que la politique est une science, non une finasserie ; et que la fonction de législateur se réduit, en dernière analyse, à la recherche méthodique de la vérité.

Chapitre V

Ainsi, dans une société donnée, l'autorité de l'homme sur l'homme est en raison inverse du développement intellectuel auquel cette société est parvenue, et la durée probable de cette autorité peut être calculée sur le désir plus ou moins général d'un gouvernement vrai, c'est-à-dire d'un gouvernement selon la science. Et de même que le droit de la force et le droit de la ruse se restreignent devant la détermination de plus en plus large de la justice, et doivent finir par s'éteindre dans l'égalité, de même la souveraineté de la volonté cède devant la souveraineté de la raison, et finira par s'anéantir dans un socialisme scientifique. La propriété et la royauté sont en démolition dès le commencement du monde ; comme l'homme cherche la justice dans l'égalité, la société cherche l'ordre dans l'anarchie.

Anarchie, absence de maître, de souverain, telle est la forme de gouvernement dont nous approchons tous les jours, et que l'habitude invétérée de prendre l'homme pour règle et sa volonté pour loi nous fait regarder comme le comble du désordre et l'expression du chaos. On raconte qu'un bourgeois de Paris du dix-septième siècle ayant entendu dire qu'à Venise il n'y avait point de roi, ce bon homme ne pouvait revenir de son étonnement, et pensa mourir de rire à la première nouvelle d'une chose si ridicule. Tel est notre préjugé : tous tant que nous sommes nous voulons un chef ou des chefs ; et je tiens en ce moment une brochure dont l'auteur, zélé communiste, rêve comme un autre Marat de la dictature. Les plus avancés parmi nous sont ceux qui veulent le plus grand nombre possible de souverains, la royauté de la garde nationale est l'objet de leurs vœux les plus ardents, bientôt sans doute quelqu'un, jaloux de la milice citoyenne, dira : Tout le monde est roi ; mais quand ce quelqu'un aura parlé, je dirai, moi : Personne n'est roi ; nous sommes, bon gré malgré nous, associés. Toute question de politique intérieure doit être vidée d'après les données de la statistique départementale ; toute question de politique extérieure est une affaire de statistique internationale. La science du gouvernement appartient de droit à l'une des sections de l'Académie des sciences, dont le secrétaire perpétuel devient nécessairement premier ministre ; et puisque tout citoyen peut adresser un mémoire à l'Académie, tout citoyen est législateur; mais, comme l'opinion de personne ne compte qu'autant qu'elle est démontrée, personne ne peut mettre sa volonté à la place de la raison, personne n'est roi.

Pierre-Joseph Proudhon

Tout ce qui est matière de législation et de politique est objet de science, non d'opinion : la puissance législative n'appartient qu'à la raison, méthodiquement reconnue et démontrée. Attribuer à une puissance quelconque le droit de veto et de sanction est le comble de la tyrannie. justice et légalité sont deux choses aussi indépendantes de notre assentiment que la vérité mathématique. Pour obliger, il leur suffit d'être connues ; pour se laisser voir, elles ne demandent que la méditation et l'étude. Qu'est-ce donc que le peuple, s'il n'est pas souverain, si ce n'est pas de lui que découle la puissance législative ? Le peuple est le gardien de la loi, le peuple est le pouvoir exécutif. Tout citoyen peut affirmer : Ceci est vrai ; cela est juste ; mais sa conviction n'oblige que lui : pour que la vérité qu'il proclame devienne loi, il faut qu'elle soit reconnue. Or, qu'est-ce que reconnaître une loi ? C'est vérifier une opération de mathématique ou de métaphysique ; c'est répéter une expérience, observer un phénomène, constater un fait. La nation seule a droit de dire : Mandons et ordonnons.

J'avoue que tout ceci est le renversement des idées reçues, et qu'il semble que je prenne à tâche de retourner la politique actuelle ; mais je prie le lecteur de considérer qu'ayant commencé par un paradoxe, je devais, si je raisonnais juste, rencontrer à chaque pas des paradoxes, et finir par des paradoxes. Au reste, je ne vois pas quel danger courrait la liberté des citoyens, si, au lieu de la plume de législateur, le glaive de la loi était remis aux mains des citoyens. La puissance exécutive appartenant essentiellement à la volonté, ne peut être confiée à trop de mandataires : c'est là la vraie souveraineté du peuple.

Le propriétaire, le voleur, le héros, le souverain, car tous ces noms sont synonymes, impose sa volonté pour loi, et ne souffre ni contradiction ni contrôle, c'est-à-dire qu'il prétend être pouvoir législatif et pouvoir exécutif tout à la fois. Aussi la substitution de la loi scientifique et vraie à la volonté royale ne s'accomplit-elle pas sans une lutte terrible, et cette substitution incessante est même, après la propriété, l'élément le plus puissant de l'histoire, la cause la plus féconde des mouvements politiques. Les exemples en sont trop nombreux et trop éclatants pour que je m'arrête à les rapporter.

Or, la propriété engendre nécessairement le despotisme, le

Chapitre V

gouvernement du bon plaisir, le règne d'une volonté libidineuse : cela est tellement de l'essence de la propriété, qu'il suffit, pour s'en convaincre, de rappeler ce qu'elle est, et de rappeler ce qui se passe autour de nous. La propriété est le droit d'user et d'abuser. Si donc le gouvernement est économie, s'il a pour objet unique la production et la consommation, la distribution des travaux et des produits, comment avec la propriété le gouvernement est-il possible ? Si les biens sont des propriétés, comment les propriétaires ne seraient-ils pas rois et rois despotiques, rois en proportion de leurs facultés bonitaires ? Et si chaque propriétaire est majesté souveraine dans la sphère de sa propriété, roi inviolable dans toute l'étendue de son domaine, comment un gouvernement de propriétaires ne serait-il pas un chaos et une confusion ?

§ 3. Détermination de la troisième forme sociale. Conclusion

Donc, point de gouvernement, point d'économie publique, point d'administration possible, avec la propriété pour base.

La communauté cherche l'*égalité* et la *loi* : la propriété, née de l'autonomie de la raison et du sentiment du mérite personnel, veut sur toutes choses l'*indépendance* et la *proportionnalité*.

Mais la communauté, prenant l'uniformité pour la loi, et le nivellement pour l'égalité, devient tyrannique et injuste : la propriété, par son despotisme et ses envahissements, se montre bientôt oppressive et insociable.

Ce que veulent la communauté et la propriété est bon ce qu'elles produisent l'une et l'autre est mauvais. Et pourquoi ? parce que toutes deux sont exclusives, et méconnaissent, chacune de son côté, deux éléments de la société. La communauté repousse l'indépendance et la proportionnalité ; la propriété ne satisfait pas à l'égalité et à la loi.

Or, si nous concevons une société fondée sur ces quatre principes, égalité, loi, indépendance, proportionnalité, nous trouvons :

1° Que l'égalité consistant seulement dans *l'égalité des conditions*, c'est-à-dire des moyens, non dans *l'égalité de bien-être*, laquelle avec des moyens égaux doit être l'ouvrage du travailleur, ne viole en aucune façon la justice et l'équité ;

2°), Que la *loi*, résultant de la science des faits, par conséquent s'appuyant sur la nécessité même, ne choque jamais l'indépendance;

3° Que *l'indépendance* respective des individus, ou l'autonomie de la raison privée, dérivant de la différence des talents et des capacités, peut exister sans danger dans les limites de la loi ;

4° Que la *proportionnalité*, n'étant admise que dans la sphère de l'intelligence et du sentiment, non dans celle des choses physiques, peut être observée sans violer la justice ou l'égalité sociale.

Cette troisième forme de société, synthèse de la communauté et de la propriété, nous la nommerons LIBERTÉ [1]. Pour déterminer la liberté, nous ne réunissons donc pas sans discernement la communauté et la propriété, ce qui serait un éclectisme absurde. Nous recherchons par une méthode analytique ce que chacune d'elles contient de vrai, de conforme au vœu de la nature et aux lois de la sociabilité, nous éliminons ce qu'elles renferment d'éléments étrangers ; et le résultat donne une expression adéquate à la forme naturelle de la société humaine, en un mot la liberté.

La liberté est égalité, parce que la liberté n'existe que dans l'état social, et que hors de l'égalité il n'y a pas de société.

La liberté est anarchie, parce qu'elle n'admet pas le gouvernement de la volonté, mais seulement l'autorité de la loi, c'est-à-dire de la nécessité.

La liberté est variété infinie, parce qu'elle respecte toutes les

[1] *Libertas, liberare, libratio, libra,* liberté, délivrer, libration, balance (livre), toutes expressions dont l'étymologie paraît commune. La liberté est la balance des droits et des devoirs : rendre un homme libre, c'est le balancer avec les autres, c'est-à-dire le mettre à leur niveau.

volontés, dans les limites de la loi.

La liberté est proportionnalité parce qu'elle laisse toute latitude à l'ambition du mérite et à l'émulation de la gloire.

Nous pouvons dire maintenant, à l'exemple de M. Cousin : « Notre principe est vrai ; il est bon, il est social; ne craignons pas d'en déduire toutes les conséquences. »

La *sociabilité* dans l'homme, devenant justice par réflexion, équité par engrènement de capacités, ayant pour formule la liberté, est le vrai fondement de la morale, le principe et la règle de toutes nos actions. Elle est ce mobile universel, que la philosophie cherche, que la religion fortifie, que l'égoïsme supplante, que la raison pure ne supplée jamais. Le *devoir* et le *droit* naissent en nous du besoin, qui, selon qu'on le considère par rapport aux êtres extérieurs, est *droit*, et, par rapport à nous-mêmes, *devoir*.

C'est un besoin de manger et de dormir : c'est un droit de nous procurer les choses nécessaires au sommeil et à l'alimentation; c'est un devoir d'en user lorsque la nature le demande.

C'est un besoin de travailler pour vivre : c'est un droit, c'est un devoir.

C'est un besoin d'aimer sa femme et ses enfants : c'est un devoir d'en être le protecteur et le soutien, c'est un droit d'en être aimé préférablement à tout autre. La fidélité conjugale est de justice ; l'adultère est un crime de lèse-société.

C'est un besoin d'échanger nos produits contre d'autres produits : c'est un droit que cet échange soit fait avec équivalence, et puisque nous consommons avant de produire, ce serait un devoir, si la chose dépendait de nous, que notre dernier produit suivît notre dernière consommation. Le suicide est une banqueroute frauduleuse.

C'est un besoin d'accomplir notre tâche selon les lumières de notre raison: c'est un droit de maintenir notre libre arbitre; c'est un devoir de respecter celui des autres.

C'est un besoin d'être apprécié de nos semblables c'est un devoir de mériter leurs éloges ; c'est un droit d'être jugé sur nos oeuvres.

La liberté n'est point contraire aux droits de succession et de testament : elle se contente de veiller à ce que l'égalité n'en soit point violée. Optez, nous dit-elle, entre deux héritages, ne cumulez jamais. Toute la législation concernant les transmissions, les substitutions, les adoptions, et si j'ose employer ce mot, les coadjutoreries, est à refaire.

La liberté favorise l'émulation et ne la détruit pas : dans l'égalité sociale, l'émulation consiste à faire avec des conditions égales ; sa récompense est toute en elle-même nul ne souffre de la victoire.

La liberté applaudit au dévouement et honore de ses suffrages ; mais elle peut se passer de lui. La justice suffit à l'équilibre social ; le dévouement est de surérogation. Heureux cependant celui qui peut dire : je me dévoue [1].

La liberté est essentiellement organisatrice: pour assurer l'égalité entre les hommes, l'équilibre entre les nations, il faut que l'agriculture et l'industrie, les centres d'instruction, de commerce et d'entrepôt, soient distribués selon les conditions géographiques et climatériques de chaque pays, l'espèce des produits, le caractère et les talents naturels des habitants, etc., dans des proportions si justes, si savantes, si bien combinées, qu'aucun lieu ne présente jamais ni excès ni défaut de

---

1 Dans une publication mensuelle dont le premier numéro vient de paraître sous le titre de l'Égalitaire, on pose le dévouement comme principe de l'égalité : c'est confondre toutes les notions. Le dévouement par lui-même suppose la plus haute inégalité ; chercher l'égalité dans le dévouement, c'est avouer que l'égalité est contre la nature. L'égalité doit être établie sur la justice, sur le droit étroit, sur des principes invoqués par le propriétaire lui-même : autrement elle n'existera jamais. Le dévouement est supérieur à la justice ; il ne peut être imposé comme loi, parce que sa nature est d'être sans récompense. Certes, il serait à désirer que tout le monde reconnût la nécessité du dévouement, et la pensée de l'Égalitaire est de très bon exemple ; malheureusement elle ne peut mener à rien. Que répondre, en effet, à un homme qui vous dit : « je ne veux pas me dévouer »? ? Faudra-t-il le contraindre? Quand le dévouement est forcé, il s'appelle oppression, servitude, exploitation de l'homme par l'homme. C'est ainsi que les prolétaires sont dévoués à la propriété.

Chapitre V

population, de consommation et de produit. Là commence la science du droit public et du droit privé, la véritable économie politique. C'est aux jurisconsultes, dégagés désormais du faux principe de la propriété, de décrire les nouvelles lois, et de pacifier le monde. La science et le génie ne leur manquent pas; le point d'appui leur est donné.

J'ai accompli l'œuvre que je m'étais proposée; la propriété est vaincue ; elle ne se relèvera jamais. Partout où sera lu et communiqué ce discours, là sera déposé un germe de mort pour la propriété : là, tôt ou tard, disparaîtront le privilège et la servitude ; au despotisme de la volonté succédera le règne de la raison. Quels sophismes, en effet, quelle obstination de préjugés tiendraient devant la simplicité de ces propositions.

I La *possession* individuelle est la condition de la vie sociale; cinq mille ans de propriété le démontrent : la propriété est le suicide de la société. La possession est dans le droit ; la propriété est contre le droit. Supprimez la propriété en conservant la possession; et, par cette seule modification dans le principe, vous changerez tout dans les lois, le gouvernement, l'économie, les institutions : vous chassez le mal de la terre.

II Le droit d'occuper étant égal pour tous, la possession varie comme le nombre des possesseurs ; la propriété ne peut se former.

III L'effet du travail étant aussi le même pour tous, la propriété se perd par l'exploitation étrangère et par le loyer.

IV Tout travail humain résultant nécessairement d'une force collective, toute propriété devient, par la même raison, collective et indivise : en termes plus précis, le travail détruit la propriété.

V Toute capacité travailleuse étant, de même que tout instrument de travail, un capital accumulé, une propriété collective, l'inégalité de traitement et de fortune, sous prétexte d'inégalité de capacité, est injustice et vol.

VI Le commerce a pour conditions nécessaires la liberté des contractants et l'équivalence des produits échangés : or, la valeur ayant pour expression la somme de temps et de dépense que chaque produit coûte, et la liberté étant inviolable, les travailleurs restent nécessairement égaux en salaires, comme ils le sont en droits et en devoirs.

VII Les produits ne s'achètent que par les produits or, la condition de tout échange étant l'équivalence des produits, le bénéfice est impossible et injuste. Observez ce principe de la plus élémentaire économie, et le paupérisme, le luxe, l'oppression, le vice, le crime, avec la faim, disparaîtront du milieu de nous.

VIII Les hommes sont associés par la loi physique et mathématique de la production, avant de l'être par leur plein acquiescement : donc l'égalité des conditions est de justice, c'est-à-dire de droit social, de droit étroit; l'estime, l'amitié, la reconnaissance, l'admiration, tombent seules dans le droit équitable ou proportionnel.

IX L'association libre, la liberté, qui se borne à maintenir l'égalité dans les moyens de production, et l'équivalence dans les échanges, est la seule forme de société possible, la seule juste, la seule vraie.

X La politique est la science de la liberté : le gouvernement de l'homme par l'homme, sous quelque nom qu'il se déguise, est oppression ; la plus haute perfection de la société se trouve dans l'union de l'ordre et de l'anarchie.

La fin de l'antique civilisation est venue ; sous un nouveau soleil, la face de la terre va se renouveler. Laissons une génération s'éteindre, laissons mourir au désert les vieux prévaricateurs : la terre sainte ne couvrira pas leurs os. Jeune homme, que la corruption du siècle indigne et que le zèle de la justice dévore, si la patrie vous est chère, et si l'intérêt de l'humanité vous touche, osez embrasser la cause de la liberté. Dépouillez votre vieil égoïsme, plongez-vous dans le flot populaire de l'égalité naissante; là, votre âme retrempée puisera une sève et une vigueur inconnues ; votre génie amolli retrouvera une indomptable énergie ; votre cœur, déjà flétri peut-être, rajeunira. Tout changera d'aspect à vos yeux épurés : des sentiments nouveaux feront naître en vous de nouvelles idées ; religion, morale, poésie, art, langage, vous apparaîtront sous une forme plus grande et plus belle ; et, certain désormais de votre foi, enthousiaste avec réflexion, vous saluerez l'aurore de la régénération universelle.

Et vous, tristes victimes d'une odieuse loi, vous qu'un monde railleur dépouille et outrage, vous, dont le travail fut toujours sans fruit et le repos sans espérance, consolez-vous, vos larmes sont comptées. Les pères ont semé dans l'affliction, les fils moissonneront dans l'allégresse.

O Dieu de liberté! Dieu d'égalité! Dieu qui avais mis dans mon cœur le sentiment de la justice avant que ma raison l'eût compris, écoute ma prière ardente. C'est toi qui m'as dicté tout ce que je viens d'écrire. Tu as formé ma pensée, tu as dirigé mon étude, tu as sevré mon esprit de curiosité et mon cœur d'attachement, afin que je publie ta vérité devant le maître et l'esclave. J'ai parlé selon la force et le talent que tu m'as donnés; c'est à toi d'achever ton ouvrage. Tu sais si je cherche mon intérêt ou ta gloire, ô Dieu de liberté! Ah! périsse ma mémoire et que l'humanité soit libre que je voie dans mon obscurité le peuple enfin instruit que de nobles instituteurs l'éclairent ; que des cœurs désintéressés le guident. Abrège, s'il se peut, le temps de notre épreuve ; étouffe dans l'égalité l'orgueil et l'avarice ; confonds cette idolâtrie de la gloire qui nous retient dans l'abjection ; apprends à ces pauvres enfants, qu'au sein de la liberté il n'y a plus ni héros ni grands hommes. Inspire au puissant, au riche, à celui dont mes lèvres jamais ne prononceront le nom devant toi, l'horreur de ses rapines ; qu'il demande le premier d'être admis à restitution, que la promptitude de son regret le fasse seul absoudre. Alors grands et petits, savants et ignorants, riches et pauvres, s'uniront dans une fraternité ineffable ; et, tous ensemble, chantant un hymne nouveau, relèveront ton autel, Dieu de liberté et d'égalité!

ISBN : 978-1507608906

Pierre-Joseph Proudhon